万榕

传播新知 优美表达

新教伦理与资本主义精神

Die Protestantische Ethik und der Geist des Kapitalismus

[德] 马克斯·韦伯—著

李修建 张云江—译

北方联合出版传媒（集团）股份有限公司

万卷出版公司

图书在版编目(CIP)数据

新教伦理与资本主义精神 /(德)马克斯·韦伯著;李修建,张云江译.— 沈阳:万卷出版公司,2021.12
ISBN 978-7-5470-5696-7

Ⅰ.①新… Ⅱ.①马… ②李… ③张… Ⅲ.①新教—基督教伦理学—关系—资本主义—研究 Ⅳ.① B976.3

中国版本图书馆 CIP 数据核字(2021)第 163975 号

出版发行:北方联合出版传媒(集团)股份有限公司
万卷出版公司
(地址:沈阳市和平区十一纬路 25 号 邮编:110003)
印 刷 者:天津创先河普业印刷有限公司
经 销 者:全国新华书店
幅面尺寸:145mm×210mm
字 数:230 千字
印 张:11.5
出版时间:2021 年 12 月第 1 版
印刷时间:2021 年 12 月第 1 次印刷
选题策划:王会鹏
责任编辑:李 明
版式设计:任展志
封面设计:任展志
责任校对:高 辉
ISBN 978-7-5470-5696-7
定 价:65.00 元

联系电话:024-23224481
邮购热线:024-23224481
E-mail:wanrongbook@163.com

目　录

正　文

作者导言 …… 1
第一部分　问题 …… 19
　第一章　宗教关系与社会分层 …… 19
　第二章　资本主义精神 …… 31
　第三章　路德的“天职”观（研究任务） …… 59
第二部分　苦行主义新教诸支派的实践伦理 …… 73
　第四章　入世苦行主义的宗教基础 …… 73
　第五章　苦行主义与资本主义精神 …… 145

注　释

　作者导言 …… 179
　第一章　宗教关系与社会分层 …… 182
　第二章　资本主义精神 …… 191
　第三章　路德的“天职”观（研究任务） …… 209
　第四章　入世苦行主义的宗教基础 …… 232
　第五章　苦行主义与资本主义精神 …… 301
　译后记 …… 349

作者导言[①]

作为现代欧洲文明塑造而成的人，在研究任何世界性的历史问题时，都不免会反躬自省：为什么在西方文明之中，而且仅在西方文明之中，出现了某些文化现象，这些文化现象（正如我们一厢情愿地认为的那样）存在于一系列具有普遍意义和普遍价值的发展中，这应当归诸怎样的环境因素？

仅仅在西方，科学才处于我们今天公认真实有效的发展阶段上。经验性知识、对宇宙及人生问题的沉思以及最为深奥的哲学与神学智慧，都不在科学的范围之内，不过，系统神学的全面发展，却应仰赖深受希腊文化影响的基督教，因为伊斯兰教和一些印度教派神学只是片断，不成系统。简单说来，在其他地方也有精准细密的知识与观察，尤其是在印度、中国、巴比伦和埃及。但是，巴比伦以及其他各地的天文学，却缺少最早从古希腊接受而来的数学基础（这使得这些地方天文学的发展更为令人惊异）。印度的几何学没有理性的证明，那正是希腊人智慧的另一结晶，它同时也创造了力学和物理学。印度的自然科学尽管长于观察，却没有实验方法，如果不去考虑其古老的源头，这种实验方法与

① 需要提请注意的是，该导言是韦伯于 1920 年为其整个宗教社会学研究所写，是理解所有韦伯著作的关键线索。——译者注

现代实验室一样，究其本质是文艺复兴的产物。因此，医学，特别是印度医学，尽管有着高度发达的经验技巧，却缺乏生物学尤其是生物化学的基础。所有西方以外的文化区域都不具有理性的化学。

中国有高度发达的历史学，却没有修昔底德[①]的方法。印度确曾有过马基雅维里[②]的先驱，但印度所有的政治思想都缺乏一种可与亚里士多德[③]相提并论的系统方法，而且也没有理性的概念。在印度（弥曼差派[④]）的所有预言中，在大量的、尤以近东为最的法典编纂中，在印度和其他国家的法律书籍中，都不曾具有严格而系统的思想形式，这种思想形式对罗马法及受其影响的西方法这种理性的法学来说，是必不可少的。教会法的结构也是仅

---

① 修昔底德（Thucydides，前 471？—前 400），古希腊著名历史学家，他将追求真理的精神和逻辑方法应用于历史研究之中，强调历史研究必须坚持求实的原则，研究者必须坚持理智的和批判的态度，提出了“历史就是当代史”“历史的内容是刚刚发生过的政治事件”的著史原则，他的巨著《伯罗奔尼撒战争史》奠定了西方史学中政治叙事史传统的基础和基本模式，对此后西方史学两千多年的发展产生了极大的影响，被尊为“史学之父”。——译者注

② 马基雅维里（Machiavelli，1469—1527），意大利佛罗伦萨人，其《君主论》成为西方政治思想史上最具影响力的著作之一，书中以理智的计算式的冷静，剖析了君主国的治理之道。另外的代表作还有《论李维》《战争的艺术》《佛罗伦萨史》等。——译者注

③ 亚里士多德（Aristotle，前 384—前 322），古希腊哲学的集大成者。他总结了古希腊哲学发展的结果，首次将哲学和其他科学区别开来，开创了逻辑、伦理学、政治学和生物学等学科的独立研究。他的学术思想对西方文化、科学的发展产生了巨大的影响。——译者注

④ 弥曼差派（School of Mimamsa），古印度六大哲学派别之一，梵语“弥曼差”（Mimamsa）有思维、考察和研究的意思。弥曼差的哲学，可以说是研究婆罗门教仪的教义，阐扬吠陀思想的宗教哲学。——译者注

见于西方。

艺术领域亦复如此。其他民族的音乐器官或许进化得比我们更加敏锐，至少不比我们逊色。各式各样的复调音乐遍布世界各地，乐器合奏以及多声部合唱也存在于其他地方。我们所有合理的音程，早就为人所知并进行过推算。但是，理性的和声音乐，包括对位法与和弦；在三和弦和三度音程基础上形成的音符组织法；我们的半音和等音（不是依据空间解释的，而是自文艺复兴以来依据和声解释的那种）；我们的以弦乐四重奏为核心的管弦乐队以及管乐合奏的组织形式；我们的低音伴奏；我们的记谱系统——它使现代音乐作品的创作与演出成为可能，并使这些作品得以流传后世；我们的奏鸣曲、交响曲和歌剧；最后，我们作为以上诸般表现手段的基本乐器，如风琴、钢琴、小提琴等等；所有这些都为西方所独有，尽管作为表现手段的标题音乐、音诗、全音和半音的变化，早就存在于各种音乐传统中。

建筑方面，各地早就采用尖顶拱门作为一种装饰手段，这在古代和亚洲都能见到；尖顶拱门和十字形拱形圆顶的组合，东方人对此也并非懵懂无知。但是，合理地运用哥特式拱顶以分散压力，把它作为各种空间构造的屋顶，最重要的是，将之视为宏伟巨大的建筑物的建筑原则，并延伸至雕塑和绘画领域，成为一种艺术风格的基础，只见于我们中世纪的艺术创作，其他各地都没有出现这些东西。我们建筑学的技术基础得自东方，但是东方却没有解决圆顶问题，同时也缺乏将所有经典的艺术类型理性化的进程——在绘画中是合理地运用线条和空间透视——这是文艺复兴留给我们的成果。中国早在古代就出现了印刷术，但是特地使用印刷，并且只有通过印刷才得以产生的那些印刷品，尤以报纸和杂志最为重要，却仅见于西方。各种各样的高等教育机构已然存在于世界各地（如中国、伊斯兰世界），有的甚或表面上与我们的大学相类，至少接近我们的学院。但是，一种理性的、系统的、专业化的科学研究，以及训练有素的专业人才，却仅仅存在于西方，并且在某种意义上，它们已在今天的文化中占据了支配地位。首先，这对训练有素的行政人员很是恰切，他们已经成为现代西方国家和经济生活的支柱。在此之前，这种行政人员只是偶被提及，人们压根儿不会想到这类人对于现在的社会秩序竟会如此重要。当然，行政人员，即便专业化的行政人员，也是绝大多数社会形态中一个古老的组成要素。不过，没有哪个国家，也没有哪个时代，有过与现代西方同样的状况，即社会的整体存在，其政治、技术和经济条件，绝对而完全地依赖一个经过专业训练的官吏组织。社会日常生活之中最重要的职能，已经逐渐掌控在那些受过技术、商业，尤其是法律训练的政府行政人员手中。

封建制度下各阶级的政治组织和社会群体组织很是普遍。但是，西方意义上的“朕即国家”式的封建制国家却仅见于我们的文化。特别是由定期选举的议员组成的议会，由群众领袖和政党领袖担任部长并对议会负责的政府形式，更为我们西方所独有，尽管施加影响并掌控政治权力的政党组织遍布于世界各地。实际上，具有理性的成文宪法，理性地制定而成的法律，以及依据理性的规章或法律，并由训练有素的行政人员进行管理的政府组织，即所有这些要素所组合而成的政治联合体，仅为西方所特有，尽管其他国家的政府组织形式与它极为类似。

影响我们现代生活的最为重大的力量——资本主义，其情形亦复如此。获益、逐利、赚钱，尽最大可能地赚钱，这些冲动本身与资本主义毫不相干。它们根深蒂固地存在于所有人的内心，见之于侍者、医生、马车夫、艺术家、娼妓、贪官污吏、士兵、贵族、十字军骑士、赌徒、乞丐等人身上。可以说，所有国家、所有时代和所有境况下的所有人，只要具备了客观的可能性，全都具有这种冲动。所以，在文化史的入学教育中就应该告诉人们，一定要彻底放弃这种对于资本主义的幼稚想法。对财富的无限贪欲绝不等同于资本主义，更不等同于资本主义精神。资本主义倒是可以等同为抑制，或至少是对这种非理性冲动的一种理性的调和。不过，资本主义意味着通过持续的、理性的资本主义企业的经营活动去追求利润，并且永不停歇地获取新的利润。因为它必须如此：在彻头彻尾资本主义化了的社会秩序中，任何不能利用机会获利的资本主义企业，注定会关门大吉。

现在来给我们所用的术语做一个比通常做法更为严密的界定。我们可以把资本主义的经济行为定义为：它是一种利用交易机会获取预期利润的行为，它需要依赖（形式上）和平的获利机会。那种（形式上和实际上）通过强取豪夺而获利的方法，遵循其自身所具有的特殊法则，把它纳入与刚才分析的以交易获利的行为相同的范畴，是不合适的，尽管很少有人能够避免这种做法。[1]在理性地追求资本主义营利的地方，相应的行为就会根据资本核算加以调节。这表明该行为要系统地利用商品和个人劳务为获利手段，这样，在一个经营周期结束后，企业货币资产的收支差额（在持续经营的情况下，指的是资产的阶段性估算货币价值）应多于资本，即多于在交换中用于获利的物质生产资料的估价。至于是将一定量的商品完全委托给一个旅行商人，其过程可能包括经由贸易全部获得其他商品；还是涉及一个其资产由厂房、机器、现金、原材料，半成品和成品（凡此种种，皆可抵偿债务）组成的制造性企业，都没什么关系。重要的是要以货币形式进行资本核算，不管是用现代簿记方式，还是用其他原始的、粗糙的计算方式。一切都要依据收支差额进行衡量：企业运转之初，有一个初始收支差额；在做出任何决策之前都要进行计算，以确定其大致利润；经营结束后，要计算最终的收支差额，看看得到了多少利润。举例来说，“康曼达”① 交易中的初始收支差额，将决定投入其中的资产的议定货币价值（只要它们不再以货币形式存在），而

① 康曼达（Commenda）是流行于中世纪的商事合同之一，合作双方中的一方（出借人）提供货物、货币，另一方（借入人）则以之进行海外贸易，也就是一方出钱，另一方出力，作为回报，后者要向前者支付部分利润，同时，由于后者在海上航行中承担着巨大风险，他通常获得四分之一的利润作为报酬。后来，这种商业合同由最初的总是康曼达人（出借人）出资发展成为二者都提供资金，由最初的临时性发展成为一种定期或不定期的关系，它孕育了有限合伙制度。——译者注

最终的收支差额将形成一项估价，基于此进行最后的红利分配或损失分担。只要交易是理性的，那么合伙人的每一项行动都要以计算为基础。当然，并不存在真正精确的计算或估价，在不少地方，其方法纯属推断臆测，或是仅以传统的习惯方式进行计算，即使在今天，这种情况仍然出现于那些对计算精度要求并不严格的资本主义企业中。不过，所有这些特征所影响的只不过是资本主义获利方式的理性程度而已。

界定这一概念意在表明，经济行为要真正适应货币收入与货币支出二者之间的比较，不论其方式有多么的原始粗陋。在这个意义上，只要允许我们对经济文献进行判定，我们就可以说，世间所有的文明国家中，都存在着资本主义以及资本主义企业，甚至还有相当理性的资本主义计算。无论在中国、印度、巴比伦、埃及、古代地中海地区，还是在中世纪和现代都是如此。这些并不只是孤立的商业投机，而是彻底依赖不断更新的资本主义经营活动，甚至是持续运转的经济企业。然而，在很长一段时间里，尤其是贸易，并不像我们这样持续不断地进行，它们基本上由一系列单独的经营活动构成。即使巨商大贾也是（通过分支组织等等）在获得内部凝聚力之后，逐渐从事那种商业活动的。总之，资本主义企业和资本主义企业家（不管他是偶尔为之还是坚持不懈）是非常古老和相当普遍的。

然而，如今西方所发展起来的资本主义，不论是就数量的规模上，还是（随着数量的发展）就类型、形式和方向上，在其他各地都没有出现过。形形色色的商人——进行批发或零售的，从事地方性或国际贸易的——遍布世界各地。各种各样的贷款早就存在着，还有功能多样的银行，它们至少能与我们16世纪的银行相提并论。海外贸易贷款、“康曼达”、类似于有限和无限两合公司的交易和组织都已普遍存在，甚至成为持续性的行业。无论何时，只要存在公共团体的货币资金，就会出现放债者，像巴比伦、希腊、印度、中国、罗马即是如此。他们为各种战争、海上劫掠、契约和建筑项目筹措资金。在海外政策中，他们成为殖民地企业家，成为利用奴隶、使用直接或间接强制性劳动的种植园主，他们承包领地、行政机构，最重要的是税收。他们资助政党领袖竞选，也资助内战中的雇佣兵。最后，他们还是利用各种机会攫取金钱的投机分子。此类企业家，此类资本主义的冒险家，存在于世界各地。除去贸易、信贷和银行交易外，他们的行为主要带有非理性和投机的性质，或者说以通过暴力获利为主，尤其是掠夺获利，不论是采取战争的形式，还是采取剥削属地日常财政收入的形式。

企业创办人、大规模投机者、特许权猎取者的资本主义，以及甚至在和平时期也存在的非常现代的金融资本主义，尤其是与掠夺性战争有关的资本主义，都带有非理性和投机的印记，即使现代西方各国亦是如此。大规模国际贸易的某些部分，不过只是某些部分，也与此有密切的关联，从古至今，一直如此。

不过，除此以外，现代西方已经发展了一种差异巨大的资本主义形式，其他地方从未出现过这种资本主义形式，那就是（形式上）自由劳动的理性的资本主义组织。它在其他地方不过是初现端倪。不自由的劳动组织甚至也达到过相当程度的理性化，不过仅限于种植园以及古代奴隶工场这种非常有限的区域内。在封建领主的庄园、庄园作坊和使用奴隶劳作的庄园家庭工业中，其理性化程度就更低。可以确证的是，在非西方地区，使用自由劳动的真正的家庭工业屈指可数。只在极少数情况下——特别是国家垄断经营，但与现代工业组织相去甚远——频繁地雇用日工才会发展成生产组织，但从来没有发展成为像我们中世纪那种理性的手工业学徒组织。

理性的工业组织只与有条不紊的市场保持一致，而与政治的或非理性的投机谋利无关，此外，它也不是西方资本主义的唯一特点。在其自身发展过程中，如果离开了另外两个重要因素，资本主义企业的现代理性组织的形成也不会成为可能，它们是：一是经营与家庭的分离，这已完全支配了现代经济生活；二是与之密切关联的理性的簿记制度。工作区与居住区在空间上的分离，亦见之于别处，如东方的集市和其他文明中的奴隶工场。在远东、近东和古代，也能寻觅到具有自己账目的资本主义联合组织的发展。但与现代商业企业的独立性相比，它们只不过是微弱的萌芽。究其原因，在于这种独立性所必备的条件，即我们的理性的商业簿记制度，以及公司财产与个人财产法定的分离，在那里根本毫不具备，或者仅是初现端倪。[2] 在其他地方，营利性企业曾有发展成为王室或领主的庄园家业的一部分的趋向，正如罗德波特斯所意识到的，这种发展与西方的发展尽管表面上相似，实质上却大为不同，甚至恰恰相反。

然而，西方资本主义的所有这些特性之所以具有重要意义，归根结蒂，完全在于它们与资本主义劳动组织的密切结合。还有通常所谓的商业化、可转让证券的发展和投机的理性化、兑换等等，皆与此有关。如果没有这种理性的资本主义劳动组织，凡此种种，即使有可能出现，也不会具有同等重要的意义，尤其是对于社会结构和现代西方与之关联的所有具体问题来说。精确的计算（此乃所有事情的基础）只有以自由劳动为基础才成为可能。

正如（毋宁说因为）现代西方之外的世界并不知道理性的劳动组织，所以他们也就不知道理性的社会主义。当然，世界各地早就有城市经济、城市食物供给政策、君主的重商主义和福利政策、定量配给制度、经济生活条例、保护主义和各种自由放任理论（如在中国）。人们还知道有过各种各样社会主义的和共产主义的试验：家庭、宗教或军事共产主义，国家社会主义（如在埃及），垄断卡特尔以及各种消费者协会。然而，尽管各地都有市民的市场特权、公司、行会、城乡之间的各种法律差异，但是，西方之外却从未出现过“公民”这一概念，“资产阶级”这一概念也没有出现于现代西方世界以外。诸如债权人和债务人之间，地主和无地者、农奴或佃户之间，商业集团和消费者或地主之间的阶级斗争，以各种各样的组合方式存在于世界各地。但是，就连西方远在中世纪时就发生的领主及其雇工之间的斗争，在其他地方也只是略有萌芽而已。现代西方发生的大工业企业家与自由工资劳动者之间的冲突，在那些地方更是无迹可寻，因此也就不可能会有诸如社会主义之类的问题。

因此，对我们来说，一部世界文化史的中心问题，即使以纯经济的视角来看，也终究不是资本主义活动本身的发展（这种发展在不同的文化中只存在形式上的差异：要么是冒险家型，要么是在贸易、战争、政治和行政管理中作为获利来源的资本主义），而是这种以自由劳动的理性组织为特征的有节制的资产阶级的资本主义的起源问题。或从文化史的角度说，即西方资产阶级的起源及其特点的问题，这个问题与资本主义劳动组织的起源问题关联紧密，但并不完全一致。因为，资产阶级作为一个阶级，在形态独特的现代资本主义发展之前就已存在，尽管它的确只存在于西方。

乍看上去，形态独特的现代西方资本主义受到了技术的潜在发展的强大影响。今天，这种资本主义的理性化本质上取决于最为重要的技术因素的可计算性。不过，这在根本上意味着它依赖于现代科学的独特性，尤其是以数学和精确而理性的实验为基础的自然科学。另一方面，这些科学和以其为基础的技术的发展，又在其实际的有效应用中，受到了资本主义逐利意图的巨大刺激。诚然，西方科学的起源不能归功于这些逐利意图。印度发明了十进制计数法，它早就采用了算术（甚至是十进制计算）和代数学。

但是，只有西方才利用它来发展资本主义，而印度却没因它而产生现代数学或现代簿记法。同样，数学与机械学的起源也不是由资本主义利益决定的。不过，攸关人民大众生活质量的科学知识的技术应用，的确受到了经济因素考虑的促进，在西方，这对其应用极为有利。但是，这种促进作用来源于西方社会结构的种种特性。那么，我们必须追问，既然不能对社会结构的所有方面等量齐观，那么它究竟来源于其中的哪些方面？

在那些方面中，对其重要性确定无疑的是理性的法律结构和理性的行政管理结构。因为理性的现代资本主义不仅需要技术性的生产手段，而且需要一个可兹依赖的法律体系和依法办事的行政管理制度。舍此，可能会存在冒险性和投机性的商业资本主义，以及受政治操控的各种资本主义，但却绝不会有个人创办的、具有固定资本和确定计算的理性企业。只有在西方，这样一种法律体系和行政管理制度才处于相对合法和形式完善的状态，并为经济活动服务。因此我们必须探究那种法律从何而来。在其他情况中，毫无疑问，资本主义逐利意图也曾为受过理性的法律专门训练的法学家阶级在司法和行政管理中取得支配地位提供帮助，但它绝不是唯一因素，甚至也不是主要因素。这些利益本身不能创造法律。在这一发展过程中，各种殊异的力量都曾发挥过作用。为什么资本主义利益没能在中国或印度产生同样的效果呢？为什么彼处的科学、艺术、政治或经济的发展没有走上西方所特有的理性化道路呢？

上述诸种情况，所牵涉的是西方文化独具的理性主义的问题。运用这一术语，我们可以理解许多差异巨大的事情，接下来的讨论将会不断表明这点。比如，世界上存在神秘冥想的理性化，若从别的生活领域来看，它明显就是非理性的心态。同样，世界上也有经济生活、技术、科学研究、军事训练、法律和行政管理的理性化。此外，这些领域中的每一个，都可依据殊异的终极价值和目的使之理性化，而且，从一种观点来看是理性的，用另一种观点再看很可能就是非理性的。因此，在生活的各个部门和文化的各个领域，早已存在着各式各样的理性化。要从文化史的角度阐明其差异，就需要知道被理性化的是什么部门，并且是沿着什么方向。因此，我们的首要之务就是要搞清并从起源上解释西方理性主义的独特性，并在此范围内搞清并解释现代西方形态的独特性。我们在尝试做出每一个解释时，必须首先考虑经济状况，因为我们承认经济因素具有根本的重要性。不过同时，我们亦不可忽略与其对立的相关因素。这是由于，尽管经济理性主义的发展部分地仰仗理性的技术和法律，但它同时也依赖于人们采取某类实际的理性行为的能力和气质。如果这类理性行为受到精神上的障碍的阻滞，那么理性的经济行为的发展就会遭受严重的内部阻力。巫术的力量与宗教的力量，以及基于这些力量的伦理上的责任观念，过去一直是影响人类行为的最重要的构成因素。在本研究文集中，我们将探讨这些力量。

置于本书开头重要位置的两篇旧文[①]，意在探讨通常说来最难于把握的问题的一个侧面：某些宗教观念对一种经济精神的发展所造成的影响，即对一种经济体制的精神气质的影响。在这个意义上，我们要研究的即是现代经济生活的精神与苦行新教的理性伦理观念之间的关联。因此我们在此触及的也只是因果链上的一个环节。后面几篇是对世界宗教的经济伦理的研究，试图纵览几个最为重要的宗教与经济生活之间的关系，以及与其所处环境中的社会分层之间的关系，洞察二者的因果关系，以在必要时找出能与西方发展进行比较的一些要点。唯有如此，才可能对西方宗教的经济伦理中使其区别于其他宗教的各元素进行因果关系的评价，并有希望达到较好的近似程度。因此，这些研究尽管简明扼要，却不能说对各种文化做了全面的分析。相反，我们的研究着意强调每一种文化中区别于西方文明的那些因素。所以，从这个观点来看对理解西方文化十分重要的问题，是这些研究所要探讨的明确主旨。根据我们的研究目的，任何其他方式似乎都不可能。不过为了避免误解，在此我们必须着重强调我们目标的限度。

另一方面，我们至少得提醒那些还未入门的朋友，不要过分夸大这些研究的重要性。汉学家、印度学家、闪米特学家或埃及学家，自然对此了如指掌。我们只希望他们在基本观点上不会发

① “本书”指《宗教社会学》全书，“两篇旧文”所指即由上下两部分组成的《新教伦理与资本主义精神》一书。“后面几篇”指韦伯对中国、印度等国的宗教社会学的研究成果，即《中国的宗教》《印度的宗教》等著述。——译者注

现任何明显的错误。作者无法得知，作为一个非专业人士，其能力所及，会在多大程度上接近这一理想。很显然，如果研究者只能依赖翻译文献，并且只能利用各种碑铭、文献或文字资料，那么他就不得不依赖一部备受争议的专著，也就不能精确地判定其优劣。此类著者必须对其著作的价值做出谦逊的声明。此外，由于能够得到的现存资料（即碑铭和文献）的译文数量，尤其是关于中国的译文数量，比起现存的重要资料要少得多。所有这些因素决定了此类研究具有明显的尝试性，涉及亚洲的部分更是如此。[3]只有专家才有资格做出最后的评判。由于至今还无人抱着这一特殊目的，从这一特定角度出发进行过专门研究，所以我们才写出了目前这些论著。可以预见，它们注定要被更具意义的研究所替代，正如一切科学研究都要被替代一样。这种侵入其他专门领域的越界行为，无论会招致怎样的不满，在比较研究中都是不可避免的。不过我们必须承担这样的后果：听任他人对我们可能取得的成功大加怀疑。

知识界的风尚与热情或许会使我们认为，专家在今天已是可有可无了，或者已被降格为预言家的附庸了。几乎所有的科学成就，都有某些东西要归功于业余爱好者，并且他们常有颇具见地的观点。但若将其视为主导原则，只会导致科学的终结。热衷观看的人应当去电影院，尽管在今天，当前研究领域中的文学形式能够为他提供丰富的观看之道。[4]这样一种态度与这些极为严肃的研究意图实在是差之远矣。我不妨再说一句，想听传教布道的人，应该去参加秘密宗教集会。这里所比较的文化的相对价值问题，正文将不再做任何论述。没错，人类命运的轨迹必然会使一个窥其一斑的人心惊胆寒。但他最好将那些微不足道的个人见解埋在心里，就像一个人在欣赏高山大海时所做的那样，除非他认为自己有义务也有天赋，能以艺术化的或预言性的形式将个人见解转移摹写出来。但在大多数情况下，口若悬河地谈论直觉毫无是处，只不过掩饰了对对象缺乏洞察力，同时也就说明了对人类本身缺乏洞察力。

这里有必要做些说明，在任何真正彻底的研究中，尤其是对亚洲宗教的研究中，人种学资料的利用程度不高，根本达不到研究所需的资料价值。这种缺陷不仅仅是因为人类工作能力有限。其之所以可被容许，在于此处我们需要研究作为各自国家文化承担者的诸阶级的宗教伦理。我们关心的是它们的行为已然产生的影响。唯有以人种学和民俗学所提供的事实与之比较之后，才能对这种影响的全部细节一清二楚。因此，我们必须明确地承认并加以强调，这是人种学家有权提出反对意见的一个缺口。我希望通过对宗教社会学的系统研究，能为填补这一缺口做出贡献。但是，这样一种工作势必超出本研究严格设定的目标的研究范围。因此，我们只要尽可能地阐明与西方宗教形成比照的那些要点就差不多了。

最后，我们可以谈谈人类学方面的问题。当我们不止一次地发现，即使在明显互相独立的生活领域，某些类型的理性化在西方并且仅在西方得到发展时，就会很自然地猜想，其最重要的原因或许在于遗传的差异。笔者承认自己倾向于认为生物遗传具有重大意义。但是，尽管人类学研究已经取得了令人瞩目的成就，而直到现在，我还看不出有什么办法可以精确地或近似地衡量生物遗传对此处研究的发展所产生的影响，无论是衡量影响的程度，还是衡量影响的方式这一首要方面。社会学研究和历史学研究首要的任务之一，必然是去分析可以根据对环境状况的反应做出满意解释的所有影响和因果关系。只有到那时，只有当比较种族神经病学和心理学的发展，超过目前的、在许多方面都是大有可为的初始阶段时，我们才能期望对那一问题做出令人满意的回答。[5]但在我看来，那种条件目前并不具备，因此诉诸遗传问题，就会导致过早地放弃目前能够获得知识的机会，而且会把问题转移到（目前）尚不可知的因素上面。

第一部分　问题

第一章　宗教关系与社会分层[1]

浏览一下任何多宗教国家的职业统计数据，都会发现一个显而易见的状况[2]，即商界领袖和资本所有者，还有现代企业中的高级技术工人，特别是受过高等技术培训和商业培训的人员，绝大多数都是新教徒。[3]在天主教的报章和文献上[4]，在德国天主教会议上，均对此多有讨论。这不仅存在于宗教差异与民族差异相一致，并进而与文化发展的差异相一致的情况之中，比如东德的德国人和波兰人之间。同样的情形还见之于资本主义大发展时期有关宗教关系的统计数据中，只要那时的资本主义能够因其需要自由地变更人口结构，并决定其职业分布。资本主义的自由权愈多，这种状况就表现得愈明显。诚然，现代大型工商企业里的资本所有者[5]、管理人员和高级劳工之中，新教徒的人数占有较大比例[6]，这可以通过追溯到遥远的过去，从历史环境中得到部分解释[7]，在那里，宗教关系并非经济状况的一个原因，而是在某种程度上表现为经济状况的一个结果。参与上述经济职能，通常先要拥有一定的资产，或者必须接受费用高昂的教育，并且常常需要二者兼备。今天，这很大程度上得要有遗产，或至少要有相当的物质保障。在 16 世纪，古老帝国中许多经济最为发达，自然资源最为丰富，地理位置最为优越的地区，尤其是大多数富庶的城镇，都改奉了新教。直至今天，新教徒在为其经济生存而抗争时，还受惠于那种转变。这就引出了一个历史性问题：为什么经济最为发达的地区，同时又特别赞成在教会中进行一场革命？答案绝非人们通常所想的那样简单。

从经济传统主义的束缚中解放出来，无疑是使怀疑宗教传统乃至全部传统权威的神圣性的倾向大大加强的一个因素。但是必须引起注意却又常被遗忘的是，宗教改革并不意味着铲除教会对日常生活的控制，而毋宁说是以一种新的控制形式取代了旧的控制形式。它意味着要摒弃一种松松散散的、在当时的实际生活中难觅其踪而近乎流于形式的控制，而宣扬一种对行为整体的管制。由于它渗透于私人生活和公共生活的所有领域，因此推行起来困难重重，需要积极热情的投入。尽管对天主教会“惩罚异端，宽恕罪人”之教规的实施，在过去要明显甚于今日，但现在已被具有彻底的现代经济特征的民族所默许，而在 15 世纪初，它就被地球上最富裕、经济最发达的民族所接受。与之相反，在 16 世纪的日内瓦和苏格兰、16 和 17 世纪之交的荷兰大部分地区、17 世纪的新英格兰以及一度在英格兰本土所推行的加尔文宗[①]的教规，对我们来说，在或存的对个人的宗教控制形式中，它绝对是最不堪忍受的。这也正是当时日内瓦、荷兰和英格兰的大部分旧商业贵族对它的看法。另一方面，在那些经济高度发达的地区，宗教改革者纷纷抱怨的不是教会对生活监管过多，而是太少。那么，当时那些经济最为发达的国家及其崭露头角的中产阶级，不仅没有抵制这种史无前例的清教[②]暴政，反而以一种英雄气概为其保驾护航，这到底是为什么呢？由于这种资产阶级在此前极少，此后也再未表现过这种英雄气概，所以卡莱尔不无道理地说，这是"我们最后的英雄之举"。

不过此外，并且尤为重要的是，如上所述，在现代经济生活中，新教徒拥有较多的所有权和管理地位，如今对此至少可以部分地理解为，只是由于他们继承了较多物质财富所致。但是，还有其他一些现象不能用同样的思路解释。这里只列举几个事实：在巴登、巴伐利亚和匈牙利，可以发现天主教徒父母与新教徒父母让其子女接受的高等教育种类截然不同。高等教育机构的在校

① 加尔文宗（Calvinism），也称"归正宗""加尔文派""长老宗"，基督教新教主要教派之一，是以加尔文宗教思想为依据的各派教会的统称，对西方影响巨大。——译者注

② 清教（Puritanism），16 世纪中叶，英格兰国教会内部的一场宗教改革运动，以实现加尔文宗主张为目标，提倡勤俭清洁的简朴生活。1620 年，首批清教徒乘"五月花"号抵达北美，10 年后，大批清教徒为逃避迫害而向北美移民。1660 年，英国斯图亚特王朝时期通过立法限制清教徒的信仰自由，使其宗教信仰活动成为非法，故清教徒也被称为"不从国教者"。清教徒主张奉行极其严格和纯洁的道德法则，攻击流行风俗，认为娱乐活动是堕落的生活方式。——译者注

生和毕业生之中，天主教徒所占的比例通常要低于他们在总人口中的比例[8]，没错，这很大程度上可用他们继承的财产差异来解释。但是，就天主教徒人员结构本身而言，毕业于专门培训技术人才和工商业人才的院校的人数比例，还有毕业于通常培养中产阶级职业生涯的院校的人数比例，仍然远比新教徒的人数比例[9]要少得多。相反，天主教徒更愿意接受文科高级中学所提供的人文主义教育。上述解释不适用于这一情形，恰恰相反，它正是天主教徒极少从事资本主义企业活动的一个原因。

有一个更为惹人注意的事实，可以部分解释在现代工业的熟练工人中天主教徒为何人数甚少。众所周知，工厂里的熟练工人，有相当一部分要在从事各种手工业的年轻人中招募，不过这更多发生在新教徒而非天主教徒熟练工人身上。换言之，天主教徒熟练工人更愿意留在他们的手工业行业中，即他们大多成为手工业师傅，而新教徒则更多地被吸引到各种工厂，担当高级技术劳动和管理工作的职位。[10]对于这些情况的解释毋庸置疑，即从环境（此处指居住社区和父母家庭的宗教气氛所偏好的那种教育类型）中获得的心理和精神特征，决定了其职业选择，并进而决定了其职业生涯。

德国天主教徒参与现代经济生活的人数比较少，这种情况很是值得关注，因为它与包括当前在内的所有时代[11]所观察到的一种趋势截然相反。附庸于某个统治者集团的少数民族或少数派宗教，由于他们自愿或不自愿地被排除于能够产生政治影响的位置之外，往往会在异乎寻常的力量驱使之下从事经济活动。其中最富才干者，由于没有机会为政府效力，所以都在这个领域一展才华，使其能力得到认可，使此愿望得到满足。俄国和东普鲁士境内的波兰人无疑就是如此，他们在这两地的经济发展要比在加里西亚（在那里他们处于统治地位）迅猛得多。在更早些时候，法国路易十四统治下的胡格诺派[①]教徒，英国的不从国教者[②]和贵格会[③]教徒，最后，两千年来的犹太人，也都是如此，这点并非无足轻重。但就德国天主教徒的地位而言，却并未发现这种结果的显而易见的证据。过去，不管在荷兰还是英格兰，无论在遭受迫害还是仅被容许的时代，他们从未像新教徒那样经历过令人瞩目的经济发展。相反，新教徒（尤其是后面将要充分讨论的新教运动的某些支派），不管是作为统治阶级还是被统治阶级，不管是作

① 胡格诺派（Huguenots），法国加尔文派新教徒的别称。16—17世纪欧洲宗教改革运动中兴起于法国并长期遭受迫害的新教教派，属于法国新教徒形成的派别。又译雨格诺派。该派反对国王专政，曾于1562—1598年间与法国天主教派发生胡格诺战争，后因南特敕令而得到合法地位。后又遭迫害，直到1802年才得到国家正式承认。——译者注

② 不从国教派（Nonconformists），英格兰基督教徒中不遵从圣公会教义和教规的人，泛指所有不信奉圣公会的基督教各教派，包括浸礼宗、公理宗、长老宗、卫斯理宗、贵格派等。英国国教：英国在宗教改革中建立的民族教会。也称英格兰圣公会或安立甘教会。英国国教也传播到爱尔兰、苏格兰和英属殖民地。英国坎特伯雷大主教为各国圣公会的名义教宗。——译者注

③ 贵格会（Quaker），又称公谊会或者教友派，是基督教新教的一个派别。该派成立于17世纪的英国，创始人为乔治·福克斯，因一名早期领袖的训诫"听到上帝的话而发抖"而得名"贵格"，中文意译为"震颤者"。但也有说法称在初期宗教聚会中常有教徒全身颤抖，因而得名。该派反对任何形式的战争和暴力，不尊敬任何人也不要求别人尊敬自己，不起誓，反对洗礼与圣餐，主张任何人之间要像兄弟一样，主张和平主义和宗教自由。——译者注

为多数派还是少数派，都体现出了一种发展经济理性主义的特殊倾向，而在处于上述任何一种情况的天主教徒身上，却没有表现出同样的程度。[12] 因此，我们就必须从其宗教信仰的永恒的内在特性之中，而不是在其暂时的外在历史——政治境遇之中，寻求这种差异的主要解释。[13]

我们的任务即是，研究这些宗教，找出它们现在或者曾经具有哪些特性，这些特性能够导致我们所描述过的行为。如果仅仅依据表面分析和某些时下的印象，人们很可能会如是解释上述差异，即天主教更注重来世，其最高理想更具禁欲苦行色彩，这必然使其信众对现世的锦衣玉食更为无所用心。此种解释符合评判两个教派时的普遍倾向。在新教一方，它被用来作为批判天主教生活方式中那些（真实的或想象的）禁欲理想的根据，天主教则对此严加驳斥，指出正是因为新教把全部理想世俗化，才造成了人们汲汲于物质追求的实利主义。最近，有位作家试图用下述方式阐述它们对经济生活的不同态度："天主教徒更为平淡冲和，少有物欲冲动；他唯求生活风平浪静，即使收入微薄也毫不在意，那种惊涛骇浪的日子，纵能让他名利双收，他也避之唯恐不及。俗话说得好：'吃好睡好，不能兼得。'用在此处，那就是新教徒宁愿大饱口福，天主教徒则更想安然入睡。"[14]

实际上，这种享受美食的欲望，恰切地刻画了今日德国众多有名无实的新教徒的行为动机。但过去的情况却大不相同：英国、荷兰和美国的清教徒曾以严厉地反对享受生活之乐为特征。我们将会看到，这一事实对我们现在的研究极为重要。此外，如法国新教徒，他们长期保留着，至今还在一定程度上保留着施于各地加尔文教会的那些特征，尤其是在宗教斗争中施于“十字架下”者的那些特征。然而（或许正是由于那种原因？我们后面会提出这个问题），众所周知，这些特征正是法国工业和资本主义发展最重要的因素之一，即使在宗教迫害时期幸免于难的狭小范围内亦是如此。如果我们可以把整个生活行为中的严肃认真和宗教关切的巨大支配地位称作来世，那么从古至今，法国加尔文宗教徒的来世信仰至少不会比德国北部的天主教徒逊色。无疑，天主教对于后者至关重要，这与宗教对于世界上任何其他民族的重要性并无二致。在各自的国家里，二者以几近相同的方式与宗教主流派别分庭抗礼。法国的天主教徒中，身处下层者热衷于享受生活，上层人士则公然敌视宗教。同样，德国的新教徒现在已经沉迷于世俗的经济生活，而其上层人士则对宗教冷淡之至。[15]这种对比已经极为清晰地表明，所谓天主教的来世观念，所谓新教追求世俗的物质享乐，以及诸如此类的含混观点，对解决我们的问题均无济于事。以此类空泛之论来区分二者，并不全然符合今天的实际情况，自然更不符合过去的事实。然而，如果有人就是想利用这种区分，那么马上就会出现另外一些论断，并与上述观点结合起来，它们将暗示，来世论、苦行主义和宗教虔诚，与参与资本主义营利活动，这两方面之间的所谓冲突，实际上很可能会有一种密切的关联。

事实上，从一种相当表面的观察出发，可以看到最富基督教虔诚的精神形式的代表人物，出身于商业圈的数量确实非常之多，特别是许多最狂热的虔敬派[①]信徒也是这种出身。这或许可以解释为无法适应商业生活的敏感本性对拜金主义的一种反动，而且正如阿西西的方济各[②]那样，许多虔敬派教徒也正是用这些言辞来解释他们的皈依过程。同样，诸多资本主义企业巨头，下至塞西尔·罗德斯[③]，均出身于牧师家庭，似乎亦可解释为是对他们苦行教养的一种反动。然而，当一种非凡的资本主义商业意识与各种渗入并支配着人们整个生活的极其强烈的宗教虔诚，结合在同一批人、同一些群体身上时，这种解释便要失效了。这类情况并不是孤立的，在新教历史上，这些特征是许多最为重要的教会和

① 虔敬派（Pietism），17 世纪兴起于德国路德宗教会信义宗内部，强调个人信仰的改革教派。——译者注

② 方济各（St.Francis，1182—1226），方济各会创始人，生于意大利阿西西，呢绒商之子。1209 年他征得教皇英诺森三世的批准，创立方济各会，成为天主教托钵修会之一，该会提倡麻衣赤足，禁欲苦修，徒步云游，宣扬清贫福音。初创时，规定修会内不置恒产，会士靠乞食为生。后逐渐积累大量产业，为此内部因看法不一而分裂，虽经教皇整顿改组多次，仍未改变分裂状态。由于该会会士之间以小兄弟互称，故又有“小兄弟会”之称。此外，它有为女子隐修设立的第二会以及为俗众设立的第三会。该会重视文化学术，曾产生不少学者。——译者注

③ 塞西尔·罗德斯（Cecil Rhodes，1853—1902），英国金融家，英属南部非洲殖民地开拓者。生于牧师家庭。1870 年从英国移居南非，1871 年起在金伯利从事金刚石矿开采。1880 年创立德比尔斯矿业公司，后又在德兰士瓦金矿投资，成为世界黄金工业巨头。1881 年成为开普殖民地议会议员，竭力鼓吹在非洲建立一个北起开罗南到开普的庞大殖民帝国。1890 年，任开普殖民地总理，利用政权力量推进殖民扩张。1895 年，指使亲信率英国南非公司军队袭击德兰士瓦，企图颠覆布尔人的南非共和国，事败，被迫辞去总理职务。1899 年英布战争爆发后，他被布尔军队围困在金伯利。1902 年卒于南非。——译者注

宗派所共有的。特别是加尔文教派，不管它出现于何地[16]，都会体现出这种结合。在宗教改革运动如火如荼的年代，尽管加尔文宗（或任何其他新教信仰）和某一特定的社会阶级关联甚小，在法国胡格诺教会里，尤其是在宗教迫害时期，其改宗入会者中，僧侣和工商业者（商人和手艺人）的人数却非常之多，这是一个独特的，在某种意义上也是典型的现象。[17]即使西班牙人也懂得，宗教异端（即荷兰的加尔文宗）促进了贸易，这与威廉·配第爵士①在探讨荷兰资本主义发展的原因时所提出的观点正相吻合。哥赛因[18]曾将加尔文宗教徒的各地聚居地恰切地称为资本主义经济的温床。即使在这种情况下，或许还会有人将决定性因素[19]归之于这些地区所生发的法国和荷兰经济文化的优越性，抑或是放逐行动对于打破传统关系所产生的巨大影响。[20]但是从科尔伯特②的斗争中，我们知道，法国早在17世纪情况就是这样。就连奥地利都直接输入了信奉新教的手工艺人，遑论其他国家了。

但是，并非所有的新教派别在这个方面都具有同样强大的影响。即便在德国，加尔文宗的影响也是最为强大的。加尔文宗[21]似乎比其他教派更大地促进了资本主义精神的发展，无论是在乌

① 威廉·配第（William Petty，1623—1687），英国古典政治经济学和统计学创始人。他是劳动价值论的创立者，最先提出了劳动决定价值的基本原理，认为价值的源泉是劳动。他还提出了“劳动是财富之父，土地是财富之母”的著名口号，认为劳动和土地共同创造价值。其主要著作有《赋税论》《政治算术》《献给英明人士》《货币略论》等多部。——译者注

② 科尔伯特（1619—1683），法王路易十四时期的政治家，主持法国的财政与工商业事务，提倡“重商主义”，在与掌管军事的大臣卢瓦的斗争中失势。——译者注

珀塔尔还是其他地方，情况都是如此。[22]不管是具体事例还是总体情况，都能证明其影响要比路德宗①大得多，这尤其体现在乌珀塔尔。苏格兰的博克②和英国诗人济慈③都强调过这些同样的关系。[23]还需要指出一个更为明显的事实，即在那些以来世信仰和财产富足著称的教派中，特别是在贵格派和门诺派④中，宗教生活方式和高度发达的商业头脑联系了起来。门诺派在德国和荷兰所起的作用，等同于教友派在英国和北美所起的作用。在东普鲁士，尽管门诺派教徒抵死反抗服兵役，但是弗雷德里克·威廉一世却对他们手下留情，因为他们对德国工业的发展不可或缺。这只是能够阐明上述事实的著名例证之一。不过，考虑到那位君主的品性，它算是最引人注目的一个例证了。最后，狂热的虔诚和同样独特的商业判断力的结合，也同样是虔敬派的特点，这一点人尽皆知。[24]

对于莱茵河地区和卡尔夫的情况，只须考虑一下就可以了。

---

① 路德宗（Lutheranism），基督教新教主要宗派之一，因信奉马丁·路德的学说而得名，强调因信称义，人的得救不在善功，《圣经》权威高于教会等。——译者注

② 博克（Edmund Burke，1729—1797），苏格兰哲学家、政治家、美学家，代表性著作为《法国革命论》。——译者注

③ 济慈（John Keats，1795—1821），英国浪漫主义诗人，主要作品有《恩狄米安》《海披里安》等。——译者注

④ 门诺派（Mennonites），16世纪初宗教改革时期的新教派别之一，由德国神父门诺·西门在荷兰和德国创立。门诺派为荷兰、瑞士当局所不容，一直遭到残酷的杀戮，到1574年方获得政治自由。其后逐渐迁徙世界各地，信徒大多务农为生，不与外界来往，因为其教义规定信徒必须严格与非信徒、世俗社会、政府划清界限，宣誓既非必要，也是犯罪，并要以爱报怨、言行诚实等等。——译者注

在这篇纯属导言性的讨论中，无须罗列更多例证。因为这寥寥数例已经说明了一个问题：艰苦劳动精神，积极进取精神，或不管将其称作什么精神，亦即人们常常将其觉醒归功于新教的那些精神，不应像流俗那样将其理解为对生活之乐的享受，也不应在任何意义上将其与启蒙运动[①]联系起来。路德、加尔文、诺克斯[②]、弗埃特等旧日的新教派系，与今天所谓的进步并无关联。今天，即使是最为极端的宗教家也不会想要抑制现代生活的各个方面，而这在过去却遭到公然反对。如果想在旧日的新教精神的某些表征和现代资本主义文化之间发现什么内在关联，那么我们无论如何也不应在所谓多少具有物质主义或至少反苦行的生活享受中寻找，而应从其纯粹的宗教特点中寻找。孟德斯鸠谈到英国人时指出（《论法的精神》第二十卷，第七章），他们“在三个最为重要的事情上，远远超过了世界其他民族，即虔诚、商业和自由”。他们

① 启蒙运动（Enlightenment），17、18 世纪在欧洲知识界获得广泛拥护的一场思想和信仰运动。自从马丁·路德发动宗教改革，教会大一统局面彻底遭到破坏，欧洲思想界一片混乱，到了 17 世纪，欧洲还没有统一的思想。在这样的混乱局面下，出现了近代科学思想，人们开始用科学家使用的方法，来解决人类所面临的一切问题，与此同时，也出现了无神论思潮，如霍尔巴赫等人著书宣传无神论，认为宗教是人类社会堕落的根源，休谟发表《论人性》，认为不是上帝赋予人各种属性，而是人把自己的美德加之于上帝，洛克发表《人类悟性论》，提出物质世界是感觉的源泉的观点。在社会学方面，霍布斯提出社会契约论；经济理论上，亚当·斯密发表《国富论》，要求尊重个人自由……现代社会的一些基本理念，正是在启蒙运动时期形成的。启蒙运动兴起，严重打击了教会势力，新教伦理也正式告别了历史舞台。——译者注

② 诺克斯（Knox，1513—1572），苏格兰宗教改革家，苏格兰长老会创始人。曾于 1559 年领导苏格兰新教贵族和新兴资产阶级反对王族和天主教会的亲法政策，谋求民族独立和建立新教。在英格兰的援助下，迫使法国撤军，推翻天主教在苏格兰的统治，加强国会对王权的约束力。1567 年促使国会定长老会为国教。——译者注

在贸易上的优势，他们对自由政治制度的适应，以某种方式与孟德斯鸠所说的至诚虔敬关联在一起，这难道不是可能的吗？

当我们以这种方式提出问题时，大量可能的联系便隐隐约约地出现在我们面前。鉴于历史材料无穷无尽、繁多驳杂，我们现在的任务就是把眼前含混不清的问题尽可能地阐述清楚。而要达此目的，则必须剔除此前所论述的模糊笼统的概念，并努力深入到历史上基督教各种派系的伟大宗教思想的特点和差异中去。

不过，在进行这一研究之前，有必要做几点说明，首先要对我们正在寻求做出历史解释的那些现象的特点加以论述，其次是在本书的研究限度之内，讨论这种解释可能具有的意义。

第二章　资本主义精神

本章所用的标题多少有些自命不凡：资本主义精神。这一术语能给我们何种启示？对这种定义做出任何解读的尝试，总会面临此类研究所固有的某些困难。

如能找到适用于这一术语的对象，并且具有可理解的意义的话，那么此对象只能是一种历史个体，亦即一种在历史实在中互相关联的诸因素的复合体，它是我们按照其文化意义，将那些因素组合起来的一个概念整体。

然而，对于这样一个历史概念，由于就其内容而言，指的是因其独特的个体性而有意义的现象，所以不能按照“属加种差”的公式加以定义，而必须从历史实在中抽取出个体部分，逐步整合而成。因此，在研究之初，无法形成最终的确定性的概念，而必须在研究结尾得出。换言之，在讨论的过程中，作为该讨论最重要的结果，我们必须对此处所理解的资本主义精神做出最佳的概念表述，也就是从我们感兴趣的观点出发做出最佳表述。此外，对于分析我们所研究的历史现象来说，这种观点（我们下面将要谈到）绝非唯一可能的。从其他立场出发来考察这种历史现象，就像对任一历史现象的考察一样，也会获得其他基本特征。因此，对我们的分析目标来说，这一现象将会意味着什么，根本没有必要仅仅通过资本主义精神进行理解。这是各种历史概念的性质使然，因为就其方法论意义而言，这些概念并非要以抽象的普遍公式来把握历史实在，而是要以各种具体生成的关系来把握，这些关系必然具有独特的个体性特征。

因此，如果力图确定我们现在要进行分析和历史解释的对象，就不能采取概念定义的形式，而是至少在研究伊始就对此处所谓的资本主义精神做一临时性的描述。不过，这种描述对于清晰地理解我们的研究对象是不可或缺的。为此，我们先来看一个关乎资本主义精神的文献，它以几近经典的纯粹性包含着我们正在寻找的东西，同时，它又具有与宗教毫无任何直接关系的优点，因此，对我们研究目的而言，它是没有任何先入之见的。

切记，时间就是金钱。一个人劳动一天能挣十先令，如果他外出游逛或闲坐半天，即使他在娱乐和消闲中只花了六便士，也不应将此算作所有花销；他实际上还花掉了或毋宁说扔掉了另外五先令。

切记，信用就是金钱。如果有人借钱给我，期限已到仍不索取，那么，他就是把利息、甚或是把在此期间利用这笔钱能够获得的一切给了我。只要一个人诚实守信，有口皆碑，并且善于理财，那么他的收入就会相当可观。

切记，金钱具有滋生繁衍性。钱能生钱，所生的钱又能再生，如此生生不已。五先令变成六先令，再变而为七先令三便士，如此下去，直至变为一百英镑。

金钱越多，每次周转所生的钱也就越多，这样利润也就增长得越来越快。谁要是杀死了一头育龄母猪，也就断绝了她的千秋万代子孙。谁要是糟蹋了一克朗，也就毁掉了它可能产生的一切，甚至能有数十英镑。

记住这句谚语：善付钱者主宰着别人的钱包。信守承诺及时还贷而为人所知的人，无论何时，无论何事，都能筹集到朋友们的所有余资。这一点时常大有助益。除了勤劳与节俭，在与他人的交往中，实在没有什么比守时和公正更有利于年轻人的成长；所以，该还钱的时候一定要还，一个小时也不能拖延，免得一次失信，朋友们就再也不会借给你钱。

影响一个人信用的行为，哪怕最是微不足道，也应注意。如果债权人在早晨五点或者晚上八点能听到你的锤声，那么他在半年之内都会感到安心；但是，假如在你该干活的时候，却让他在台球桌旁看到你的身影，或在酒馆里听到你的声音，那么他第二天就会派人来讨债，并且让你一次付清。

注意小事还表明你把欠钱的事始终放在心上；这会使你显得既小心谨慎又诚实可靠，这更增加了你的信用。

要当心，不要将你现在拥有的一切都视为已然据有，生活中同样也要当心。这是很多有信用的人常犯的一个错误。为了避免这个错误，就需要在一段时间里对你的支出与收入做个准确的账目。如果你从一开始就用心注意细节，将会带来这样的成效：你会发现异常微小的开支是怎样积成了一笔巨款，也就知道了已经节省了多少，以及将来可以节省多少，而不会感到囊中羞涩。

如果你是个公认的谨慎而诚实的人，那么一年六个英镑能给你带来一百英镑的用场。

一个人如果每天随便花掉四便士，那么一年就会花掉六个多英镑。其代价是失去了一百英镑的使用权。

谁若每天浪费价值四便士的时间，日复一日，就等于每天浪费掉使用一百英镑的特权。

谁若虚度了价值五先令的时间，就是丢掉了五先令，或者说是故意将五先令扔进了大海。

谁若丢掉了五先令，那么所丢不只是这个数，而是将它用于交易可能带来的所有收益，当一个人由年轻而变老时，其数目会相当可观。[1]

用这些话向我们大肆鼓吹的正是本杰明·富兰克林①，费迪南

---

① 本杰明·富兰克林（Benjamin Franklin，1706—1790），美国著名的政治家与科学家。他同时亦是出版商、印刷商、记者、作家、慈善家；更是杰出的外交家及发明家。他是美国革命时重要的领导人之一，参与了多项重要文件的草拟，并曾出任美国驻法国大使，成功取得法国支持美国独立。曾进行多项关于电的实验，并且发明了避雷针。他被视为资本主义精神最完美的代表。——译者注

德·古恩伯格①在他那本机智而又刻薄的《美国文化览胜》[2]一书中，曾将同样的话视为美国佬信仰的自白。这里以典型风格所言说的正是资本主义精神，没人会怀疑此点，但我们却很难说与资本主义精神有关的一切均已包含其间了。我们不妨先停下来，对这段话进行一番品读，古恩伯格曾把美国佬的哲学概括为这么两句话："从牛身上刮油，从人身上刮钱。"这种贪婪哲学的怪异之处，就在于它似乎成为享有信誉的诚实人的理想，尤其是表现了这样一种观念，即认为个人有增加自己的资本的责任，并以此视为目的。的确，此处所宣扬的不仅仅是经世致用的方法，而是一种独特的伦理。违背这一规则会被视为渎职，而不是愚蠢。这就是它的实质。它不仅仅是普遍存在的商业上的精明，而是一种精神气质。而这正是我们所感兴趣的。

雅各布·福格②有一个商业伙伴已经退休，在一起聊天时此人也奉劝福格退休，因为他已经赚足了钱，该把机会留给别人了。福格对此不以为然，认为那是怯懦的表现，并回答说，"他（福格）另有想法，只要他还能赚钱，他就会一直赚下去"。[3]他这句话的精神显然与富兰克林所说的相去甚远。前者表现的是一种商业勇

① 费迪南德·古恩伯格（Ferdinand Kürnberger，1821—1879），奥地利作家，因参加1848与1849年奥地利的两次起义而知名，著有大量戏剧、小说及政论性文章，代表作有《一个厌恶美国的人》（1855年）等等。——译者注

② 福格家族是15、16世纪德意志著名的工商业和高利贷家族，福格二世时期，其富可敌国，对德国资本主义工商业的发展和欧洲资本原始积累起过一定作用。——译者注

气，是一种无关道德的个人倾向[4]，后者则是具有伦理色彩的劝世箴言。此处是在后一种意义上使用资本主义精神这一概念[5]，亦即现代资本主义精神。从我们陈述问题的方式便可明显见出，这里所讨论的只是西欧和美国的资本主义。中国、印度、巴比伦，古希腊罗马时期和中世纪，都存在过资本主义。但我们将会看到，所有那些地方的资本主义都缺乏这种独特的精神气质。

富兰克林的所有道德观念都具有功利主义色彩。诚实是有用的，因为它能带来信誉；守时、勤奋和节俭皆是如此，所以它们才成其为美德。依此逻辑类推，或能得出如下观念：只要诚实的外表能达成同样目的，则有此外表足矣，过多地显露这种美德，在富兰克林眼中显然是徒然的浪费。事实上，富兰克林自传中关于他皈依这些美德的故事[6]，或者是对严守谦逊的形象的价值探讨，以及尽力保持低调以便得到众人认同[7]，这些全都证实了上述印象。在富兰克林看来，这些美德同其他美德一样，只有对个人产生实际效用时，才构成美德，因此若能实现预期目标，仅仅换个样子也就够了。这是狭义的功利主义的必然结论。在许多德国人的印象中，美国精神所宣扬的那些美德纯属伪善，此点通过这个明显的事例似乎得到了证实。不过实际上，事情绝非如此简单。本杰明·富兰克林本人的性格，正如他在自传中坦露出来的非凡率真，证明那种质疑是错误的。富兰克林将他对美德功用的认识，归结为一种旨在引导他走上正义道路的神启。这表明，其中所蕴含的不仅仅是为了纯粹利己的动机予以伪装，而是有着更多的东西。

实际上，这种伦理所宣称的至善，即尽量多多赚钱，同时又要严格规避一切本能的生活享乐，其中毫不掺杂幸福主义的成分，遑论享乐主义了。这种至善被纯然视为目的本身，无论是从个人幸福还是个人功利的观点看，它都显得是完全超验的和绝对非理性的。[8] 人们被赚钱、营利所支配，将其视为人生的最终目的。经济营利不再属于人类满足物质需要的手段。这种对我们应当称为自然联系的关系的颠倒，从素朴的观点来看是很不理性的，但它显然是资本主义的一条主导原则，没有处在资本主义影响之下的民族对此闻所未闻，这一点确定无疑。同时，它又表达了一种与某些宗教观念有着密切关联的情感。因此，如果我们追问为什么应当“从人身上赚钱”，本杰明·富兰克林在他的自传中引用了《圣经》中的原话来回答：“你看见办事殷勤的人吗？他必站在君王面前。”（《圣经·箴言》第二十二章二十九节），富兰克林虽是一个无特殊色彩的自然神论者，但在他年轻时，他那信奉加尔文教派的严父曾经向他反复灌输这一句话。在现代经济体制中赚钱，只要合法，就是职业中的美德与能力的结果和表现。显而易见，这种美德和能力正是富兰克林伦理学的最重要组成部分，上面引述的几段文字能够表明这点，他的所有著作也毫无例外地表明了这点。[9]

诚然，我们今天对职业义务这一独特观念非常熟悉，然而它在现实中却又远非理所当然，它是资本主义文化的社会伦理中最重要的特征，并且在某种意义上，它也是资本主义文化的根本基础。它是一种对职业活动内容的义务，对此，个人应该感觉到而且确实也感觉到了。无论它包含着什么，更不管它在表面上是利用个人能力，还是仅仅利用其物质财产（作为资本）。

当然，这种观念并非只在资本主义条件下出现。相反，我们后面将追溯到资本主义出现以前的时代，探寻其产生之根源。自然，我们更不会断言说，现代资本主义企业中的个人（无论是企业家还是劳动者）对这些道德箴言的自觉接受，是当今资本主义进一步存在下去的条件。今天的资本主义经济，是一个广袤无边的宇宙，个人生于其中，至少对于个人来说，这个宇宙展现为一种他必须生存于其中而又不可变更的事物秩序。个人一旦被卷入市场关系体系，该秩序就会迫使他服从资本主义的行为规则。如果一个制造商长期违逆这些规则行事，他就不可避免地要从经济舞台上销声匿迹，就像那些不能或不愿适应这些规则的工人将被抛到街头成为失业者一样。

所以，今天的资本主义已经支配了经济生活，它通过适者生存的经济过程，教育并选择着它所需要的经济主体。不过，人们在此处能够很容易地看到，用选择的概念来进行历史的解释是有局限性的。要使一种完美地适应资本主义特性的生活态度最终能够得到选择，即它能够支配其他生活态度，那么，这种生活态度就不可能起源于孤立的个人身上，而是为整个人类群体所共有的生活方式。这种起源正是真正需要解释的。根据较为朴素的历史唯物主义的学说，这些观念是作为经济状况的反映或者上层建筑而产生的。对此，我们下面还要详述。这里，根据我们的目标，只须提请大家注意一个确凿无疑的事实就足够了。即，在本杰明·富兰克林的出生地（马萨诸塞），（就我们所赋予它的意义而言的）资本主义精神在资本主义秩序出现之前就已存在了。早在1632年，就有人抱怨新英格兰那种不同于美国其他地区的特别工于计算的谋利行为。更加确凿无疑的是，在某些邻近的殖民地，即后来的美国南部诸州，资本主义的发展非常缓慢，尽管存在这样一个事实，即后者是由一些大资本家出于商业动机而建立的，而新英格兰殖民地则是传道士和神学院毕业生在一些小商人、手工业者和自耕农的帮助下，出于宗教方面的原因建立起来的。在这种情况下，其因果关系正好与唯物主义观点得出的因果关系截然相反。

不过，这些观念的起源和历史，比那些持上层建筑的理论家所想象的远为复杂。我们所用术语的意义上的资本主义精神，为了取得至高无上的地位，不得不与所有敌对的力量进行拼杀。我们征引富兰克林的话所表达的那种心态，曾经赢得整个民族的嘉许，但在古代和中世纪[10]，却被斥为最为卑劣的贪婪和全无自尊的态度。实际上，那些极少卷入或极不适应现代资本主义环境的社会群体，仍对它持贬抑态度。这并非全像人们通常所说的，是由于获利本能在那时还不为人所知或者仍不发达，也不像现代浪漫主义者所惯于幻想的，无论过去或是现在，在资产阶级的资本主义之外的世界，其对金钱的贪欲，远没有其特有范围之内的强烈。在这点上，根本看不到资本主义精神和前资本主义精神之间的差别。中国封建官吏、古罗马贵族，或是现代农民的贪婪，并不比任何人逊色。任何人都能察觉，那不勒斯的马车夫或船夫，以及他们的亚洲同行，还有南欧或亚洲各国的手工艺人，他们对黄金的贪欲要比相同境遇下的英国人更为强烈，尤其是更为肆无忌惮。[11]

按照西方的标准衡量，那些资产阶级资本主义的发展程度一直落后的国家，却有一个鲜明的特征，就是盛行不择手段地赚钱以谋取私利。正如每个雇主所知，这些国家，例如与德国相比的意大利，其劳动者普遍缺乏自觉性[12]，这一点以前是而且至今在某种程度上仍然是这些国家资本主义发展的主要障碍之一。资本主义不能利用那些信奉漫无纪律的“自由放任”信条的人进行劳动，正如它不能利用那些在与他人交易中毫无羞耻之心的人一样，我们可从富兰克林的作品中看到这一点。因此，差别并不在赚钱冲动的发达程度。自从有了人，就有了对金钱的贪欲。不过我们将会看到，那些将金钱之欲视为无法抑制的冲动，完全屈从于它的人，例如那位荷兰船长，他“要穿过地狱去寻宝，即使烧着了船帆也在所不惜”，不过，这些人并不能代表成为一种大众现象的心态，而正是那种心态产生出了特殊的现代资本主义精神，这才是问题的关键。在任何历史阶段，只要有可能，就会有不顾任何道德规范，残酷地进行谋利的行为。在与外国人和本集团之外的关系中，贸易就像战争和抢劫一样，常常是肆意胡为的。而且，双重道德还允许人们去做在同胞之间交易时被禁止的事情。

资本主义的谋利行为，作为一种商业投机，在所有懂得使用货币进行贸易，并通过“康曼达”、租税承包、国家贷款、战争资助、宫廷和官吏等手段为其提供机会的形形色色的经济社会中，都普遍存在着。同样地，蔑视一切道德约束的投机者心态也很普遍。在获利过程中，绝对和有意的无情态度常常与最严格地恪守传统有着最密切的联系。而且，随着传统的瓦解和自由经济企业或多或少的全面扩张，有时甚至已经扩张到社会集团内部，这种新生事物并没有得到道德上的普遍认同和支持，而只是作为既成事实得到容忍罢了。这个事实不是被当成漠视道德，就是被视为应受责难，然而很不幸的是，它又无法避免。这不仅是所有道德说教中的常规态度，而且更重要的是，它还体现于前资本主义时期普通人的实际行动之中；所谓前资本主义，是指在永久性企业中，理性地利用资本和理性的资本主义劳工组织尚未成为决定经济行为的主导力量。目前，正是这种态度成为人们在适应一种有秩序的资产阶级——资本主义的经济环境时，所遭遇的一个最强大的内心障碍。

所说的合乎道德的具有明确生活准则的资本主义精神，不得不与之进行搏斗的最重要对手，就是对于新环境的那种态度和反应，我们可以称其为传统主义。对此，我们亦需要悬置做出最终定义的所有尝试。不过，我们必须略举数例，以求澄清这一暂定的含义。我们将从底层的劳动者着手进行。

现代雇主为了确保从雇佣工人身上获得最大可能的劳动量，所采用的技术手段之一就是计件工资制。比如在农业中，收获期间需要最大可能的劳动强度，因为天气捉摸不定，获得高额利润或是蒙受惨重损失，完全仰仗收获的速度。因此，在这种情况下，计件工资制差不多是普遍采用的一种方式。并且，由于收割速度的提高，雇主的利益也会随着劳动效果和劳动强度的增长而增长，所以，雇主不厌其烦地尝试着提高工人的计件工资率，给他们赚取高额工资的机会，借此激励他们提高劳动效率。但是，人们却碰到了一个奇怪的困难，它频频发生，令人惊诧：提高计件工资率却导致了这样的后果，即在同一时间内，完成的工作不是更多了，而是更少了。因为劳动者对提高计件工资的反应，不是增多而是减少了其工作量。例如，当工资率为每英亩 1 马克时，某人每天收割 2.5 英亩地，能挣 2.5 马克。当工资率提高到每英亩 1.25 马克时，他本可以轻易地收割 3 英亩地，从而挣得 3.75 马克，但他却不这样做，而只是收割 2 英亩地，这样他仍能挣已然习惯了的 2.5 马克。相比多挣点钱的机会，少干些活的机会更能吸引他。他不去问：如果我全力干上一天，能挣多少钱？而是问：我得干多少活，才能挣到以前挣的 2.5 马克，以满足习以为常的需要呢？这就是此处所说的传统主义的一个例子。人并非“天生”希望多多挣钱，而只是盼着过他过惯了的日子，挣的钱能满足这一目的就足够了。只要现代资本主义开始通过增加劳动强度来提高人们的劳动生产率，它就会遭遇到这一前资本主义劳动的主导特性所显现出的极其顽固的抵制。而资本主义需要对付的劳动力越落后（以资本主义的观点看），它所遭到的抵制就越大。

回到我们的例子，既然通过提高工资无法刺激获利本能，那么很有可能采取的另一种政策就是反其道而行之，即降低工人工资，他们为了挣得与以前同等数目的工资，只能付出更多劳动。即使到今天，在那些浅薄的观察者看来，低工资和高利润仍然具有关联；任何交易，只要付出了工资，似乎就意味着利润的相应减少。从资本主义诞生伊始，就屡屡采取那种方式。几百年来形成了这样的信条：低工资能促进生产，亦即，低工资增加了劳动的物质收益，就像彼特·库尔①很早以前对此发表的言论，他说，只有因为贫穷，并且只有身处贫穷之时，人们才会劳动。我们后面会看到，这种观点与老加尔文主义的精神完全契合。

不过，这种表面上如此行之有效的方法，其实际效果却是有限的。[13]当然，劳动力市场上存在大量可供廉价雇佣的剩余人口，此乃资本主义发展的一个必要条件。在某些情况下，尽管过于庞大的后备军有助于资本主义量的扩张，却阻碍了其质的发展，尤其是阻碍了那种转向高劳动强度的企业的发展。低工资绝不等同于廉价劳动。从纯粹量的角度看，要

---

① 彼特·库尔（Pieter de la Court），荷兰服装制造商，与当时荷兰的共和运动有家族关系，他的著作《荷兰的利益》（*The Interests of Holland*，1662 年）是当时的畅销书，读者众多，争论热烈，遂成为当时教会和政府对其人员进行纪律训练的教科书。后来参与奥林奇王室政府工作，死于 1685 年。——译者注

是工资不能满足生理需要，劳动效率亦会随之下降，长此以往，甚至会意味着不适者生存。如今，一个普通的西里西亚人，即使他竭尽全力，其收割面积也不过是一个报酬较高、营养较好的波美拉尼亚人①或梅克伦堡人②收割面积的三分之二稍强；越是往东的波兰人，其工作能力相比德国人就越差。即便是从纯商业的角度看，只要所生产的商品需要技术性劳动，需要使用昂贵易损的机器，或是需要高度的专注和创新精神，那么，低工资注定要失败。在这种情况下，低工资非但无效，而且只会事与愿违。因为此处不仅必须需要高度的责任感，而且通常来说还必须有一种态度，至少在工作时间要有这种态度，即必须避免时时寻思怎样才能最为舒服最为省力地去挣惯常得到的工资。相反，劳动自身必须被当成绝对的目的，当成天职执行。但是这种态度绝非天生。仅靠低工资或高工资不能唤起这种态度，它只能是漫长而艰苦的教育的产物。如今，资本主义已经占据了统治地位，能够比较容易地在各工业国家招募劳动力。而在过去，这是一个极其困难的问题。[14] 即使在今天，如果没有一个强大同盟的支持，资本主义也是寸步难行。下面我们将会看到，这种同盟军在资本

① 波美拉尼亚，欧洲中北部一个历史上著名的地区，濒临波罗的海，位于今天的波兰西北部和德国东北部境内。10 世纪时由斯拉夫人的部落居住，12 世纪时为波兰征服。这一地区后来分裂并被各个强国统治过，包括神圣罗马帝国、普鲁士、瑞典、丹麦和德国。——译者注

② 梅克伦堡州，历史上德国东北部一地区，临近波罗的海。这里最早在 6 世纪就有斯拉夫人居住，后为定居于此的日耳曼人所占领。1621 年以后，梅克伦堡州被分成两个公爵领地，并于 1867 年加入了德意志联邦。——译者注

主义发展时代一直伴其左右。

我们最好还是通过一个例子来解释其意义。今天，人们常以女工，尤其是未婚女工为例，说明那种落后的传统劳动形式。几乎所有雇用女孩的老板，如雇用德国女孩的老板，都纷纷抱怨说，她们根本不能也不愿放弃继承而来的劳动方法或曾经学过的有效方法，以适应新的工作方法，以认识并集中她们的才智，甚或利用这些才智。如果向她们解释那会使工作更为容易，尤其是对她们更为有利，这通常得不到任何理解。提高计件工资率的方法，在习惯的墙障面前毫无用武之地。一般来说，只有那些具有特殊的宗教背景，尤其是虔敬派背景的女孩是个例外，从我们的观点看，这一点非常重要。人们经常听说，并且调查统计也已证实[15]，这些人具有最好的机会去接受经济教育。在她们身上，集中精神的能力，对个人工作绝对必需的责任感，最常与算计收入高低的严密的经济头脑，以及能够极大提高工作业绩的冷静的自制和节俭结合在一起。这就为以劳动本身为目的和资本主义所必需的视劳动为天职的观念提供了最为有利的基础：宗教教育最有可能克服传统主义。对当代资本主义的这种观察[16]本身表明，在资本主义发展早期，对资本主义的适应性与宗教因素之间的关联是如何产生的，这确实值得追问。因为这些宗教因素在过去呈现出大致相同的形式，这可以从众多例子中推断出来。例如，18世纪信奉循道宗[①]的工人，受到了其同事们的厌恶和迫害，这不单是，甚至主要也不是他们身为宗教异端的结果，英国就曾有过许多诸如此类和更为极端的教派。而是在于他们具有（就像我们今天所说的）独特的劳动积极性，这在一些报道反复提及他们的工具遭到破坏中可以见出。

不过，还是让我们回到现在，这次从企业家切入，借以阐明传统主义的含义。

松巴特在探讨资本主义的起源时[17]，曾将需要的满足和获利加以区分，并将之视为经济史上的两大主导原则。支配经济活动的形式和方向的目的，在前者是获得满足个人需要的必需品，在后者则是奋力赚取不受需要限制的利润。初看上去，他所谓的需求型经济似乎完全等同于这里所描述的经济传统主义。如果将需求概念限定为传统的需求，或许没有问题。但是，如果并不仅限于传统的需求，那么依据松巴特在其著作的另一部分对资本所下的定义[18]，大量理应被视为资本主义的经济类型，将会被排除在营利经济的范畴之外，而被并入需求型经济的范畴之内。企业，亦即那些由私人企业家经营，利用资本（货币或具有货币价值的

① 循道宗（Methodism），又称“卫理公会派”“监理宗”“美以美会”等，是基督教新教主要宗派之一，1738 年由英国人约翰·卫斯理和其弟弟查理·卫斯理于伦敦创立。其名称源自该派信徒声称应该循规蹈矩地为人处世，被人称为“循规蹈矩者”。原为圣公会内的一派，后逐渐独立。该宗认为传统教会的活动方式已不足以应付新的社会问题，主张着重在下层群众中进行传教活动，宣称求得“内心的平安喜乐”便是幸福。主要分布于英美等国。——译者注

商品）营利，并购买生产资料和销售产品的企业，也就是说，确凿无疑的资本主义企业，也可能同时具有传统主义的特点。即使在现代经济史的进程中，这种情况也不是昙花一现，而是一种规则，只是由于受到资本主义精神反复而且日益有力的征服，才不断地中断。固然，一个企业的资本主义形式及其赖以运转的精神之间，通常具有某种适当的关系，但并不是一种相互依存的关系。尽管如此，我们权且使用（现代）资本主义精神[19]这一表述来描摹那种理性而系统的方式追逐利润的态度，我们曾用本杰明·富兰克林的例子进行了阐述。不过，历史事实证明，一方面，那种精神态度在资本主义企业中找到了最合适的表达，另一方面，企业又从资本主义精神那里获得了它最适合的动力。

不过，二者完全可以分别出现。本杰明·富兰克林的印刷企业与任何手工企业在形式上并无区别，不过在那时，他却充满了资本主义精神。我们将会看到，在现代时期的开端，我们在此称之为资本主义精神态度的唯一或主要体现者，绝不是那些商业贵族式的资本主义企业家[20]，而更多是正在兴起的地位较低的工业中产阶级。即便在19世纪，其典型体现者也不是利物浦和汉堡那些继承商业资财的高雅绅士，而是曼彻斯特和威斯特伐利亚那些出身低下通过个人奋斗而起家的暴发户。早在16世纪，情形亦很相似，那时兴起的产业大多是由暴发户创建的。[21]

诸如银行、批发出口商业、大型零售机构，或经营家庭制品的大型货庄的经营管理，只有采取资本主义企业的形式才是可能的。不过，它们完全可以按照传统主义精神去经营。实际上，大型的发行银行也不能用其他方式经营。所有时代的对外贸易，都是以具有严格的传统性质的垄断和合法的特权为基础。在零售业中（我们此处不谈那些没有资本，总是乞求政府救济的小商贩），那场导致陈旧的传统主义走向终结的革命仍然如火如荼。正是同样的发展摧毁了旧有的包出制，现代家庭式劳动与这种制度只有形式上的关联。这一革命何以发生，它具有怎样的意义？尽管我们对此已很是熟悉，不过还是通过一个具体的事例进行说明。

直到20世纪中叶，货庄主的生活在今天看来亦是非常优裕，至少大陆纺织业的许多部门情景如此。[22]我们可以如是构想其大致情形：农民带着通常由全部或大部分是自产原料制成的布料（如亚麻布），来到货庄主居住的城镇，经过一番认真的、通常是官方的质量评估之后，货庄主按照常规价格将其收购。由于市场距离遥远，货庄主的客户一般是中间人，他们也来找货庄主，不过他们通常不是根据样品，而是依照传统的质量标准到其仓库里购货，或者很早就下了定单，这些定单很可能会被转到农民那里。顾客很少亲自前来洽谈生意，即便有，也会间隔很长时间。由于通过书信往来就足够了，因此此后寄送样品的方法逐渐时兴起来。货庄主的营业时间不长，一天也就五六个小时，有时则更短；每逢忙季，时间就稍长些。他们的收入还凑合，足够过一种体面的生活，年景好时还会有所盈余。总体来看，同行之间的关系非常不错，他们对商业原则的看法基本一致。他们每天泡在小酒馆里，高朋满座，开怀畅饮，生活舒适而悠闲。

无论从哪个方面看，这种组织形式都是资本主义的；企业家的活动具有纯商业性质；用于商业周转的资本不可或缺；最后，经济过程的客观方面，即簿记亦是理性的。不过，如果考虑一下激励企业家的那些精神，却还是传统主义的东西：传统的生活方式，传统的利润率，传统的工作量，传统的调节劳资关系的方法，以及本质上仍属传统的顾客圈以及吸引新顾客的方法。可以说，支配该商业活动的一切，是以这个商人群体的精神气质为基础的。

某天，这种闲适的生活突然被摧毁了，而组织形式却常常没有任何实质性的变化，诸如转向统一工厂、转向机器纺织等等。相反，所发生的情况往往不过如此：某一出身于货庄家庭的年轻人来到乡下，雇用了一批他悉心挑选的织工，大大加强了对他们的劳动监督，由此把他们从农民变成了劳工。另一方面，他尽可能地直接接触最终消费者，借此开始变更营销手段；他对细节尽在掌握，他亲自招揽顾客，每年都拜访他们。最重要的是，他直接调整产品质量，使之迎合顾客的需求和愿望。同时，他开始推行薄利多销原则。这种理性化的过程所造成的后果在各地反复上演：落伍者只好关门大吉。在残酷的竞争压力下，田园牧歌式的生活状态颓然倒塌。所积累下的大量财富，并没有用于借贷取利，而总是不断地用于商业投资。从前那种悠闲舒适的生活态度，让位于一种苛刻的节俭，有些人身体力行，聚敛资财无数，因为他们不想消费只想赚钱，而那些希望保持旧式生活的人，也被迫节衣缩食。[23]

在这种情况下最为重要的是，引起这场变革的通常不是投资于工业的新资金流（就我所知的一些事例中，整个变革过程是以从亲戚那里借来的几千块资金开始的），而是新的精神，即资本主义精神，已经开始起效。现代资本主义扩张的动力问题，首先并不是用于资本主义活动的资本额的来源问题，而是资本主义精神的发展问题。只要是资本主义精神出现并能发挥作用的地方，它就能生产自己的资本和货币供给，以之作为达到自身目的的手段，不过，反之则不正确。[24]资本主义精神进入历史舞台通常不是一帆风顺的。怀疑，或者仇恨，尤其是道德义愤，如洪水猛兽般冲向首位革新者。我知道几件这样的事，有人不停地捏造关于他以前生活的谣传，散布说他有不为人知的污点。人们很难认识到，只有性格异常坚强的新型企业家，才不致丧失自我克制力，才能免遭道德与经济上的双重覆灭。而且，他只有具备鲜明的和较高的道德品质，以及远见卓识和行动能力，才能赢得顾客和工人绝对必需的信赖。舍此而外，任何东西也不能赋予他力量去克服无尽的困难，其中首先是现代企业家所必须承担的无比繁重的工作。不过这些道德品质与过去适应传统主义的道德品质判然有别。

这种转变虽然表面上颇不起眼，却对新精神渗透到经济生活具有决定性作用。完成这一变化的，既不是我们在经济史的各个时期都能见到的胆大妄为、寡廉鲜耻的投机商和经济冒险家，也不单是那些大金融家。而是那些在艰苦卓绝的生活历练中成长起来的人，他们工于算计而闯劲十足，更重要的是，他们节制有度，守信可靠，精明强干，全力投入事业之中，并且恪守资产阶级的见解与原则。

人们通常倾向于认为，这些个人的道德品质与各种道德箴言之间毫不相干，更不消说宗教观念了，它们之间的关系实质上是否定性的。那种摆脱普遍传统的能力，即一种自由的启蒙思想，似乎正是商人事业有成的最适当的基础。今天的情况更是如此。宗教信仰与行为之间一般没有任何关系，即使有，也更多是否定性的关系，至少在德国是这个样子。今天那些洋溢着资本主义精神的人，即使不对教会怀着敌视，也往往对它漠然置之。虔诚而枯燥地心怀天国，这种想法对他们积极进取的本性几乎毫无吸引力。在他们看来，宗教更像是让人们摆脱尘世劳动的手段。如果你问他们，他们永无宁日的活动，其意义何在？他们从不满足于自己拥有的东西，这是为什么？从任何纯粹世俗的观点看，这难道不是显得毫无意义吗？如果他们知道答案，或许会回答说“是为了子孙后代”，但是这种动机并非为他们所独有，传统主义者同样具有这种动机。所以，更常见更正确的答案是，夜以继日的工作已经成为他们生活中不可或缺的一部分，仅此而已。实际上这是唯一可能的动机，不过，从个人幸福的观点看，它同时表明了这种生活是非理性的：人因其事业而存在，而非相反。

当然，单凭财富就能获得权力和声誉的欲望也在发生作用。一旦整个民族的心思都放在纯粹数量之大的方向上，就像美国那样，这种数字浪漫主义便对那些具有诗人气质的商人产生了不可抗拒的魅惑。不过，那些沉醉其中的人，通常不是真正的领导者，更不是那些永不言败的企业家。特别是，依仗世袭财产和贵族封号，及其子弟身在大学或官场，却掩盖自己社会出身的行为，皆是后来堕落的产物，这可见于德国资本主义暴发户的典型历史中。资本主义企业家的理想类型[25]，甚至在德国也偶有杰出的例子，他们与那种多少有点教养的攀爬者毫无关系。他不会炫耀卖弄，他开支有度，从不有意地使用手中的权力。相反，对于所获得的社会声誉之类的外部标签，他会觉得困窘不安。换言之，他们的生活方式中带有某种明显的苦行倾向，这显见于所引用的富兰克林的训诫中。我们后面要考察的，正是这一重要事实的历史意义。就是说，他具有一种谦逊的品质，这种谦逊比富兰克林所机敏地进行规劝的自我克制更为诚实，而且这绝非例外，乃是一种常态。他的财富为他带来的，除了勤勉工作这一非理性的感觉之外，其他则一无所有。

对前资本主义的人来说，正是这一点是如此的不可理喻、难以捉摸，它如此令人轻蔑，简直毫不足取。在他看来，每个人都将聚敛财富当作生活和工作的唯一目的，就是背着钱财的物质负累潜入坟墓，这只能理解为某种反常本能——拜金欲——的产物。

目前，我们个人主义的政治、法律和经济制度，具有一些为我们的经济秩序所特有的组织形式和综合结构，在这种制度下，一如某些人所说，资本主义精神可以被理解为纯粹是适应的结果。

资本主义制度迫切需要对赚钱事业的献身，它是对待物质财富的一种态度，这种态度极好地适应了资本主义制度的需要。它还与为着生存所进行的经济斗争中的生存状况紧密相关，因此，这种谋利的生活方式与任何单一的世界观之间是否存在必然联系，在今天已经不是问题了。实际上，它已不再需要任何宗教力量的支持，宗教为影响经济生活所做出的诸种努力，如果能为我们所察觉，也像对国家法规的感觉一样，皆是不正当的干预。在这种情况下，人们的商业利益和社会利益确实决定着他们的观点和态度。凡是生活方式不适应资本主义成功的条件的人，必然会没落，或至少不会发达。不过，这些只是现代资本主义取得了支配地位，摆脱了旧有支柱的时候才出现的现象。正如只有现代资本主义与不断壮大的现代国家力量结成同盟，它才能摧毁中世纪经济生活准则中的那些陈旧形式，我们权且也可以说，它与宗教力量的关系同样如此。到底是不是如此？以及在什么意义上是如此？这正是我们的研究任务。将赚钱视为人人都应追求的目的本身，视为一种天职，这种观念与任何时代的道德情感都截然相对，这根本不用证明。“总难让上帝满意”，这一教义已被并入教会法规，并应用于商人活动，在那时（如同福音书中关于利益的章节一样）[26]

被奉为真理。此外，圣托马斯①把追求财富的欲望斥为“卑贱”(此语甚至还用来指责那种必须为之，因而合乎道德正义的营利行为)，因而，与较大范围内的人们更为激进地反对牟利的思想相比，此教义已经包含了天主教教义对意大利城内[27]与教会关系亲密的金融势力的很大让步。不过，即使在该教义很好地顺应了现实的地方，比如佛罗伦萨的安东尼，那种情感也从来没有被彻底征服。那种只为获利而获利的行为终归是一种“耻辱”，它之所以被容许，只是因为它为现世生活所必需，而这种需求无法变更。

那时的一些伦理学家，尤其是唯名论②的伦理学家，承认发

---

① 托马斯·阿奎那(Thomas Aquinas，1225—1274)，13世纪意大利神学家，经院哲学家。出生于意大利贵族家庭。著有《神学大全》《反异教大全》等。《神学大全》被认为是基督教的百科全书。13世纪欧洲封建社会进入繁荣时期，社会出现一些难以解答的经济问题。阿奎那根据宗教教义与亚里士多德的有关学说，提出处理经济关系的基本原则应当是分配的公正与交换的公正。他把财富分成两种，即自然财富和人为财富。认为自然经济是一国幸福的基础，金银财富作为人为财富，不应成为国家和个人追求的目标。个人拥有的财富只要与其身份相称，就算实现了分配的公正。对于以获取金银为目的的经商行为，他认为是可耻的，但同时认为那些为了维持生计、赡济穷人和办公共福利的人，做点生意是可以的。对高利贷基本持反对态度。认为，偿还借款只是延期支付，时间属于上帝，债主无权取息；根据罗马法，货币属于所有权与使用权不可分的物品，出借货币取息不合法。阿奎那的经济思想在欧洲统治达两个世纪。他把亚里士多德哲学运用于神学领域，创造了巨大的经院哲学和神学体系，在伦理学、逻辑学、政治学、形而上学和认识论等方面都做出了重要的贡献。在宗教哲学方面，他提出了著名的证明上帝存在的五种论证，对后世有重大影响。其哲学和神学体系于1879年被教皇利奥十三世定为天主教官方学说，后世称之为托马斯主义。1323年被追谥为圣徒，1567年被命名为教义师，并被称为“普世教会博士”。——译者注

② 唯名论(Nominalism)，与实在论(Realism)构成中世纪经院哲学的两个对立派别，这两大派别围绕个别与共相的关系之争而产生。共相是经院哲学的一个术语，意指普遍、一般。唯名论否认共相具有客观实在性，认为共相后于事物，只有个别的感性事物才是真实的存在。实在论则断言共相本身具有客观实在性，共相是先于事物而独立存在的精神实体，共相是个别事物的本质。——译者注

达的资本主义商业形式是不可避免的，他们还力图证明这些商业形式，尤其是贸易往来的合理性。他们将发展于商业交易之中的“勤奋”（尽管不无矛盾）视为利润的合法来源，因此在道德上不容置疑。但是，占据统治地位的教义却否定资本主义营利精神，将之斥为“卑贱”的，或者至少不会给它以肯定的道德认同。像本杰明·富兰克林的那种道德态度在当时简直是不可想象的。最重要的是，这也是资本主义集团自身的态度。只要他们还附着于教会传统，他们的毕生事业充其量也与道德无关。他们的事业得到了容忍，不过单就它与教会关于高利贷的教义始终具有冲突的危险而言，它就对获得救赎①造成某种威胁。资料表明，富人们在弥留之际，总会将巨额资财捐给教会作为“良心钱”，甚至常把他通过不义手段从过去债务人那里获取的“高利贷利息”返还原主。这种情况，连同那些常常遭受责难的异教倾向及其他倾向，只有在那些摆脱了传统羁绊的商业贵族之中才不存在。但即便是怀疑主义者和对教会漠然置之的人，也不得不通过捐赠以与教会和睦相处，因为这能保证他在死后免遭诸般不测。或是因为（至少根据普遍持有的观点）表面上服从于教会戒律便足以保证获得救赎。[28] 在当事者本人看来，他们的行为要么不关道德，要么就不道德，这种性质显而易见。

① 救赎、拯救（Salvation），基督教中指上帝将人从各种罪恶中解救出来，也指人因为信仰基督为救主而得到永生，这是上帝对人类罪恶问题的最终解决办法。虽然拯救是通过耶稣基督的牺牲实现的，但也可以通过圣灵在信仰经验中感受到。——译者注

那么，这种至多不过得到道德容许的行为，是如何转变为本杰明·富兰克林意义上的天职的呢？需要进行历史性阐述的事实是，14 至 15 世纪的佛罗伦萨，是当时最发达的资本主义中心，也是所有政治强国的货币和资本市场。在那里，谋利行为在道德上被视为是不正当的，或充其量只被默许。相反，18 世纪宾夕法尼亚处于偏远的小资产阶级环境中，仅仅由于缺乏货币，那里的商业就有退回到以物易物状态的危险，那里基本看不到大企业的影子，银行也只是略有雏形。但是，那里的谋利行为却被视为道德行动的实质，甚至以责任的名义加以推行。如果说它表明的是观念的上层建筑对物质基础的一个反映，此说显然毫无意义。那么，对于那种明显地倾向于把营利为目标的活动视为一种天职，而每个人对其都具有伦理义务的观念有什么背景？因为正是这种观念为新型企业家的生活方式提供了道德基础和合法性。

许多学者做了大量努力，尤其是松巴特，在他们所进行的审思明辨和富有成效的观察中，常将经济理性主义描述为作为整体的现代经济生活的突出特征。如果它指的是劳动生产率的扩大（它通过科学观点指导生产过程，使其摆脱了对个人自然的身体局限的依附），那么毫无疑问是正确的。现在，技术和经济组织领域中的这种理性化进程，无疑决定着现代资产阶级社会的生活理想的一个重要部分。为了给人类提供物质产品，而在理性的组织下进行的劳动，无疑一直是资本主义精神的代表，是他们毕生事业的最重要目的之一。例如，只要读一读富兰克林关于他对费城的发展所做努力的记载，就能清楚地理解这一显然的事实。对现代商人来说，能为众多人口提供就业机会，为家乡经济发展尽一份力，也就是增加家乡的人口与贸易量（资本主义与此密切相关），都会感到欢乐与自豪，这些显然都是他们生活中一种独特的并且无疑是理想主义的满足。同样，个人主义的资本主义经济的根本特征之一是，它以严密的计算为基础而理性化的，它明察而审慎地追求经济成功；这与农民只顾养家糊口的生存样态截然不同，亦与行会工艺人和冒险家资本主义的特权传统完全相反，那种传统趋向于利用政治钻营和不合理的投机来谋取利益。

如此看来，资本主义精神的发展最好理解为理性主义整体发展的一部分，并且它能从理性主义对于生活基本问题的立场中演绎出来。在这个过程中，只能把新教置于纯粹理性主义哲学发展之前的一个阶段进行考量，但是，对这一论题所进行的任何认真的研究都会表明，这种简单的提问方式于事无补，因为理性主义的历史表明，它在各个生活领域的发展路线绝非相似的，例如，若将私法的理性化视为法律内容的逻辑简化和重新组合，那么这种理性化达到迄今所知的最高程度的，是在古代后期的罗马法中。但是，在一些经济理性化程度最高的国家，其私法理性化程度却最是落后，这在英国表现得尤为明显，在那里，罗马法的复兴被一些强大的法律团体所压制。相反，在南欧的天主教国家里，罗马法却一直保持着至高的地位。青睐18世纪世俗理性哲学的地方，并不单在甚至也不主要在那些资本主义最为发达的国家。即便在今日，伏尔泰的学说仍是罗马天主教国家中广大的上层阶级以及实际上更为重要的是中产阶级的共同财富。最后，如果将现实中的理性主义如是理解，即有意识地从个体自我的世俗利益出发去认识和评判世界的态度，那么，这种生活观过去是而且现在依然是那些“自由放纵”的民族之特性，比如意大利人和法国人即是现实中的这类人。但是，我们已然明确，这种理性主义绝非个人以其天职为任务的那种关系得以茁壮成长的土壤，尽管它为资本主义所必需。事实上，人们可以根据根本不同的基本观点，按照完全不同的方向使生活理性化，这一常被人们忘掉的简单命题，应当放在每一篇研究理性主义的论文开头。理性主义是一个历史概念，它涵盖着由形形色色的事物构成的整个世界。我们的任务就是要找出那种独特而具体的理性思想形式到底是谁的精神产物，天职观念及其劳动献身精神皆从中孕育而出。正如我们所见，从纯粹幸福论的利己角度出发，那些观念是非理性的，但它曾经是并且至今依然是我们资本主义文化最显著的要素之一。这里，我们格外关注存在于这一观念之中，也存在于每一种天职观念中的非理性因素的起源。

第三章　路德的“天职”观（研究任务）

一个确凿无疑的事实是，德语中的“Beruf”一词，或更为明确的英语中的“calling”一词，至少暗含着一种宗教观念，即上帝安排的任务的观念。我们越是在具体的情况下强调这个词，其内涵就越明确。如果我们在各文明语言中考察一下这个词的历史，就会看到，不管是在天主教占支配地位的民族之中，还是在经典的古代民族[1]之中，均没有什么词具有类似于我们所知的“天职”一词的内涵（一种终生的任务，一种明确的工作领域的意义），而在所有新教占支配地位的民族中，却一直存在这个词。此外，我们还可看到，这种现象并非与语言有关的种族特性所决定的。例如，它不是日耳曼精神的产物，相反，这个词的现代意义源自《圣经》的翻译，它传达了译者的精神，而非《圣经》的原初精神。[2]在路德的《圣经》译文中，最早在现代意义上使用这个词，似乎是在《耶稣·西拉书》①的第十一章第二十和二十一节里面。此后，在所有新教民族的日常语言中，这个词很快就具有了现在的意义。[3]

① 西拉书（Sirach），又称“传道记”，十二种被称为“次经”（Apocrypha）的作品之一，据传为公元前2世纪的以色列智者西拉所著。16世纪中叶，天主教会在“特伦托大公会议”中承认这些作品也是圣经，所以现在天主教公用圣经中，是有这十二卷次经在内的。后来英国在“西敏寺大会”中否定这些次经为圣经，所以基督教圣经不把次经列入。——译者注

而在此以前，遍翻所有世俗文献，根本看不到这一意义的任何迹象。甚至在宗教著述中，就我所确知的，也仅在一位德国神秘主义者那里搜寻到一点踪影，而此人对路德的影响是众所周知的。

正如这个词的含义一样，这种思想也是崭新的，它是宗教改革的产物。这可以说是一个常识。没错，天职概念中包含着对尘世日常活动的肯定性评价，这种观念早在中世纪，甚至古希腊晚期就已存在若干萌芽，对此我们后面将有论述。不过，至少有一点毫无疑问是新颖的，即把履行世俗事务的义务奉为个人的道德行为所应承担的最高形式。正是这一点，不可避免地使日常的世俗活动具有了宗教意义，并在此意义上首次创造了一种天职的观念。于是，天职观念给所有的新教教派提供了核心教义，它抛弃了天主教将道德训令区分为“命令”（praecepta）和“劝告”（consilia）的做法。上帝所允许的唯一生活方式，不是让人们用苛刻的苦行主义超越尘世道德，而只是要完成个人在尘世中的位置所赋予他的责任和义务，这就是他的天职。

作为一名改革家，路德[4]在其最初十年的活动中发展了这一观念。起初，他的思想与中世纪盛行的传统完全一致，如托马斯·阿奎那所代表的传统[5]，认为尘世间的活动即使体现了上帝的意愿，也只是肉体的事情。它是信仰生活中不可或缺的物质条件，不过它本身就像吃饭喝水一样，不具道德色彩。[6]但是，随着“因信称义”①概念在此后的发展，其顺理成章的结果，是对作为魔鬼旨意的天主教修道士的“福音劝告”的反对日趋激烈，从而天职观念也就变得日益重要。路德认为，修道士的生活作为在上帝面前进行证明的手段非但毫无价值，而且，他们放弃尘世义务，那是自私与逃避现世责任的产物。与此相反，他认为履行职业劳动是兄弟之爱的外在表现。对此，他以劳动分工迫使每个人都为其他人工作的观察结果加以证明，但是，他的观点还非常幼稚，相比亚当·斯密对同一问题的著名论述[7]，显得滑稽可笑。然而，这种本质上显然属于经院式的证明，很快又消失了。而这种论述，即在任何场合下，履行世俗义务是上帝应许的唯一生存方式，却保持至今，并且受到越来越多的强调。这种方式，而且唯有这种方式，才是上帝的意愿，因此在上帝看来，每一种正当的职业都具有完全相同的价值。[8]

这种对世俗活动的道德辩护，是宗教改革最为重大的结果之一，路德在其中发挥了重要作用，这一点根本毋庸置疑，甚至可以视为老生常谈。[9]这种态度与耽于沉思的帕斯卡②对世俗生活深恶痛绝的态度大相径庭，因为帕斯卡深信，一切世俗活动只能被

① 因信称义，新教三大教义之一，认为人要想得到上帝的拯救，不在于遵守教会的律法和礼仪，而在于对上帝的信心；不在于个人的功德或善行，而在于上帝给人的恩赐。人只有信仰耶稣基督的救赎才能被上帝称为义人，只有凭借耶稣的牺牲才能重新和上帝和好，并最终得到上帝的拯救。——译者注

② 帕斯卡（Pascal，1623—1662），17 世纪法国最具天才的数学家、物理学家、哲学家。对理论科学和实验科学均贡献巨大，有哲学随笔《帕斯卡思想录》传世。——译者注

理解成浮夸或狡诈。[10]而且，这种态度与耶稣会会士同世俗达成的自由的功利主义妥协差之甚远。但是，新教的这一成就有什么具体的实际意义？人们对此并非了然于胸，而只有朦胧的感觉。

首先，路德与我们前面所用的资本主义精神，或任何意义上的资本主义精神没有什么关系，这一点几乎无须指出。今天，极力鼓吹宗教改革的伟大成就的宗教团体，对任何意义上的资本主义都决不会表示支持。毫无疑问，路德本人也一定会断然否认他与富兰克林的观点有任何联系。当然，人们不能把他对当时诸如福格家族[11]之类的富商大贾的抱怨当作此说的证据。因为，16、17世纪同个别大型贸易公司的法律的或实际的特权地位的斗争，可以等同于现代的反托拉斯运动，所以，斗争本身不能被视为传统主义观点的表现。清教与胡格诺教在反对受英国国教和英法国王及国会庇护的伦巴第银行家、垄断资本家、投机商和银行家时，同他们进行了艰苦卓绝的斗争。[12]丹巴①战役（1650年9月）以后，克伦威尔在写给长期国会的信中说："咨请改革各行各业中的所有弊端：如果有人为了让少数人致富而使多数人受穷，则与共和政体不符。"尽管如此，我们将会看到，克伦威尔遵循的是一条非常独特的资本主义思想路线。[13]另一方面，路德在大量论述中都反对高利贷和任何形式的利息，从资本主义观点来看，路德的这种资本主义的营利观与后期经院主义的观念相比，肯定是落后的。[14]

① 丹巴，苏格兰东南部县区，位于爱丁堡以东，濒临北海，奥利弗·克伦威尔于1650年9月3日在此击败宣布独立的苏格兰。——译者注

特别是关于金钱不育的教条，更是早就遭到了佛罗伦萨的安东尼的批驳。

不过，这里没有必要进行详论。因为，首先，宗教意义上的天职观念对世俗活动所产生的影响，可以做出许多完全不同的解释。与天主教的态度相比，宗教改革本身的成效，只是在于使有组织的世俗职业劳动日益受到道德重视与宗教认同。表达这一变化的天职观念应该如何发展，则依赖于各新教教会所发生的宗教演变。路德认为他的天职观念来源于《圣经》，但总的说来，《圣经》的典据更有利于传统主义的解释。尤其是《旧约》①，它包含着一种相似的完全传统意义上的宗教观念，尽管在真正的先知书里看不到任何超越世俗道德倾向的迹象，其他地方也仅有一些完全孤立的萌芽与暗示。每个人都应当安守自己的生活，而让不信神的人去追名逐利，这就是所有直接论述世俗活动的话语意义。直到犹太法典，才出现了略有不同的观点，但还谈不上根本不同。古代东方典型的祈求"请赐给我们每天的食物"，以经典的纯粹形式表明了耶稣本人的态度。"不义之财"的说法所表明的极端愤世嫉俗的成分，排除了现代的天职观念是基于他个人权威的可能性。[15]

---

① 《旧约》(*Old Testament*)，基督教中指耶稣降临之前上帝和以色列人订立的盟约，其中最主要的是以"十诫"为核心的《西奈盟约》。基督教认为，耶稣降生之后代表全人类和上帝另立新约，原来的盟约已完成其历史使命，故称为旧约。旧约时代的经书是《旧约圣经》，亦称"希伯来圣经"。

《新约》里所讲的使徒①时期，尤其是圣保罗时期，基督徒对待世俗活动要么态度冷淡，要么至少持本质上是传统主义的看法；因为那些初期的基督徒满怀着末世期望。由于每个人都只能等待主的降临，因此，除了保持住上帝从前召唤他时给他安排好了的地位和世俗职业，并一如既往地劳动，就没有其他事可做。这样，他就不会成为施舍对象，加重同胞们的负累，而且，这不过是为时很短的事情。路德完全从他自己的观点出发解读《圣经》，他在1518—1530年间的思想发展过程中，不仅保持着传统主义，而且此后更是如此。[16]

在路德从事改革活动的最初几年里，由于他认为职业主要是肉体的事情，因此就世俗活动的形式而言，他的思想与保罗在《新约·哥林多前书》（第七章十七节）[17]中表现出的那种末世论的冷漠态度关联紧密。无论所行何事，人们均可得救；人生只是短暂的朝圣之旅，斤斤计较于职业形式毫无意义。因此，如果人们对物质利益的所求超过所需，必然说明他缺乏上帝的恩典，并且很明显，这只有损害他人利益才能获得，所以应直接予以谴责。[18]随着路德逐渐涉足世俗事务，他对尘世劳动的评价也越来越高。但是，就个人所从事的具体职业而言，他越来越认为履行神意所赋予个人的特定责任，是上帝的一个专门命令。在同宗教狂热分

① 使徒，《圣经》中指耶稣亲自选召并派遣的12名门徒，其中犹大叛变之后被开除出使徒行列，而增补马提亚为使徒。另有一说云，只有保罗堪称使徒，因为他是复活后的耶稣亲自选召而派遣的。——译者注

子发生冲突以及农民骚乱之后，路德愈加认识到，上帝使个人所处的事物的客观历史秩序，直接表现了上帝的意志。[19]他日益强调神意的因素，甚至在具体的生活事件中也是如此，这导致了越来越以天意观为基础的传统主义色彩越趋浓厚。即个人应当永远安守上帝给他安排的地位和职业，把自己的尘世活动限制在其既定生活地位所涉及的范围之内。路德的经济传统主义原本是保罗漠视世俗的思想影响的结果，此后则变得具有日趋强烈的信奉神意的色彩[20]，它把绝对地服从上帝意志[21]与绝对地安于现状等同起来。从这种背景出发，路德不可能在世俗活动和宗教原则之间，建立一种新的或者任何根本性的联系。[22]他把教义的纯正性视为衡量教会的一个可靠的准绳，这本身就足以妨碍伦理方面新观点的发展，并且他的这种态度经过（16 世纪）20 年代的斗争之后，已经变得愈加不可挽回了。

所以，路德的“天职”观念仍然是传统主义的。[23]他所谓的职业，是指人们必须作为神圣旨意加以接受的、必须使自己适应的东西。这种观点压倒了当时存在的另一思想，即认为职业劳动是上帝规定的一项任务，或毋宁说，是上帝规定的唯一任务。[24]而且在此后的进一步发展中，正统的路德教更强调这一点。因而，在那时，唯一的伦理成果是消极的；世俗责任不再附庸于苦行责任；所宣扬的是要服从权威、安于现状。[25]我们在后面讨论中世纪宗教伦理时将会看到，这种路德式的职业观念，在很大程度上已经被德国神秘主义者预料到了，尤其是陶勒的宗教活动与世俗活动的价值平等化，以及由于灵魂陷入对神意的沉思冥想，造成传统苦行实践形式[26]在价值上的衰落。在某种程度上，路德派比神秘主义更退一步，因为同神秘主义者相比，路德本人，尤其是路德派教会，部分地削弱了理性伦理的心理基础（在此，神秘主义者的态度能使人联想到虔敬派和贵格派的信仰心理）。[27]其原因恰恰是由于他不能不怀疑，通过工作导向救赎的苦行式的自律的可能性，因此，他和他的教会不得不让它远远地退居幕后。

因此，纯粹路德意义上的天职观，对我们所感兴趣的问题，充其量具有不确定的意义。这就是在此所要确定的全部问题。[28]但这绝不是说，路德派对宗教生活的革新于我们研究的问题没有什么实际意义；实际上完全相反。只不过那种意义很明显不能直接从路德及其教会对世俗活动的态度得出，而且也可能不像它与新教其他分支的联系那样容易理解。所以我们接下来应该研究这样的宗教形式，即它们的现实生活和宗教动机之间的关系较之于路德派更容易理解。我们已经提请人们注意加尔文主义以及新教各派在资本主义发展史上所起的显著作用。正如路德在茨温利①身上发现了一种不同于他自己的精神，路德精神的继承者们也在加尔文宗那里发现了一种不同的精神，而且直至今日，天主教会一直把加尔文宗视为他们真正的对手。

① 茨温利（Zwingli，1483—1531），瑞士宗教改革家，继路德与加尔文之后最重要的新教改革家，1518 年起任苏黎世大教堂神父，领导瑞士东北各州的宗教改革，1531 年在与天主教各州的作战时阵亡，尸体被分裂焚毁。著有《真伪宗教记》。——译者注

现在，可以从纯粹政治的立场对此做出部分解释。假如没有路德本人宗教思想的发展，宗教改革将是不可想象的，而且他的人格在精神上长期影响着这场改革，但是，如果没有加尔文宗，路德的工作也不可能会有长期而具体的成功。然而，天主教和路德宗教全都憎恶加尔文宗的原因，在于或至少部分在于加尔文宗的伦理特性。完全从表面观察就能看到，加尔文宗中的宗教生活和世俗活动的关系，同天主教或路德教相比大不相同。即使在纯粹由宗教因素激发而写成的文学作品中，这一点也是显而易见的。例如，在《神曲》的结尾，诗人在天堂里默然而立，静静地沉思着上帝的奥秘，我们可以把它与被称为“新教的神曲”的那首诗进行比较。弥尔顿[①]的《失乐园》在描写了被“逐出”天堂之后的情形后，以下面一段吟唱作为结束：

> 他们回头张望，看着乐园的整个东侧，
> 看到他们幸福的居所，
> 那上面有火焰的剑在挥舞；
> 门口簇拥着可怖的面孔和炙热的武器。
> 他们滴下自然的眼泪，但很快就擦掉了；
> 世界整个就在他们面前，在那儿，

① 弥尔顿（John Milton，1608—1674），英国诗人、政论家。生于伦敦，曾求学剑桥。1641 年参加清教徒革命，先后人长老会和公理会。1649 年任克伦威尔政府拉丁文秘书。1652 年双目失明，仍继续供职。一生写有大量诗文、政论和神学论著。代表作为取材《圣经》的三部诗体巨著《失乐园》《复乐园》和《力士参孙》。——译者注

他们选择安身的地方，选择神作为他们的引路人。

在稍前的一段中，米迦勒对亚当说：

只要给你
那恰切的知识增加行动；增加信仰；
增加勇气，耐心和节制；再增加爱，
它后来被称为“善”，即是其他一切的灵魂：
这样，你就不会不乐意
离开这个乐园，然而，在你的内心
将会有一个更加幸福的乐园。[①]

人们马上就会觉得，这里强烈表达出的清教徒重视尘世，将其尘世生活视为使命的态度，不可能出自一个中世纪作家的笔下。但是，它与路德派的观点也大为不同，就像路德和保尔·葛哈德的赞美诗中所表现的那样。我们现在的任务就是用较为清晰的逻辑表述来替代这种模糊的感觉，并且探究这些差异的本质性基础。将其原因诉诸民族性的做法，只不过是承认无知，而且在这里根本站不住脚。如果认为17世纪的英国人具有统一的民族性，也只是歪曲历史。保皇党人和圆颅党人并非仅仅认为对方属于不同的

① 以上两段译文由范倍译出。——译者注

党派，而是根本不同的两个人种，凡是悉心研究过这件事的人，一定会同意他们的看法。[29] 此外，英国商人冒险家与古老的汉萨同盟的旧商人之间，没有什么性格上的差异；同样，中世纪末期的英国人与德意志人之间的根本性差异，也不能轻易地用其政治历史的不同加以解释。[30] 我们今天所意识到的差别 [31]，正是宗教影响的力量所造成的，尽管它不是唯一的力量，但却远远超过了其他一切力量。

因而，我们把加尔文、加尔文宗和其他新教各派的著作，作为研究新教伦理与资本主义精神之间关系的出发点。但是不要将此理解成我们希望发现这些宗教运动的创始人或代表人物之中，有谁会把推动我们所谓的资本主义精神视为其毕生工作的目标。我们也不能确定，他们中的任何人会把追求世俗的物质利益作为自身目的，并认为这具有肯定的伦理价值。必须永远记住，伦理改革的程序从来就不是任何宗教改革家（就我们的研究目的而言，必须包括门诺、乔治·福克斯① 和卫斯理等人）所关心的中心问题。他们既不是道德文化团体的创建者，也不是人道主义的社会改革运动或文明理想的倡导者。唯有灵魂的救赎才是他们生活和工作的中心。他们的道德理想及其教义的实际结果，均以此为唯一基础，而且是纯宗教动机所致。因而，我们不得不承认，宗教改革

① 福克斯（George Fox，1624—1691），贵格派创始人，早年曾当过牧童、鞋匠，1643 年离家隐居研习圣经，1647 年宣称得到“内心之光”而开始布教，他认为各人都能在寻找“内心之光”中直接得到神的启示，而无须牧师的帮助。他曾因为反对长老会而多次遭到监禁。——译者注

的文化后果，在很大程度上，就我们重点研究的特定方面而言，是改革家们未曾预料到的，甚至是不愿看到的。这些结果往往同他们本人所要达到的目标相去甚远，甚至完全相反。

下述研究，可能对人们理解思想观念是如何在历史中成为有效力量有所助益。不过，为了避免对纯粹观念动机所表现的这种效力的意义产生什么误解，请允许我在这一引论结束之前再讲几点。

可以果断而明确地指出，本研究无意于对任何意义上的宗教改革思想做出评价，不管它是否与社会价值或宗教价值有关。我们将继续探讨宗教改革的某些方面，它们对真正的宗教意识来说是偶然发生的，甚至是表面化的东西。因为，我们只是试图澄清，在无数不同的历史因素的复杂的相互影响中，宗教力量对于形成特殊的世俗现代文化之网所起到的作用。因此，我们只是想探究，这种文化的某些特性在何种程度上可以归因于宗教改革的影响。同时，我们必须摆脱宗教改革或许可以从某些经济变革中推演出来，并且是一种历史的必然结果的观念。无数不能简化为经济规律，也不能做出任何经济解释的历史条件，尤其是纯粹的政治过程，它们必须共同发挥作用，新创立的教派才能生存下来。

不过，另一方面，我们也无意于坚持这样一种愚蠢的教条主义的论点[32]，即资本主义精神（就上文所解释的暂定意义而言）的兴起仅仅是宗教改革所造成的某些影响的结果，或甚至认为资本主义作为一种经济制度是宗教改革的产物。我们知道，早在宗教改革之前，资本主义商业组织的某些重要形态就已存在了，这一事实本身就有力地驳斥了那种论点。相反，我们只是想确定，宗教力量在资本主义精神的质的形成以及在全世界的量的传播过程中，是否起了作用，以及起了多大的作用。进而言之，我们想确定资本主义文化的哪些具体方面可以溯源于宗教力量。考虑到物质基础、社会与政治组织形式和宗教改革时期流行的观念之间相互影响的极其混乱状态，我们只能从研究宗教信仰形式和实际的伦理观念之间是否存在相关性，以及在哪些方面具有相关性入手。同时，我们将尽可能地阐明，宗教运动通过这些关系影响物质文化发展的方式和一般方向。只有合理而准确地确定了这一点，才有可能评估现代文化的发展在何种程度上应归因于这些宗教力量，在何种程度上应归因于其他因素。

第二部分　苦行主义新教诸支派的实践伦理

第四章　入世苦行主义的宗教基础

在历史上，倡导苦行主义①的新教教派（就本文适用之意义而言）主要有过四种形态：（1）加尔文宗，这一教派势力所及的主要区域是在西欧，17 世纪时更是如此；（2）虔信派；（3）循道宗；（4）从浸礼会运动中独立出来的一些小教派。[1] 上述四类从改教运动中涌现出来的教派，哪一个都不能与其他几个截然分开，甚至它们与其他非苦行主义的改教宗派的差别也不是那样泾渭分明。即以循道宗为例，18 世纪中叶，它最初从英国国家教会中独立出来，其创始人（约翰·卫斯理）布道伊始，并无开宗立派的野心，他只是想在当时死气沉沉、保守落后的英国国家教会中，呼唤起一种忠诚圣洁、道德自律的精神。只是在其发展进程中，特别是向美

① 苦行主义，Asceticism，较多译本译为“禁欲主义”，译为“苦行主义”似更为准确，理由见“译后记”。——译者注

洲（英属诸殖民地）的传播过程中，循道宗才最终和安立甘宗[①]分道扬镳了。

虔信派是在英格兰特别是荷兰的加尔文宗教运动中分化出来的，最初它也与传统教派有着松散的联系，直到17世纪末，经过长时期的潜变暗化，在施本尔[②]领导下才最终脱离开正统教派而被吸收融入路德宗。其宗教教义的调整尽管一直都不够理想，但仍属于路德宗内的一种宗教改革运动。其后只有亲岑道夫[③]伯爵控制下的一个小派系，受到摩拉维亚弟兄会[④]内胡斯派和加尔文宗的持续影响，便像上述循道宗对抗其宗主之意愿一样，而被迫

---

① 安立甘宗，Anglicans，英文音译，即圣公会，该派起源于英格兰并成为国教。——译者注

② 施本尔（Philipp Jakob Spener，1635—1705），德国基督教新教神学家，虔信派倡导人之一。生于阿尔萨斯，1666年起在莱茵河畔法兰克福任牧师。1675年发表《虔诚的愿望》。主张极少数人研究哲学和神学，大多数人从事宣传简短的教理问答，他的神秘主义著作提高了教徒的热诚，对德国的路德宗和瑞士的加尔文宗产生了影响。1691年创设哈雷大学，成为虔信派的中心。晚年退出神学论争而专事教牧工作。——译者注

③ 亲岑道夫（Nikolaus Ludwig Zinzendorf，1700—1760），摩拉维亚弟兄会的重整者。出身于奥地利贵族，生于德累斯顿。1710—1716年在哈雷求学，课余研究《圣经》和路德宗虔信派著作。二十岁时赴荷兰与法国学习神学，回国后担任宫廷和法庭的顾问。因接近并同情摩拉维亚弟兄会，在其领地贝尔德勒多夫收容摩拉维亚弟兄会成员，让他们建立村庄居住。1736年被王室以保护非法教徒罪而驱逐。曾至欧洲、美洲等地传布弟兄会的主张。1742年国王腓特烈二世允许弟兄会信仰自由。他认为在理智和愿望之外，更需要像孩子一样天真地与救世主相结合。——译者注

④ 摩拉维亚弟兄会（Moravian Brethren），基督教胡斯派后继者的组织，前身为波希米亚弟兄会。1548年前后，波希米亚弟兄会形成同天主教全面分裂的摩拉维亚教会。1627年弟兄联盟被逐，成员大量逃至欧洲各国，流亡于德国者，于17世纪30、40年代得到萨克森（Saxony）伯爵亲岑道夫的保护，发展成路德宗虔信派的一部分。又在其帮助下传到英、美两国，并得到英国国教会的承认。除继续对天主教抱否定态度外，信仰倾向日益正统化。——译者注

蜕化成了一个有着鲜明个性的小教派。加尔文宗与浸礼派在发展之初曾有过尖锐的对立，到了17世纪后半叶，两派之间开始建立了非常紧密的联系。如果追溯到17世纪初期，当时英国和荷兰的各独立教派之间也都有过类似的由对立走向融合的过程，所以这种转变并不显得多么突兀。就像虔信派逐渐转向路德宗一样，加尔文宗与安立甘宗之间的融合同样也是慢慢发生的，尽管安立甘宗原本与天主教的关系更为密切，因为二者无论是从外部特征还是就其最忠实信徒内在精神的指向上都更为接近。没错，无论是苦行主义运动的大批普通信众还是其最忠实的拥护者，都曾攻击过安立甘宗的教义，这一苦行主义运动被广泛而模糊地称为“清教徒运动”[2]，但即便如此，清教与安立甘宗之间教义的差异，也还是在二者不断的摩擦龃龉中逐渐凸显出来的。在这里，我们可以不去讨论那些令人乏味的政府与组织问题，但事实依旧如此。各教派之间大相径庭的教义，即便那些最为重要的理论，如“预定论”①和“称义论”②等，也都通过某种极其复杂的方式组合融会在一起了，而在17世纪初期，这些相互矛盾的教义经常是阻挠教

① 预定论（Predestination），基督教新教加尔文宗的主要神学学说，由加尔文根据奥古斯丁学说发展而成，认为基督受死以行救赎，不是为全体世人，而只是为上帝所特选的将被救赎者；世界一切皆决定于上帝的旨意，人毫无能力解救自己；谁被上帝选召，谁被弃绝，都与各人本身的行为无关，而完全由上帝预先规定。——译者注

② 称义论（Justification），新教三大教义之一，认为人要想得到上帝的拯救，不在于遵守教会的律法和礼仪，而在于对上帝的信心，不在于个人的功德或善行，而在于上帝给人的恩赐，人只有信仰耶稣基督的救赎才能被上帝称为义人，只有凭借耶稣的牺牲才能重新与上帝和好，并最终得到上帝的拯救。——译者注

会内部统一的障碍，尽管也有例外情况。当然，我们首先感兴趣的还是（宗教信仰支撑下的）各种道德行为，这些道德行为，或从上述四种苦行主义宗教思想源流中的某一分支衍变而来，或由其中几种组合而成，但是，我们总能在信奉大相径庭的教义的各派信徒中发现有类似的道德行为，我们也能看到一些类似的伦理准则往往为教义迥然不同的各派所共同接受。而且，当时各宗派用以拯救人之灵魂的重要文字宣传工具，尤其是各派的“决疑概略”[①]之类的东西，随着时间的推移也在互相影响、借鉴；尽管各教派在实际道德行为上有着天壤之别，但其教义基础方面又有着诸多相似之处。

如此看来，我们似乎可以跳过对宗教教义和伦理理论方面问题的思考，而集中精力关注那些能够划定其范围的伦理行为了。但实际上这样并不可行。毫无疑问，在经历过激烈的斗争之后，苦行主义道德的各种不同的宗教教义根源已经淡出了历史舞台，但是与这些教义的原始联系，仍旧在后世非宗教教义色彩的伦理道德中刻画下了重重的痕迹，而且只有对这些原始教义有一通盘了解，才有助于我们理解道德伦理与“死后生活观念”之间的联系，此种观念曾主宰了那个时代所有最具灵性的人们的思想。如果没有这种主宰力量，那个时代的一切事物都会黯淡无光，也不

① 决疑概略（Casuistic Compendia），所谓“决疑”，即各宗教团体将道德、宗教上的律法和义务，运用于各种各样的个别事例之中，以表现其前后关系，并形成价值判断，并由此显示律法与义务的整体观念。将此类事例及其分析汇编，便成为决疑概略。——译者注

会产生对实际生活具有深刻影响的“道德觉醒”。

当然，我们对当时理论界或官方在“伦理概要”之类的东西上倡导的内容，并无研究的兴趣，即便这些内容通过教会之训导、牧师之著作和布道[3]，也曾在实际生活中产生过重要的影响。我们更感兴趣的与上述内容截然不同：即由宗教信仰和宗教实践所产生的心理约束的影响力，如何能够指导人们的日常行为规范，并制约个人行动。在很大程度上，这种影响力源自其背后起支撑作用的宗教思想特质。那时的人们，颇热衷于抽象教义，职是之故，只有洞察这些教义与信仰的实际利益之间的关系时，我们才能真正理解为什么他们会有如此高的研读抽象教义的热情。因此，本文有必要对原始教义[4]做一些评述，这些评述对不谙神学者难免有佶屈聱牙之感，对真正的神学家却又难逃草率浅薄之嫌。当然，我们只能以一种人为编排、理念性质的简单模式来阐述这些宗教观念，这些“理想型”的模式最为清晰明确而符合各自教派特征，但在历史现实中却是难得一见的，因为在历史现实中并不能明确地对各个教派的宗教观念划出泾渭分明的界线，所以我们也只能希望以一种最为一致的、合乎其逻辑的形式，来对这些教义做一些评述，并理解其独特的重要意义。

A. 加尔文宗

加尔文宗[5]是这样一种信仰[6]，正是它在16、17世纪最发达的国家荷兰、英国和法国，引发了重大的政治、文化斗争。因此我们首先要对加尔文宗做一考察评述。在那个时代，甚至总的来说即便在今天，“预定论”仍被认为是加尔文宗最具代表性的教义。没错，有一个问题一直以来都有争议，就是预定论是加尔文宗这一归正宗教会的最根本教义，还是其附属理论。对某一历史现象是否重要的判断，或以其自身价值之定位为准则，或以人们的内在信仰指向为凭据，也就是说，判断既可诉诸个人的兴趣，也可凭借历史进程中长期以来的价值观念做出抉择。或者在另一方面，我们也可以考察一下，它们作为一种肇因要素，会在历史进程中产生什么样的影响。这个时候与我们相关的便是历史归因的判断。我们现在从后者出发，而且这里还必须这样去推论，如果我们运用从结果推论原因的方法，去由预定论在文化和历史上影响产生的结果，而探究其应有的历史价值的话，那么这种教义无疑应该得到非常高的价值评判。[7]奥尔登巴费尔特①领导的文化斗争，就是被这一教义搞得焦头烂额最终分崩离析的。英国詹姆斯一世时期，国家教会的分裂之所以变成不可挽回，是因为王室

① 奥尔登巴费尔特（Johan van Oldenbarnevelt，1547—1619），荷兰政治家。1572 年参加了尼德兰的荷兰和泽兰两省独立运动，曾任荷兰省议会议长，主导创立了东印度公司。1584 年，荷兰王威廉一世被刺后，出现王权派与共和派的王位之争，前者拥立掌握军权的摩里斯亲王，后者以奥尔登巴费尔特为领袖，拥立尚在襁褓中的亨利王子。双方因英法之外患在即而合作多年。外患消除后，双方再次展开政治斗争。荷兰国内当时又有“抗辩派”（又称“阿明尼乌派”），不认同官方的加尔文神学观念尤其是其中的“预定论”而向当局提出申辩。1618 年 11 月，荷兰官方在多特雷赫特召开会议，判定“抗辩派”为异端，并通过了“多特信经”。奥尔登巴费尔特对“抗辩派”一向持同情与支持态度，开会之前，即被逮捕入狱，次年 5 月以破坏国家宗教政策罪被斩首示众。——译者注

与清教徒在教义上有很大分歧，而分歧的焦点也正是预定论。所以预定论一次又一次地被视为加尔文宗中真正含有政治危险性的因素，而备遭当时政治当局的打击。[8] 在 17 世纪，除了数不胜数的小型宗教会议不算，很多重大的宗教会议，特别是多德雷赫特① 和威斯敏斯特两大宗教会议，都曾以抬高预定论的地位，使之具有教会法规的权威性，而作为召开会议的核心目的。“战斗教会”② 的无数斗士们还以预定论作为其斗争力量与勇气的支点，在 18、19 世纪，预定论更是造成了教会的四分五裂，并吹响了新的宗教大觉醒的进军号角。预定论是我们无法绕过的一个教义，而且今天也并不是所有受过教育的人都了解它，所以我们最好引述一下 1647 年《威斯敏斯特信纲》③ 里面的权威性词句，以便准确深入地理解其内容，要知道，其后独立派和浸礼派的信条，都被看

① 多德雷赫特（Dordrecht），荷兰城市，1618—1619 年曾在此举行首届新教会议。当时荷兰抗辩派（Remonstrants）对加尔文宗有关“人的败坏”和“神的恩典”的教义提出质疑，已成为荷兰国教的加尔文宗遂在 1618 年 11 月 13 日至 1619 年 5 月 9 日期间，在多德雷赫特举行宗教会议，62 位荷兰代表和来自 8 个国家的 27 位代表，共同就抗辩派提出的五点批评发表声明，后称为“多特信经”，强调人的得救唯靠基督的救赎，这救赎是出于神的恩典，并非像抗辩派所说救恩同时是需要人的自由意志来成就的。——译者注

② 战斗教会，基督教会分为三类：其一为“战斗教会”（现世信徒），即现世基督徒。要不断地与原罪战斗以求进入天国；其二为“胜利教会”（天国圣贤），克服原罪，死后已进入天国的基督徒；其三为“受苦教会”（炼狱灵魂），即原罪虽被压制而仍未能完全克服的基督徒，死后在炼狱中受苦，待完全克服原罪后才能进入天国。——译者注

③《威斯敏斯特信纲》（*Westminster Confession*），英语民族基督教长老派信仰纲要，在 1643—1652 年举行的威斯敏斯特会议期间制定，1646 年定稿，1648 年通过，1660 年因王政复辟而废止。1647 年为苏格兰长老会接受，后来又被美国和英格兰的长老会稍加修改后接受。——译者注

作对这一信纲的简单重复而已[①]。

第九章“论自由意志”第三条云：人，由于他堕入罪[②]之状态，故完全丧失掉关于得救的属灵善事的任何意志能力。是故属血气者，与善完全相悖，且必在罪中死去。单靠其一己之力，永无皈依救赎或为此做任何预备之可能。

第三章“论上帝之永恒天命”之第三条云：按上帝之诫命，并为宣示他的荣耀，一部分人与天使预定得永生，余者预定受永死。

又第五条云：在创世之前，上帝已根据他永恒不变之意旨、秘而不宣之劝谕、纯良无疵之意乐，在那些预定拥有永恒生命者之中，选中耶稣基督以彰显永恒之荣耀。此纯粹出自上帝之无限圣恩与慈爱，并不以预见其信仰或善行，或信仰、善行上的坚韧，或生民之其他任何善工作为选择之条件，或作为促使上帝做出永恒审判

① 以下引文韦伯引自 Karl Müller，Die Bekenntnisschriften der Reformierten Kirche（归正基督教会信纲），莱比锡，1903。

② 罪（Sin），基督教特指人无视上帝的旨意，顺从个人私欲，违背上帝诫命的所言、所行、所想。基督教认为，凡是上帝允许的就是美善的，凡是上帝禁止的便是邪恶的，而人的本性是善的，由于亚当之堕落，人类失去了与上帝的和谐关系，成为“罪人”。人类无法依靠自己的力量与上帝和好，只有靠上帝的慈爱和宽恕才能重新成为“义人”。这种恩宠是上帝通过耶稣赐给人类的，人类只有依靠基督的救赎才能免除罪之状态。——译者注

之原因。一切都出自上帝无限伟大之圣恩。

又第七条云：至于其余的人，上帝通过出自他自身神秘难测之启示，藉由施予或保留他之仁慈，并为宣示他对受造者拥有的主权之荣耀，乐于放弃他们，使之因自身原罪而遭受耻辱与天谴，使他荣耀的正义得称赞。

第十章"论有效之神召"之第一条云：所有那些上帝已命定赐给永生者，也只有他们，上帝会乐意在预定并已确定的时间，以圣言和圣灵方式，对他们进行有效召唤（使之出离与生俱有的罪与死的状态），剔除其石心，给予其肉心，更新其意愿，并运用他的大能，使他们决意向善……

第五章"论神恩"之第六条云：对于那些因以前之罪而盲痴无慧且心肠狠毒、现在邪恶且不信仰上帝者，公正的审判者上帝不仅会拒绝施予他的神恩（这些神恩原本可以用以启蒙其思想、改造其心灵），而且有时他还会收回他赐给他们已经拥有的天赋才能，使他们暴露在有可能导致腐化堕落而犯罪恶之事物面前。非仅此也，上帝又给予他们过分之物欲、浮华之尘世景象，以及撒旦之威权。藉此实现之计，他们使自己心灵变得更加冷酷，即使这些方法原本是上帝用以柔化他人心灵的。[9]

"即使我会因此被送入地狱，我仍旧无法尊敬这样一个上帝。"

这是弥尔顿对这一教义最为著名的评价[10]。但我们这里关注的并非是对该教义的评价，而是其历史意义。我们只能简单地概述一下这一教义是如何产生出来，又是如何被嵌入加尔文宗神学框架之中的。

有两种可能的途径。宗教现象学意义上的“神圣恩宠”① 之感，和某种确定不移的信念相结合（是产生上述教义的信仰基础），所谓“确定不移的信念”，是指宗教信徒往往认为自身所感受的神之恩宠，只能出自某种客观力量，迥非个人力量之所能及，而且此种神恩之感与确定不移之信念相结合的现象，频频见之于基督教中自奥古斯丁之后诸多极其活跃而热忱的伟大信徒身上。由确定不移的信仰，往往会产生一种极度轻松的解脱感受，而罪感之巨压，便在其中得以澡雪洗涤，此种感受往往非常强烈，超出信徒的经验范畴，使他们无法相信此种难以抗拒的神圣礼物，会和他们自身的合作或与他们经由信仰、意志达成的品质成就有丝毫的联系。即以马丁·路德为例，在他处于宗教创作激情最旺盛的时期，也就是在写作《论基督徒的自由》② 这本小册子时，他就无比坚定地相信，上帝的秘密启示，是他得以领受神恩的唯一而终极

① 神圣恩宠（Grace），基督教中指上帝对人类的仁慈与恩典，尤其是指上帝为人的新生和圣洁所给予的恩赐，以及上帝的宽恕。——译者注

②《论基督徒的自由》，马丁·路德著作之一，写于1520年，被誉为“宗教上潜思默想的结晶”。作者自己也认为，本书堪当基督徒生活的述要。本书有两大主题：因着信，基督徒是全然自由的万人之主，不受任何人管辖；因着爱，基督徒是全然顺服的万人之仆，受一切管辖。——译者注

的源泉。[11] 但这一信念并没有在其思想体系中占据主导地位，相反，随着路德在实际政治斗争中作为教派领袖地位的提高，而变得越来越不重要了，尽管在形式上路德从未放弃这一信念。梅兰希顿①在《奥格斯堡信纲》②中，曾非常谨慎地避免引用这一晦涩而危险的教义。路德宗开创者们所抱的信条是，神恩是可以撤销的，也可通过谦卑悔罪与虔诚祷告、热忱参与圣礼而重新获得。

在加尔文那里，这一过程恰好相反。“上帝对个人有秘密判决”这一教义的意义，对加尔文来讲是逐渐增大的 [12]。在加尔文与神学对手激辩过程中，这一教义还只是初露端倪，到了《基督教原理》③一书的第三版修订出版时，才得到充分的阐述。加尔文死后，多德雷赫特和威斯敏斯特两次宗教会议，曾试图平息教会

① 梅兰希顿（Melanchthon，1497—1560），德国基督新教神学家，1518 年任威登堡大学教授，是路德宗教改革的有力呼应者。其最大成就在于 1530 年草拟了《奥格斯堡信纲》（*Augsburg Confession*），乃是根据路德宗早期各项信仰声明写成，目的在于为路德宗辩护而驳斥种种曲解，当时梅兰希顿有一宗旨，即尽量减少刺激天主教人士，同时又应清楚地阐述路德宗的立场。该信纲连同一年后他撰写的《奥格斯堡信纲辩》，成为路德宗的基本信仰纲要。——译者注

② 《奥格斯堡信纲》（*Augsburg Confession*），1530 年由梅兰希顿在路德指导下起草，呈交神圣罗马帝国皇帝查理五世，以供在奥格斯堡召开的帝国会议审查。因皇帝想要调和天主教与路德派之间的矛盾，故信纲内容有意淡化了双方的分歧。因皇帝支持天主教，该信纲当时未获批准，不过却得到德意志七个选帝侯和两个自由城市代表的支持。该信纲几经修订，1566 年被确定为低地国家归正教会的标准信纲，共 37 条。——译者注

③ 《基督教原理》（*Institutes of the Christian Religion*），加尔文代表神学著作，基督教神学基本文献之一，最初发表于 1536 年，其后屡经修订，1559 年拉丁文定本在日内瓦出版时，已经有第一版的四倍多。书中广泛论证了上帝、基督、圣灵、教会等，主要强调上帝有至高权威，上帝施恩宠于人，上帝救赎本来没有资格得救的罪人等。——译者注

内部的一些斗争，此时，这一教义才获得了中心显著的位置。加尔文认为，“上帝可怕的判决”不像路德所认为的那样，是从信仰体验中感受而来，而是出自思维逻辑之必需。因此，加尔文宗教思想的内在逻辑一致性每提高一步，“上帝判决”的重要性就升高一分。“上帝判决”这一教义的全部意义，都在上帝一边，与人没有关系，并不是上帝为了人存在，而是人为了上帝而存在。[13]一切受造物①，包括加尔文深信不疑的所谓少数蒙受永恒神圣恩宠选召的人，其存在意义只有一个，那就是为了宣示上帝的荣耀与庄严。用尘世间的公正标准，去臆测上帝至高无上的判决是毫无意义的，而且是对上帝之伟大庄严的一种僭越。[14]因为上帝且只有上帝才是绝对自由的，亦即上帝不受任何律法的约束，他的永恒判决为我们所理解或者被我们所知道的，也仅仅局限于上帝愿意向我们透露的那一点而已，我们只能掌握永恒真理的这些碎片，其他任何事情，包括个体命运的意义，都隐藏于无尽黑暗的秘密之中，对这一秘密，我们既不可偷偷地窥测，也不能粗蛮地对其提出什么问题。

对于那些被诅咒的人来说，如果老是抱怨自己的命运，则一如动物悲叹不能生而为人这一既成事实一样毫无意义。因为肉体的一切与上帝之间永远横亘着一条无法逾越的鸿沟，只要上帝还

① 受造物（Creature），指上帝之外的任何其他事物，《尼西亚信经》中指上帝创造的“有形无形的万物”。这些事物皆非自生自有，而系创世者所造，故称。——译者注

没有为了荣耀他无上的权威而做出最终审判，则永死便是人之必须承受的命运。我们所能知道的也仅仅是：只有一部分人能够得救，其余的则必然受到永恒的诅咒。如下假设只能是一个悖论，即人类的德行或罪孽能够在命运的最终判定中起到一些作用，但这无异于认为上帝绝对自由、永恒固定的判决可以受到人类的影响而有所改变，这是绝对不可能的。《新约》中描述的那个天堂里的圣父形象，就此作别了人类的历史，他曾经那么富有人情味和同情心，会为一个恶人的悔悟而感到由衷的喜悦，如同一个妇人找到了一块以前丢失的银币而欣喜不已一样。但现在上帝宝座上端坐着的却是一个超验的存在，人类尽其理解力之所能极，犹不能望见其相貌之一毫，他以绝对不可理喻的圣判，决定了每个个体的命运，并且永恒地规定了宇宙间最繁琐细密的细节。[15] 上帝的"神圣恩宠"便是，已领受者绝对不会失去，被拒绝者永远不可能得到，因为上帝的判决不可更改。

对于当时笃信加尔文宗内在逻辑一贯性的那一代人来说，这一极端非人性的教义带给他们的只有一个后果，那就是个体前所未有的内心孤独感。[16] 宗教改革时期，人们一生中至关重要的事情便是永恒救赎的问题，现在在此朝圣的路途上，只有他被迫与踽踽独行的身影相伴，去面对那个早已为他判定的永恒天命了。没有任何人能够帮助他。教士不能帮助他，因为已被上帝选中的子民，只能在自己心里独自理解上帝的旨意；圣礼不能帮助他，因为尽管圣礼是上帝认可的、用以增添他荣耀的方法，而且信徒必须小心谨慎、严肃认真地加以遵守，但也只是信仰主观性的外在辅助手段，而非获得圣恩的一种手段；教会也无法帮助他，因为尽管当时人们都持有“教会之外无救赎”的观念，即无论是谁，只要避开了真正的教会，那就绝不可能再属于上帝选民的范围之内。[17]但即便成为世俗教会中的一名信徒，也并不等于已经避开了末日审判的命运。信徒们应当接受教会的管理并遵守其训诫，这样做并不是为了得救，因为这是不可能的。仅仅为了上帝的荣耀，信徒就应该强迫自己遵守上帝的圣训；最后，甚至上帝也不能帮助他，因为耶稣之死正是为了上帝的拣选①。[18]为了他们的利益，上帝在冥冥永恒中早已判定了耶稣的殉难。这样，通过教会、圣礼等帮助获得灵魂救赎的途径，已经被完全排除掉了（在路德宗，关于能否通过教会、圣礼等得救，并无最终定论），正是这一点，构成了新教与天主教教义上决定性的差异。

宗教发展中的一个伟大历史进程，在这里达成了一个合乎逻辑的结论，即祛除法术②等神秘的东西在信仰世界中的合法位置，亦即“祛魅”[19]，这一思潮始于古代希伯来的先知，然后又与希腊人的科学思想相结合，两者曾共同协力，把法术等神秘的东西

---

① 拣选（Elect），基督教中指上帝的选择，上帝以其恩宠选择一部分人将其从罪恶中拯救出来，使之获得永生，这些有幸被拣选中的人就称为“（上帝的）选民”。基督教将上帝的赐福视为拣选的标志，认为上帝的拣选计划在耶稣那里得到了圆满的实现。加尔文宗更认为拣选属于预定。——译者注

② 法术（Magic），据说可以动用非人力所能及的神秘外力以影响人间事物或自然事物的仪式、活动。一般认为，法术有三大要素，即咒语、仪式和法术家的状态。世界几大主要宗教并不重视法术，往往认为是离经叛道的迷信。——译者注

都摒弃于灵魂拯救方法之外，而仅仅把它视为一种迷信和罪恶。真正的清教徒甚至在坟墓前也拒绝任何宗教仪式，即便在埋葬亲朋好友时也免去挽歌及其他仪式，这样做，只是为了避免任何迷信、任何依赖法术和圣礼的力量以得救的心理乘虚而入。[20]

至于遭到上帝拒绝的人，非但通过法术获得圣恩之路行不通，其他任何途径也都是不可行的。这样苛刻的教义，与个体包含的内在孤独感相结合，这一方面可以解释为什么清教徒对文化、宗教中一切诉诸感官和情绪的成分完全持一种拒绝的态度，因为这些东西丝毫无助于得救，而只会引发令人感伤的幻想和偶像崇拜式的迷信。这一孤独感也就成为对所有形式的感官文化持根本敌对态度的思想根源之所在。[21] 另一方面，这种孤独感又成为以具有幻灭感和悲观倾向为特征的个人主义[22]的一个重要源泉，而且直至今日，我们仍旧可以在具有清教历史传统之民族的性格与习俗中发现此种个人主义的踪影，这与后世启蒙运动完全不同的看待世人的观念形成了鲜明的对比。[23] 即便在某一时代，预定论教义的权威性已经大大地减弱了，但我们仍旧可以在这一时代人们的行为和生活观念基本模式方面，非常清晰地找到预定论留下的影响痕迹。当时的人们对上帝有一种极端排他性的信赖，这是一个令人感兴趣的历史事实，例如当时有一种絮絮叨叨、反复强调的训诫，尤以英国清教文献为甚[24]，就是告诫人们不要信赖任何出于友情的帮助。甚至性情和蔼的巴克斯特牧师也劝告人们，即使对自己最亲密的朋友，也应存有深深的戒心。贝利则直接告诫人们，不要相信任何人，也不要对任何人做出丝毫妥协。只有上帝才是你的密友。[25]这种生活态度的日渐流行，与加尔文宗中私人告解①的悄然消失有关联，当时私人告解制度在信奉加尔文宗的地区原本是非常盛行的，但加尔文对此曾有所猜疑，认为这样做可能会引起人们对圣礼的误解。这就和路德宗教义形成了鲜明的对比。私人告解的悄然消失具有非常重大的意义。初步来说，这是加尔文宗教义产生具有其教派特征影响的征候。进一步讲，这还是加尔文宗信徒伦理态度发展中的某种心理促进因素。私人告解的消失也就意味着，加尔文宗信徒用以阶段性地释放其情绪性罪感的某种途径就此被堵死了。[26]

关于由此在日常生活伦理行为中产生的结果，我们会在下文中提及。但就具体某人所处的大致信仰环境来说，这一结果还是非常明显的。尽管为了得到灵魂的拯救，一个人有必要成为真正教会的成员[27]，但加尔文宗信徒与他的上帝之间的交流，仍旧是在深深的精神孤寂之中进行的。如果想要了解这一特殊氛围下产生的具体效果[28]，只要阅读一下清教文学中流传最广泛的一本

---

① 告解（Confession），也称“忏悔”或“办神工”。天主教圣事之一，教会宣称这是耶稣为赦免教徒在领洗后所犯罪过、使之重获上帝恩宠而亲自定立的圣事。教徒应主动向主教或神甫告明自己所犯的罪过，表示忏悔的诚意，主教或神甫则运用神权加以赦免。16世纪，教堂内设有告解室。新教不认为告解是圣事。——译者注

书——班扬的《天路历程》[①][29]就可以了。主人公（“基督徒”）认识到自己正生活在“毁灭城”时，他受到神的召唤，要他开始天路历程，这个时候书中有一段关于“基督徒”态度的描写，妻子、儿女拉扯住他，但是“基督徒”用手指堵住耳朵，高声呼喊着“生命，永恒的生命啊”，踉踉跄跄地走向了荒野。没有任何文辞的优雅、细腻，能够超过班扬这个当年穷补锅匠那种单纯的情感之美，他在监禁他的小牢房内写作，其作品赢得了整个信仰世界的喝彩与欢呼，因为他表达了一个虔诚清教徒的感情——心无旁骛地思考个人的灵魂救赎问题。这一感情在“基督徒”通往天国的途中，与其他同行者的对话中得到充分的表达，那种方式和戈特菲尔德·凯勒[②]的《（三个）正直的制梳匠》中的一些描述有些相像。只有在“基督徒”确信自己已得救之后，他才会偶然闪过这样的念头：或许与家人一起得救倒也是一件美事。这种对于死亡与来世

① 《天路历程》（*The Pilgrim's Progress*），17 世纪英国著名清教徒作家约翰·班扬的寓言体小说，上卷在 1678 年出版，下卷在 1684 年出版，影响甚巨，是英国文学史著名作品。该书以梦境寓言的手法描述了英国清教时代清教徒的生活，主人公“基督徒”在传道者的指引下，离开即将毁灭的家乡“毁灭城”，为寻求得救含泪向天国进发，一路克服种种苦难和诱惑，终于到达天国。John Bunyan，早年家境贫寒而以补锅为生，1660 年因对复辟的查理二世不满而被捕入狱十二年，在监狱中写了很多作品，《天路历程》是其中之一。——译者注

② 戈特菲尔德·凯勒（Gottfried Keller，1819—1890），瑞士德语作家，1864 年发表诗作，1854 年发表自传体小说《绿衣亨利》，凯勒另有《赛尔特维拉的人们》《马丁·萨兰德》等作品，《三个正直的制梳匠》是《赛尔特维拉的人们》中的一篇，为德语文学中的名篇。——译者注

的恐惧，我们在多林格尔[1]在给我们讲述的利古奥里的阿方索身上也可以同样能够生动、清晰地感受到。《天路历程》这些典籍表现出来的精神世界，已然迥异于当年马基雅维利书中的那种傲世的现世精神，马基雅维利曾赞美佛罗伦萨市民的名声，因为他们在和教皇及教皇取消他人教籍的斗争中公开宣扬，“对故土的热爱高过灵魂能否得救的恐惧”。《天路历程》里面的那种恐惧之情和理查德·瓦格纳[2]借齐格弗里德之口传达出来的那种感情更是相去甚远。决斗之前，齐格弗里德说道：“代我问候沃坦，代我问候英灵殿[3]——但请你不要讲起英灵殿那种易碎的幸福。”当然，同样是恐惧之情，对于“基督徒”与利古奥里的阿方索的影响效果又是大相径庭的，阿方索在死亡畏惧的驱使下，尽可能地自卑自微，而班扬笔下的“基督徒”却在同样畏惧的激励下，与生活展开了一场无休止的、有系统的斗争。这一差异又是从何而来呢？

初看上去，这里有一个令人感到匪夷所思的问题，那就是：加尔文教派在社会组织方面毋庸置疑的优越性，是如何能够和它

① 多林格尔（Dollinger，1799—1890），德国著名历史学家、天主教神学家、教会史专家，1826年起任慕尼黑大学教授，讲授教会史。下面的利古奥里的阿方索（Alfonso of Liguori，1696—1787），那不勒斯道德神学家，赎世主会创始人，1950年被教皇封圣（Saint），其著作甚多，发行几千版，译成六十种语言。——译者注

② 理查德·瓦格纳（Richard Wagner，1813—1883），德国作曲家、音乐戏剧家，代表作为《尼贝龙根的指环》，其中含四部作品：《莱茵黄金》《女武神》《青年齐格弗里德》《齐格弗里德之死》。——译者注

③ 英灵殿（Valhalla），据北欧神话，战争中，主神沃坦（Wotan）派遣女神瓦尔基里到战场上，将阵亡将士的英魂带至英灵殿，他们在此纵情欢宴。沃坦之所以搜集阵亡将士的英魂带至英灵殿，是为最后诸神与巨人的决战做准备。——译者注

的弃世倾向——一个人必须斩断和尘世之间千丝万缕的联系——结合在一起的[30]。但是无论看起来有多么奇怪，这种结合还是从一种特殊形式发展而来的：因信奉加尔文宗教义，信徒内心难免内在的孤独感，基督教徒的胞爱便在此种孤独感的压迫下采取了一种特殊形式。首先，它并不违背教义[31]，既然整个尘世的存在都只是为了荣耀上帝的光辉，除此之外，别无其他目的，那么基督教选民在尘世中的人生目的，也只能是尽其所能地服从上帝的训诫，以此增加上帝的荣耀。但是上帝要求基督徒有社会上的成就，因为上帝的意愿便是尘世间要根据他的训诫来组织社会生活，这就完全和上述基督教选民在尘世荣耀上帝的目的相吻合了。因而尘世间基督徒的职业活动[32]，完全是为了“增加上帝的荣耀”。为社会的世俗生活服务性的劳动，也包含有这一特性。即使在路德那里，我们也发现，他有以基督教徒胞爱来证明专业分工化的劳动合乎基督教教义的思想，但对他而言，这还只是一种未加确定、纯粹知识性质的建议，而到了加尔文教派这里，竟变成了他们具有鲜明特征的伦理体系中的一部分。教会的胞爱因为只是为荣耀上帝[33]而遵循，并不能为肉体服务[34]，那么此种胞爱，首先只能表现在完成自然法则赋予的人们日常工作之中，在这一过程中，完成这些工作便呈现出一种客观且非个人性的特征，那就是，此种劳动是在为了我们社会环境里面的合理组织起来的整个体制的利益服务。因为根据《圣经》的启示以及人的天然直觉，有证据证明，这个按照完美目的组织安排好的宇宙，无疑是上帝设计出来为人类的生活服务的。这样就使得为非个人性社会利益服务的劳动，看来好像是在增添上帝的荣耀，因此这种劳动也就成为上帝的意愿了。有些神学问题对于清教徒而言是不证自明的，例如那些非常折磨人的“神正论”①问题，以及所有关于世界、人生意义的问题等，对此，清教徒避而不谈。还有犹太教徒，甚至在一定意义上讲，所有非神秘主义类型的基督信仰，尽管各自的理由不尽相同，对这些问题也都是采取避而不谈的态度。

因为此种组织力量，加尔文教派在同一方向上又增添了另一种趋向。个人和伦理之间的冲突（按克尔恺郭尔规定的意义）对加尔文宗教义来说不复存在，它是把信仰问题的全部责任，都转压在个体肩膀上了。在这里并不适宜对这一既成事实的原因，以及它对加尔文主义政治经济上的理性至上论所具有的重大意义进行分析讨论，但要知道，加尔文宗实用主义的特点正是起源于此，其重要的“天职”思想特质同样源出于此。[35]现在我们到了回头对预定论的教义做一考察的时候了。

对我们来说，最关键的问题便是，在那样一个时代，“预定论”这样的一个教义是如何产生出来的？[36]在那个历史时期，死后生活不仅比今世更为重要，而且在很多方面都更为确定。“我是不是上帝的选民呢？”这一问题早晚必然会出现在每一个信仰者面前，

---

① 神正论，基督教神学中论证上帝之善及其正义的理论，是未获彻底解决的神学难题之一，由莱布尼茨最先提出，其理论核心是讨论至善的上帝为什么会允许恶的存在等问题。——译者注

从而使得其他兴趣变得索然寡味。[37] 另一个问题则是，“我又如何确信自己被拣选而领受神恩?”[38] 对加尔文本人而言，这不成其为问题，因为他就是觉得自己是被拣选出来的主的代理，而且确信自己必然会得救。因此，对于个体如何确证自己已被拣选的问题，加尔文的唯一回答便是，“我们应感到满足，因为至少知道上帝已做出选择，此外所能做的只能是凭借本真的信仰，坚守对基督的绝对信赖”。加尔文原则上反对这样一种假设，即从他人的举止行为可以看出这个人是上帝选民还是受诅咒者。这是一种探究上帝秘密的不正当的企图。在现世生活中，上帝选民与受永恒诅咒者外在并无差别[39]，他们所有的主观感受，如“圣灵的戏弄(ludibria spiritus sancti)”，受诅咒者也有可能感受得到，但只有一样东西为上帝选民所独自拥有，那就是凭借信仰而坚守到底的对上帝的信赖。如此说来，上帝选民是且永远是上帝“无形的教会”①。

很自然地，加尔文的追随者们，最早如贝扎②，尤其是大批普

① 无形的教会(Invisible Church)，基督教中指教会的不可见方面，包括已亡者、在世者、未出生者在内，教会是一切被救赎的灵魂组成的组织，它虽然无形，却是真实的，其人数与具体成员无法凭肉眼判断。与此相对的便是有形教会(Visible Church)，指教会的可见方面，如组织、礼仪、教义、信条、法规、建筑等，天主教比较重视有形教会。——译者注

② 贝扎(Theodore Beza，1519—1605)，法兰西作家、教育家、神学家，他年轻时是著名的诗人，后于1548年到日内瓦会见加尔文，之后便到欧洲各地宣传新教思想，十年后返回日内瓦，创办日内瓦学院，任院长一职。加尔文死后，贝扎继任日内瓦教会首席牧师，他在很多问题上都重申加尔文的观点，但更为强调教会纪律和严格服从权威。——译者注

通信众，仅仅靠这一对上帝的期待信赖性的信仰去消除一切疑问，是不可能的，对他们而言，“救恩的确定性”，也就是自己蒙恩状态的可确认性，具有绝对支配性的重要意义。[40]所以，无论什么情况下，只要加尔文宗还在坚持它的“预定论”，那么这样一个问题就不可能被忽略过去，即是否存在着一个确实可靠的标准，而让已被上帝选召的子民知道自己已被选召，这一问题，不仅在归正运动基础上最早出现的虔信派的发展中始终占据着中心位置，而且事实上在某种意义上说，它还是虔信派的根本。不仅如此，当我们检视归正宗教会有关圣餐①的教义与实践所具有的巨大政治和社会意义时，我们就会明白，即便在虔信派之外，确认个体为蒙受神恩的可能性，在整个17世纪曾经起过多大的作用。例如，只有已被确认为蒙受神恩的人，才准许参加圣餐这一核心宗教仪式，而这一仪式又往往决定了参加者的社会地位。

加尔文相信，个人是否蒙受神恩，其确凿证据在于其对上帝有坚定的信仰。这是不能令人满意的，至少在一个人对自身是否蒙受神恩有疑问时是不能令其满意的[41]，尽管正统教义从未正式放弃过这一标准。[42]最为重要的则是，加尔文宗的牧师们在实际布道工作中，不得不直面由这一教义直接带来的所有困窘。这一教义在各个方面都遭遇到了困难。[43]到此为止，“预定论”如果不

① 圣餐（Communion），基督教新教对纪念耶稣基督救赎的圣体圣事的称呼。具体礼节各教派不尽相同，一般是由主教对饼和酒进行祈祷，主礼人自己先领，再分给被许可可以领受圣餐的信徒。——译者注

是或被重释，或变得低调，或放弃根本立场[44]，就会出现两类主要的且互相联系的教牧劝诫类型。一种劝诫是说，一个人有绝对的责任相信自己就是上帝选民，缺乏自信乃是信仰不足抑或神恩不全的结果，所以应当把一切怀疑都当作魔鬼的诱惑而与之做坚决的斗争。[45]使徒（保罗）要人坚守一己神召的劝告，在这里被解释成一种责任：努力获得个人被拣选与称义的确证性，并在人生的日常中奋斗。于是代替路德所推重的谦卑的罪人的，是富有自信的圣徒[46]，对于前者，路德曾经许诺说，如果他们能够在衷心悔罪中把自己完全交给上帝，那么就能够得到神恩，而关于后者，我们可以在资本主义英雄时代之刻苦的清教徒工商人士身上看到此类圣徒的踪影，个别情况下直到今天仍是如此。另一种劝诫则是说，为了获致已得救的自信，紧张的职业劳动是最适当的方法[47]，有且只有这种职业劳动，才能解除信仰上的疑惑，并给予获致神恩的确证。

职业劳动被认为有能力完成这一任务，亦即之所以被认为是消解加尔文宗信仰焦虑的最佳途径，是由加尔文宗这一归正宗教对其自身宗教信仰情感基本特点的阐释决定的，其由“预定说”而引发出的一系列教义阐释，也极其鲜明地与路德宗的“因信称义”说划清了界限。施奈肯伯格①在其精彩的演讲中，曾经就路德宗

① 施奈肯伯格（Matthias Schneckenburger，1804—1848），德国神学家，曾在波昂大学任教。他论述路德宗与加尔文宗思想差异的著作是 *Vergleichende Darstellung Des Lutherischen Und Reformierten Lehrbegriffs*（1855），可译为《路德宗与归正宗观念的比较介绍》。——译者注

和加尔文宗之间的分歧进行过非常细致、客观而不带有任何价值判断的分析[48]，所以下文的简要评述，基本上是以他的讨论为根据的。

路德宗信仰力求要达到的最高宗教经验，就是和神的“神秘合一（unio mystica）”[49]，在17世纪的发展过程中尤为如此。这种神秘的宗教经验，在加尔文宗信仰中是付之阙如的。顾名思义，这是一种真正与神同在的感觉，亦即一种上帝真正进入信仰者灵魂的感觉。这一宗教经验和德国神秘主义者以冥思为手段所要达到的目标在性质上非常贴近，它的特点就是，消极地寻找可以实现某种渴望的途径，这一渴望便是在上帝那里得到永恒的安宁。

哲学史表明，神秘色彩非常浓厚的宗教信仰，也可以和以经验事实为依据的所谓的现实感相容，由于摆脱了辩证性的教理，宗教信仰可以更直接地支持这种现实感。而且，神秘主义还可以间接有助于理性的生活样式。但是，在神秘主义和世俗的关系里面，缺乏对人的外在行动的肯定性评价。不仅如此，路德宗还将“神秘的合一”和因负罪而产生的那种沉重的无价值感结合起来，这种无价值感对于路德宗信徒“日日忏悔”（poenitentia quotidiana）习惯的保持是很关键的，也因此可维持信徒为求罪之赦免所必不可少的谦卑和单纯。另一方面，典型的加尔文宗信仰，从一开始就抛弃了路德宗的纯粹内向性的情感上的虔诚，也抛弃了寂静派①弃绝一切事物的帕斯卡式的作风。“有限不能包含无限”（finitum non est capax infiniti），与人的肉体相比，上帝具有绝对的超验性，这就使得神性真正穿透进驻人的灵魂根本上是不可能的。加尔文宗认为，上帝选民与上帝结合成为一个整体，而且可为选民所知晓，这件事之所以能够发生，是因为上帝通过选民发挥了自己的作用，且选民也必然意识到上帝正在通过他发挥作用这一点。换言之，选民的道德行为源自神恩作用下的信仰，反过来说，这一信仰只有在该行为的品质中才能得到确证。这里暴露的是各教派最重要的教义——什么才能作为得救条件——方面存在着的最深刻的差异[50]，而这一得救条件是用以给宗教信仰的实践活动分类的。宗教信徒可以从两个方面确证他正处于蒙受神恩的状态，他既可以觉得自己是充满上帝圣灵的容器，也可以觉得自己是实施上帝神圣意愿的工具，感觉自己是充满上帝圣灵之容器的一类信徒，他的信仰生活倾向于神秘主义和情感主义，感觉自己是上帝神圣意愿之实施工具的一类信徒，倾向于产生苦行主义的道德行为。路德宗与第一种类型较为接近，加尔文宗很明显属于第二种类型。加尔文宗信徒也不是不想“仅凭信仰（sola fide）”而获得拯救，但是加尔文对仅有感觉和感情的信仰持有一种怀疑的态度[51]，认为信仰必须由其客观效果来证明，以便为信

① 寂静派（Quietist），天主教神修学派之一，认为神修的主旨在于绝对寂静，应该专门从事虔修，不要受到外界的干扰，最终和天主合一，从而成圣。该派一再受到正统教会的谴责，后逐渐消失。——译者注

仰“得救的确定性”提供一个坚实的基础，信仰必须是一种“有效信仰（fides efficax）”[52]，得救的召命必须是一种“有效的召命（effectual calling）”（这是《萨伏依宣言》①中使用的字句）。

如果我们进一步问到，加尔文宗又凭借什么成果来辨别真正的信仰呢？回答是，凭借一种足以增加上帝荣耀的基督徒行为。至于具体什么行为才是增加上帝荣耀的基督徒行为，则要视上帝自己的意愿而定，上帝的意愿既在《圣经》中有直接的揭示，又在他所创造的有意义的世界秩序（自然法）[53]中间接得到宣扬，特别是通过将自己的灵魂状况和上帝选民，按照《圣经》的说法，就是和主教们（patriarchs）的灵魂状况做一比较，那么自己蒙受神恩的状况也就心知肚明了。[54]只有上帝选民才真正具有“有效信仰”[55]，也只有上帝选民才能通过他的重生②，及由此而获得的全部生活的圣洁化（sanctification），通过真正的、而非徒有其表的善行，来增添上帝的荣耀，这样他就会有一种意识，那就是他的行为，至少就其最基本特性及恒久决意（propositum oboedientice）而言，是基于他自身内部的为上帝之荣耀而工作的力量[56]；他自己的行为，不仅是上帝的意志，而且是上帝的作为[57]，正是通过

---

① 《萨伏依宣言》（*Savoy Declaration*），1658年10月12日在英国伦敦萨伏依宫举行宗教会议而制定该宣言，是英国公理会成立的标志。——译者注

② 重生（Regeneratio），指由于圣灵的超自然作用使人的心灵得到一种新的圣洁的生命，与复活、再造、净心、再生等一样，表明了上帝的一种使人同过去一刀两断的行动，因而具有某些超自然的神秘色彩。加尔文宗把重生视为皈依基督教的原因。——译者注

获得这样的意识，他就能够达成这种宗教所力求获得的最高的善，也就是自己已得救的确证。[58]《新约·哥林多后书》13:5 就证明这种至善——获得永恒的拯救是可以达到的。[59] 但善行本身并不足以充当得救的手段，因为上帝的选民仍旧是作为肉体存在的，他们做的每一件事情，都很明显达不到神圣的标准，虽然如此，善行仍旧是已被上帝选定之人不可或缺的标志之一。[60] 善行是选民的一种技术手段，并不是用以购买拯救，而是用于解除对于被诅咒之忧虑的困惑。在这层意义上，善行有时候直接被视为得救的必要条件[61]，或者说，“得救（possecssion salutis）”取决于善行。[62]

在生活实践中，这就意味着上帝只帮助那些自助的人[63]，这样，加尔文宗信徒，就像人们有时候所说的，是他们自己创造出了自己的得救，或更为准确地说，是他们自己创造出[64]了自己得救的确证。但此种创造，并不像天主教教义那样，包含在逐步累积善行而后获得确证的过程中，而是存在于一种系统的自制之中，这种自制每时每刻都在面临着冷酷无情的选择面对冷酷：是成为上帝的选民还是受永罚？这样，我们的研究就遇到了一个极为重要的问题。

一般人都知道，路德宗曾一而再、再而三地指责由加尔文宗及其他教派倡导的一系列思想，认为越来越清楚地表明[65]，他们已经回到凭借事工而非靠单纯信仰得救的天主教的老路上去了。[66] 虽然加尔文宗对路德宗把他们与天主教教义立场混为一谈的做法进行了有力的反驳，但如果仅指这一教义对信奉加尔文宗的普通归正教会信徒日常生活的实际影响的结果而言，路德宗的这一指责也并非全无道理。[67]因为还没有哪个教派能像加尔文宗这样，不惜以一种极端的形式，引导其信徒重视对道德行为的评价了。但要想知道加尔文宗这一类靠事工得救的思想对实际生活影响有多么重要的意义，我们只有在了解如下知识之后才能做到，正是这一点构成了加尔文教派独特的教义特征，而且也造成了它和中世纪一个普通基督徒[68]日常生活的显著差异。这种差异可做如下概括：中世纪时，普通天主教信徒的生活伦理就是“过一天算一天”，首先他会尽职尽责地完成传统义务，但是在超过这个最低要求的范围之外，他的善行未必会形成一个连贯的生活体系，至少不会形成一个理性化的体系，毋宁说只是一连串的个别行为。偶尔有需要时，他可以用这些善行来赎偿某些罪过，以增加得救的概率，或者说充当临终时的一笔保险费。当然，天主教伦理是一种目的伦理，其目的主要表现在对个别行为的具体动机的价值判断上，个别的善行或恶行好像都会一一登录在上帝的功过簿上，由上帝据此来决定他现世和永恒的命运。天主教会非常清醒地认识到，人并不是一个可以绝对清晰界定的统一体，不可能简单地用非此即彼的方法来加以判断，而且人的道德生活往往受着相互冲突的动机的支配，所以他的行为经常是互相矛盾的。当然，作为一种理想状况，天主教会也要求信徒在生活原则上有一种改变，但教会最重要的权利和教育手段之一——圣事中的告解制度，又削弱了天主教对一般信徒提出的改变生活原则的要求，告解制度的功能又是和天主教的特质中最深的根源联系在一起的。

使世界理性化，祛除法术等神秘主义作为得救手段[69]，天主教信徒从未像清教信徒（以及他们之前的犹太教徒）那样做得干脆彻底。对天主教信徒[70]而言，教会的告解制度就是对他不完善行为的一种事后的补救，教士就是完成罪过与功德之间抵偿、变换奇迹的魔术师，他手里拿着通往永生的钥匙，一个人在悲伤和痛悔时可以向他请求帮助，他给信徒带来了赎罪的机会、蒙恩的希望和罪恶得到赦免的保证。这样就可以使人们从那种可怕的紧张状态中逃脱出来，但是此种紧张状态却是加尔文宗信徒无从逃避的，因为他们注定要承受严酷命运的支配，而且没有任何缓和的余地。对于一个加尔文宗信徒来说，像天主教这样温柔而富有人情味的抚慰是不存在的，他不可能指望像天主教甚至路德宗信徒那样，可以用其他时间的善行来抵偿在草率时犯下的过错，加尔文宗的上帝要求他的信徒去做的不是个别的“善行”，而是一个成为体系的完整的善行生活。[71]在加尔文宗教义体系内，根本找不到富有人情味的天主教式循环的立足之地：罪，忏悔，赎罪，解脱，再跟着就是新的罪。在加尔文宗之中，也根本不存在把生活中的善恶记作一个总账，然后可以用现世的惩罚来赎罪，或用教会的恩典来抵偿旧的罪恶，以达到道德平衡的做法。

这样，普通人的道德行为就脱离了无计划、非系统的特点，而归整为受到一定方法支配的整体生活方式。所以像循道宗教派信徒（意译为“方法主义者”）和清教徒（意译为“严格遵守规则的人”）的称号，得来绝非偶然。循道宗的信徒，在参与18世纪美国最后一次清教思想大觉醒运动时，就是信守“方法主义”的，这一名称适用于他们，正如“严格遵守规则的人”这一称呼适用于他们17世纪时精神上的祖先——清教徒一样。[72] 只有通过这种生活整体意义的根本改变，才能使一个人在每一个时刻、每一个行为中，都要证实自己正感受到蒙受神恩的效果，确认自己已经从自然状态转变为沐浴神恩的状态。[73]

圣徒的生活，追求的只有一个超越性的目标——灵魂的救赎。也正是因为这个缘故，圣徒现世的生活彻底被理性化，而且完全被“增加上帝在地上的光荣”这一观念所支配。“一切都是为了增加上帝的荣光”的观念，从来没有人比这些加尔文宗的圣徒更认真地奉行过。[74] 只有由恒常不断的反省所引导的生活，才能达到克服自然状态的结果。笛卡儿“我思故我在”的哲学内涵，被那个时代的清教徒，用另外一种道德伦理学的诠释所取代了，[75] 正是这种理性化，给加尔文宗信仰带来了一种特殊的苦行倾向，这也是它和天主教联系[76] 及其发生冲突的教义基础之所在。当然，这些东西天主教也并非不知道是怎么回事。

毫无疑问，基督教的苦行主义，无论就其外在行为表现还是其内在含义，都包含有很多不同的东西。最早在中世纪，甚至还可以前溯至古代，在西方思想的最高式样里，就具有非常明确的理性特征。就西方隐修主义①生活方式的普通特性而非个别案例而言，其历史意义就在于，他们是以理性为最高式样来作为修行基础的，这又和东方式的修行方式构成了鲜明的对比。在圣本尼狄克②的教规中，更多的还有克吕尼③的修道士身上，还有西斯特的修士们，最为显著的当然是耶稣会④的修士们，他们都已从无计划的隐遁和非理性的苦行中解脱了出来。它已经发展成为一种服从理性的道德行为的系统方法[77]，其目的在于克服自然状态，使人摆脱不合理的冲动，以及对俗世和自然的依赖，使人服从于有计划的意志支配，并慎重地反省自己行为的伦理意义，而把自己的行为置于不断自我节制之下。客观地说，这样就把一个修士训练成了一个为上帝之王国服务的工作者，更进一步主观地讲，

① 隐修主义（Monasticism），以苦行虔修为目的、集体隐居修道为标志，起源于3世纪的地中海地区，开始是隐修士结伴在深山旷野中共同隐修，后来逐渐发展成具有严格规章的隐修会（院）。其方式有两种：一是独居一室，不与他人往来；二是共同修道、劳作。隐修者出家发“三绝誓愿”，即安贫、守贞、服从（绝财、绝色、绝意）。——译者注

② 本尼狄克（Benedictus），亦译“本笃”，天主教隐修组织“本笃会”创始人。529年在卡西诺山创新型修道院，提出“祈祷与劳动”的主张，建立图书馆，使隐修院成为中世纪欧洲经济、政治、文化的重要组成部分。——译者注

③ 克吕尼（Cluniacs），亦称“重整本笃会”，910年由伯尔诺创立于法国克吕尼，专门为整顿本笃会之会规废弛而建。该会规定会员必须离开家庭、不能婚娶等；信徒众多，影响巨大。至12世纪，克吕尼派在西欧已拥有二百多座修道院，一万多名修士，人量资财，也因此腐化而走向没落。——译者注

④ 耶稣会（Jesuits），也称“耶稣连队”，1534年由西班牙人依纳爵·罗耀拉创建于巴黎，1540年经教皇批准正式取名“耶稣会”。与旧式修会不同的是，耶稣会士要深入社会各阶层传教。16世纪末，耶稣会士利玛窦来华传教，揭开了中西方文化交流的新纪元。——译者注

这样也就保证了他灵魂的得救。这种积极的自我控制，就形成了圣依纳爵修行的目的，是每一个服从理性的修士的美德之所在[78]，也是清教最重要的隐修理想。[79]与清教徒冷峻的矜持形成鲜明对比的深刻的蔑视里，在与清教徒殉道者所受的考验的记载里，在对那些尊贵的高级教士和政府官员毫无节制地咆哮嘲笑中[80]，我们可以看出人们对那种平静的自我控制的崇敬之情，时至今日，它仍旧是英美最典型绅士的特征。[81]用我们现在的话来说就是[82]，清教徒就像每一个服从理性的苦行主义者一样，致力于使人能坚守并依从他永恒的动机，并按照此动机所教导他来抑制其情感。按照现在心理学的术语解释，这种努力试图使清教信徒形成一种人格。与很多流行思想所认为的恰好相反，这种苦行主义的目的，是让人过一种警醒、清楚、有意识的生活，其最迫切的任务就是消灭本能中自发性质的、冲动的享乐欲望，最重要的方法则是把秩序带入信徒的日常行为之中。所有这些要点在天主教的修行规则[83]，和加尔文宗道德行为的原则中[84]都得到了同样的强调。天主教和加尔文宗，都有这种用服从理性的力量对整个人格进行系统规整的方法，这一方法具有巨大的扩展力量，特别是加尔文宗，与路德宗相比，它更是具有这种扩展能力，这也是它以后能作为战斗的教会去保卫新教教义的原因。

另一方面，加尔文宗苦行主义和中世纪（天主教）的苦行主义又有着明显的不同。这主要表现在“福音劝谕”，以及随之而来的苦行主义向入世活动的转变上。加尔文宗的苦行主义不像天主教那样，仅仅把有条理的生活局限在修道院的小房间里面，无论理论还是实践，加尔文宗的苦行主义都完全不是这个样子的。正如有人已经指出的，与加尔文宗的苦行主义恰好相反，天主教尽管也有巨大的道德归整作用，但这顶多是一种未经系统整合过的道德生活，这种生活显然不能满足最高信仰理想的需要，此种最高信仰理想，又是为普通信徒的生活树立起来的榜样。[85] 天主教历史上也不乏试图将苦行主义渗透到普通信徒世俗生活中去的努力，譬如天主教内的圣·方济各的第三会①就是一次有力的尝试，它曾力图使苦行主义渗透到信徒的日常生活中去，而且就我们所知道的，这种尝试还绝非仅仅圣·方济各第三会这一次。但在事实上，正如《跟随基督》一书所表明的，天主教施加其强力影响力的方式，使得信徒老是觉得该教派所宣扬的生活之道中，有什么东西高过了日常道德标准（也就是说，天主教宣扬的教义及其宣传教义的方式，使得其理想道德和信徒日常实际生活中的道德分成了两截），后者作为一种天主教徒道德要求的最低标准，也是可以接受的。而此种最低道德标准，如果按照清教徒的要求来衡量，又显然是不合格的。另外，天主教内还有一些弊端，更使得它把出世苦行主义转变为一种系统化的入世苦行主义的倾向大打折扣，其中最为显著的，莫过于对天主教教会某些制度的功利性利用，

① 第三会（Tertiary），指基督隐修院修会、托钵修会为平信徒专门设立的"在俗修会"，称"第三会"，其本会称为"第一会"，女会称为"第二会"。这些修会的成员有男女两种，附属于某个教会而仍生活在世俗社会之中。——译者注

而尤以赎罪券①的发行为甚。因此在宗教改革时期，赎罪券之发行，不是仅仅被视为一种无关宏旨的弊端，而是被看成是教会的一项最根本的罪恶。

但是最为重要的一个事实便是，在天主教内，能够过这种宗教意义上理性生活的“杰出典型”，是且只能是隐修士。这样，苦行主义越是强有力地俘获了一个人的心灵，就越是驱使他远离日常生活，因为出世圣徒的职责就是一定要超越世俗的道德规范。[86]路德拒斥了天主教的这一信仰倾向，而加尔文宗也正是从他这里继承了这一对天主教的拒斥态度的。路德有此排斥态度，和他的宗教体验有关。一开始路德多少有点不大明确自己这一宗教体验（对天主教教义造成冲击）的实际效果，但后来随着政治形势的进一步发展，他才逐渐明确了这一拒斥态度，但他并没有完成对这一律条的进一步发展。[87]塞巴斯蒂安·弗兰克②在历史事实中看到这场宗教改革的意义后，曾一针见血地道出了新教这一类宗教信仰的核心特征：“现在每一个基督徒都要终其一生变成一个

① 赎罪券（Indulgence），亦称“赦罪符”，该词源出拉丁文，意为“仁慈”或“宽免”。天主教认为，信徒可以通过做善功来补赎自己的罪过，免除“暂罚”（包括现世和在炼狱之中的），如果信徒善功不够，教会可以从“功库”（由基督和圣徒们积累起来的善功）中支取部分善功来为信徒赎罪。14世纪后，演变成购买赎罪券的行为。16世纪初，教皇利奥十世为建教堂而大肆兜售赎罪券，结果引起以马丁·路德为首的宗教改革运动，天主教会被迫在1562年废止售卖赎罪券。——译者注

② 弗兰克（Franck，1499—1542），瑞士基督教领袖、神学家。1525年加入路德派，他激烈反对教条主义，曾因此一度入狱，并被当局逐出新教运动中心斯特拉斯堡。1538年发表《金约柜》，称《圣经》中除了“十诫”和“使徒信经”外，别无教义可言。他更认为《圣经》词句矛盾百出，不能使人了解其永恒真理。——译者注

修道士了。”苦行主义之流原来在俗世生活中仍有罅隙可以漏泄出去（亦即它在世俗界实行得并不十分严格），但现在一道大坝把它堵得严严实实，于是原来只有最高级别隐修士才具有的那些热情而神圣的信仰禀性，现在要在尘世间的职业中追寻自己的苦行理想了。

在发展进程中，加尔文宗更为苦行主义的世俗化添加了某种肯定性的观念，那就是：一个人的信仰有必要在职业活动中得到验证。[88]这一观念给广大具有宗教信仰倾向的人带来了一种积极的刺激，鼓励他们在世俗中尝试实行苦行主义。借由将道德伦理原则建立在预定论基础之上，加尔文宗的苦行主义实施了一个巨大的转换，即把原来出世、超世的隐修士式的苦行主义精神，置换成了被上帝预先选定而又生活在尘世间的圣徒式的苦行主义精神。[89]这一尘世间的苦行主义，具有某种“不可毁坏的特性”，它就以一道更无法逾越、无法看见也更令人恐惧的鸿沟，把预定可以得到拯救的人与其余将要受到永恒诅咒的人区分开来了，而且这一横亘天堂与地狱之间的鸿沟，比之于中世纪时区分隐修士与普通信徒的那道鸿沟，更是有过之而无不及。[90]这是一条以一种十分苛刻的方式侵入一切社会关系的鸿沟。一个人如果认为自己是上帝的选民，且正处于蒙受神恩的状态，那么伴随这一意识而起的，必然是这样一种对待周围邻人之罪恶的态度：他不再基于对自身同样具有很多弱点的了解，而对邻居之罪过有一种同情的理解，而是憎恨、谴责他，一如这位邻人正是被打上受永恒诅咒标记的上帝的敌人一样。[91] 这种自认为是上帝选民且对有罪邻人憎恶的感情，有时候可能过于强烈，就导致了很多独树一帜的小教派的出现。17 世纪时的独立派①运动就属于这样一种情况，在当时，本来按照加尔文宗的教义，在上帝荣耀的感召下，即使一个受诅咒的人也可以置于教会的律法之下，但这一观念被如下一种信念所压倒，那就是，如果一个灵魂不得重生的人还能够得到教堂的认可，还能参加圣礼，甚至还能够升为牧师来管理信徒，那简直就是对上帝的一种侮辱！[92] 这一圣徒证验教义演绎的结果，如同一千多年前教会中出现了多纳图斯派②思想一样，加尔文宗内部也出现了浸礼宗的思想。这一思想完全合乎逻辑的演绎结果的地方便是，自证为得到拯救的教徒们，要求建立一个纯洁的教会，一个由那些被证实蒙受神恩的人组成的社团组织，但这一意见也并非完全被那些正在形成的教派所采纳，教会对于制度的修改，往往出自于这样一种尝试，即把灵魂可以重生的基督徒，和不能重生的基督徒区分开来，即谁可以参加圣礼，谁不可以参加圣礼，并把教会的管理权及其他优先权，交给那些已得到灵魂

---

① 独立派（Independents），16、17 世纪要求脱离圣公会，而主张仅有真正信奉基督的人们组成独立的地方教会的英格兰基督教徒，后称为“公理派”。在克伦威尔共和政府时期，他们影响很大，历经镇压而不衰。1620 年，一批信徒移居英国北美殖民地马萨诸塞，是第一批清教主义移民。——译者注

② 多纳图斯派（Donatist），北非基督教之一派，312 年就选举塞西里安为迦太基主教问题与公教会分裂。此次分裂更多是因为教义问题，他们认为教会是上帝特选之人的集体。既然如此，神职人员的行动是否具有法律效力，就决定于他身上是否有圣灵，神职人员如果不蒙圣恩，其所行圣事一律无效。——译者注

可以重生确证的基督徒手里，而且只任命那些道德行为没有问题的人担任牧师职务。[93]

这种入世的苦行主义，需要一种能够量度其自身而自足的道德准则，显而易见，这样的道德准则并不太容易找到，很自然的，它还是在《圣经》中找到了。值得重视的是，在大名鼎鼎的加尔文宗有关《圣经》的解释中，它所持有的道德规诫，还是《旧约》中的那一套东西，因为正如可靠的启示所揭示的那样，《旧约》应该完全和《新约》中的道德规诫一样受到同等的尊重。但唯一需要注意的是，《旧约》中有一些仅仅适合于希伯来的历史环境的东西，或者一些已经被耶稣明确否定掉的内容，这些很明显是不能被加尔文宗教义所采纳应用的。对加尔文宗的信徒来说，这一道德准则尽管不太可能得到完全的贯彻落实，但仍不失为一种理想的准则[94]，而在另一方面，路德最初却把不服从宗教道德规诫的自由，赞誉为信徒神圣的特权。[95]希伯来人的那种虔诚而又完全冷静的智慧，在清教信徒翻阅最多的《圣经》篇章——《箴言》和《诗篇》中，可谓表现得淋漓尽致，而这种智慧我们也可以在清教徒的整个人生观里面找得到。特别是，正如桑德福[96]提出的一种观点，以理性压抑信仰中的神秘主义成分，乃至于事实上的宗教信仰中的所有情感性的东西，这一转捩应当归功于《旧约》全书的影响。但是《旧约》中的理性主义思想，本质上是一种小资产阶级的传统类型，它不仅和先知们那种浓郁的悲天悯人之情相互混合，而且还掺杂了其他一些成分，这些成分甚至在中世纪时，就曾经促进了一类具有独特情感特征的宗教的发展。[97] 总而言之，加尔文宗之所以选择并同化了《旧约》信仰中那些最适合它自身特点的内容，正是由于它本身具有那种与《旧约》信仰气质类型非常接近的特殊而根本的特质——入世苦行主义思想。

现在我们注意到，内心自认为已蒙受神恩的清教信徒，需要在一种日常道德行为的系统化过程中，不断注视 [98] 自己蒙受神恩的状态（以确证自己就是上帝的选民），这一归属于加尔文新教教义的苦行主义思想，和天主教训诫中的生活理性化的形式是一样的，但这一相同只是一种肤浅的表面现象。可以确信的是，记录罪过、诱惑、获得神恩之进展方面的信仰记录簿，曾经一度在狂热的加尔文宗信仰圈子里 [99]，还有现代部分天主教（特别是在法国）信徒中颇为流行，这一信仰记录簿首先是受到了耶稣会士的影响，但是在天主教信仰中，使用它的目的仅限于忏悔的完整，或者说是给“灵魂的向导”（directeur de l'âme）提供一个基础，为其他基督徒（大多数是女性）提供权威性的指导。基督新教信徒则是借助信仰记录簿的帮助，来诊断自己的脉搏（以便随时注意自己内心的虔诚度，观察反省自己在美德上的进步，提醒自己应尽的选民义务，等等），几乎所有的伦理学家和神学家都提到过本杰明·富兰克林的经典案例，他曾列出一种数据表格，在上面记录不同品德方面所取得的进步。[100] 另一方面，过去中世纪（甚至是古代），就有关于上帝记账本的说法，不过这一说法被班扬推崇到了一个有些庸俗不堪的极端，他把犯了原罪的人和上帝的联系，比喻为顾客和店主的关系，一个人一旦负了债，他尽可以用各种善行来偿还这笔债不断叠加的利息，但永远都不可能还清本金。[101]

后世的清教信徒在观察自己的行为时，也在观察上帝的行为，而且他在一切生活琐事中都能见到上帝的手指。与加尔文宗严格的教义相比较，他总能知道上帝这样做或那样做的原因是什么。这种生活神圣化的进程几乎带上了企业经营的性质。[102]清教徒对整个生活彻底的基督教化，是这种伦理行为中方法论特质的必然结果，加尔文宗就是用这种与路德宗显著不同的方法迫使人们就范的。如果想要准确了解加尔文宗的影响，就必须记住，在加尔文宗对人们实际生活的影响中，这一理性化是决定性的因素。一方面我们可以看到加尔文宗正是利用这一因素才施加了这样一种影响，而其他宗教的伦理动机在决定性因素上——预定论之证明的教义方面，如果和加尔文宗的一模一样，那么也必然会有同样的影响效果。

行文至此，我们仅仅讨论了加尔文宗，并假定其预定论是清教徒道德的教义理论背景，所谓“清教徒道德”，指的是一种条理而理性的道德行为。“预定论”之所以能够有如此广泛而深刻的影响，是因为这一教义的影响力，事实上已经远远超出了“长老会”[①]这一严格遵守加尔文宗教规的单一宗教团体的范围。不仅 1658 年独立派《萨伏依宣言》中包含有“预定论”，在1689年由汉萨特·诺利（Hanserd Knollys）制定的“浸礼会信纲”中也可以看到“预定论”的影响，而且在循道宗教义中它也占有一席之地。尽管这一运动的天才组织者约翰·卫斯理是“普遍神恩论”的信奉者，但循道宗第一代信徒中一位最伟大的鼓吹者、也是他们教会思想最为一致的思想家怀特·菲尔德[②]，是“预定论”的忠实拥护者，同样的拥护者还有汉廷顿夫人[③]为中心的那个小圈子里的人物，他们在当时也有相当大的影响力。正是“预定论”这一保持了高度一致性的宗教教义，在 17 世纪这一人类历史的重大时期，支持了那些捍卫神圣生命的斗士们的信仰，使他们坚信自己就是上帝手中的武器，是上帝旨意的执行者。[103] 此外，“预定论”还避免了关于

---

① 长老会（Presbyterians），有广义与狭义两层意思。广义的“长老会”即归正宗（加尔文宗）的别称，因加尔文宗极其重视教规，在教会体制上，由信徒选出各级长老，再由长老监督教规执行；狭义的“长老会”是约翰·诺克斯（1505—1572）在苏格兰建立的加尔文宗教派，他在日内瓦学习加尔文主义后，1560 年回到苏格兰，带领教会接受改革，建立了长老制，被称为“长老会”，并由此传入英国当时的殖民地如美国、加拿大、澳大利亚、新西兰、印度等地。另外，加尔文宗传入英格兰后，在革命中曾分裂为“长老派”与“独立派”。——译者注

② 怀特·菲尔德（White Field），英国新教卫斯理宗传教士，1735 年参加卫斯理宗传教活动，1738 年到北美传教，对于卫斯理宗的发展有决定性的影响。晚年和卫斯理在教义上产生分歧而分道扬镳。——译者注

③ 汉廷顿夫人（Lady Huntingdon，1707—1791），18 世纪英格兰基督教复兴运动的核心人物。她在 1739 年加入卫理公会，怀特·菲尔德是她的私人牧师。她出资在北美佐治亚殖民地兴办孤儿院，并资助兴建培训教牧人员的学校。——译者注

世俗善行的教义过早地向纯粹实用主义方向的沦落，否则单纯靠实用主义，是无法激发人们为一个非理智的理想目标做出如此巨大牺牲的。

加尔文宗把绝对有可行性规范标准的信仰、绝对的决定论和上帝全然的超越性结合在一起，这一结合就其自身而言绝对称得上是一种天才的杰作。与此同时，从宗教教义原则上讲，这种结合比之于那些温情脉脉的教义要更具现代性一些，因为后者在“上帝也要服从于道德律令”的情感方面做了较大的退让。更为重要的是，我们将会一次又一次地看到，新教信徒关于证明自己已得到拯救的思想，对于本书的问题——新教伦理和产生资本主义思想之间关系的探讨，有着如何根本的意义。作为一种产生理性道德的心理基础，“预定论”的实践意义，完全可以在其自身教义系统内展开研究，既然如此，我们便最好从该教义最为统一一致的形式入手。而各教派在表述信仰与实际道德行为之间的关联时，“预定论”形成了一套循环往复的论证框架，我们在下面对此也将有所研究。在整个新教运动中，“预定论”这一教义，不可避免地影响了其第一批信徒的苦行主义行为的道德取向，从原则上讲，其结果便与路德宗道义上相对软弱无助的情形形成了强烈的对比。路德宗有“可失性之神恩”的论述，尽管失去的神恩还可以通过悔罪而重新获得，但是非常明显的，路德宗这一教义自身，并不包含那种心理约束力量，对我们而言，此种心理约束力量是新教苦行运动最为重要的结果，也正是在这种心理的约束力下，人们才会把自己整个的道德生活，作为一个整体进行系统且合乎理性的安排。[104] 因此，路德宗信仰不能对人的冲动行为和自然情绪中的自发性生命活力有所改造，加尔文宗教义中提供的不断自我约束，并细致规划个人生活的那种阴郁的信仰基调，在路德宗里面是看不到的。像路德这样的宗教天才，可以毫无困难地生活在一种开放、自由的氛围内，而且只要他有足够高的热情，便不会有退堕"自然状态"之虞。虔诚信仰中那种单纯、敏感而特别情感化的形式，是最为典型的路德宗信徒身上的标志，还有他们自由而自发性的道德感，是很少可以在真正的清教徒身上找到的，而在较为温和的安立甘宗信徒，诸如胡克①、奇林斯沃斯等人身上，却可以找到很多与路德宗信徒较为类似的情况。最可以确证无疑的一点便是，对于日常生活中的路德宗信徒而言，即使是最有才干的信徒，只要有一次忏悔或训诫打动了他的心灵，他便可以暂时性地超越"自然状态"(而进入神境)。

令那个时代的人们感到惊讶的是，信奉归正教的王室贵族与信奉路德宗的王公大臣们，在道德标准方面有着巨大的差异，后者经常因为酗酒和庸俗下流而受到人们的鄙视。[105] 此外，与倡导苦行主义的浸礼派宗教运动相比较，路德宗因为仅仅强调个人信仰，所以其牧师总是显得缺乏撼动人心的力量，这也是众所周知

① 胡克(Richard Hooker，1553—1600)，英格兰基督教神学家，安立甘宗神学创始人。其代表作为《论教会体制的法则》，书中捍卫英格兰圣公会的立场，驳斥天主教和清教，认为信仰应该由《圣经》、教会、理性三要素结合而成。他在宪政上的主张影响至今。——译者注

的一个事实。（宗教教义甚至对民族性格的形成都有决定性的影响作用。）典型德国人的品质往往被定位为本性敦厚、自然，而关于英美人的性格，德国人往往习惯认为是狭隘、拘泥，内在紧张，这一点倒不一定完全适合。德国人和英美人在性格上的差别，甚至表现在人们的面部表情上，英美人的性格正是在对自然状态下人的自发性造成完全毁坏的社会环境氛围下形成的。此种行为间的巨大差别，很明显，是因为路德宗在倡导苦行主义方面，其教义对现实生活层面的渗透程度上远不如加尔文宗那么强烈、深刻造成的。德国人对英美人性格的反感也都显现在上面那些情绪性的表达里面了，这是具有自然、自发特性的人对有关苦行主义的一切东西的一种反感之情。而事实也正是，因为路德宗关于神恩教义的特点缺乏一种将个人行为举止系统化的心理约束力，所以信奉路德宗的信徒也就无法迫使个人的生活进入条理、理性化的状态。

这种心理约束力，就凝合成了宗教的苦行特征，毫无疑问，各种不同的信仰动机，都是可以作为此种心理约束力的源泉的，这一点我们马上就会看到。加尔文宗“预定论”的教义也只不过是产生此种心理约束力几种可能中的一种而已。但不管怎么说，我们可以确信不疑的是，就加尔文宗自身来说，它不仅有着非常罕见的内在逻辑上的一致性，而且它在造成心理约束力的实际效果方面也是极其强大有力的。[106] 与此形成鲜明对比的便是，非加尔文教派的苦行主义运动，单纯从宗教苦行动机的角度看，在教义内在逻辑的严密连贯性和影响心理约束力的强度上，都略输加尔文宗一筹。

就实际历史发展的情形来看，大多数情况便是，加尔文宗教义或是为其他倡导苦行主义运动的教派所效仿，或者成为这些教派在其有所歧出的教义原则的发展过程中，启发、比较产生新的宗教思想的灵感源泉。在这一进程中，尽管各大教派宗教教义的基础不尽相同，但只要社会上出现了类似的苦行主义特征，一般就是教会组织努力带来的结果。关于这一点，我们将另外加以阐述。[107]

B. 虔信派

在历史上，“预定论”这一教义一般被认为是虔信派苦行主义运动的出发点。因为虔信派属于归正宗内部的宗教运动，那也就不可能在虔信派和非虔信派加尔文宗信徒之间画出一条明确的界线。[108] 有时候，几乎所有的清教代表人物都会被画入虔信派之列。即使将“预定论”和“神恩自我确证”教义之间的整体联系看成是虔信派对加尔文原始教义的发展，这也是完全正当的，因为它对达到我们上面讨论的那种“得救确证性”（certitude salutis）抱有根本的关切。苦行主义在归正宗内部（特别是在荷兰）的复苏，经常都伴随着预定论的新生，在此之前，它或是被暂时遗忘、或是没有被严格坚持。因此，英国就完全没有使用“虔信派”① 这一术语的习惯。[109]

但是即便是在欧洲大陆（荷兰和莱茵河低地），新教教派归正会内的虔信派，至少从根本上来说，也只是归正会苦行主义简单的强化版而已，例如贝利的教义就如此。人们强有力地突出了“虔信实践”（praxis pietatis）的观念，教义的正统性因之被推到幕后，事实上似乎成了一件无关紧要的事情。那些已经命定得到神恩的人，偶尔也会出现教义方面的谬论以及其他一些过错，并且经验表明，经常是那些完全没接受过经院神学教育的基督徒，表现出来的信仰虔诚更为明确，同时在另一方面，非常明显的一个事实就是，仅仅通晓神学知识，绝对不能作为信仰已得到验证的保证，只有通过行为才能验证。[110]

因此，一个人是否已成为上帝的选民，完全不能以神学学问的好坏来证明。[111] 于是虔信派对神学家们的教会有了深深的不信任感——这也是它的一个特点——而虔信派仍旧正式地隶属这一神学家教会[112]，虔信派开始聚集那些“虔信实践”的信徒，召开

① “虔信派”一词最早用来指 17、18 世纪时加尔文宗、路德宗内部的宗教运动，该运动寻求将理性实践与神秘体验结合在一起，以代替正统信仰那种过度系统化的教义所导致的僵化现象。1669 年，拉巴底在荷兰创立第一个独立的加尔文主义的虔信派独立教会；1675 年，施本尔在德国建构了路德主义的虔信派的最初面貌，他的学生弗兰克创办的孤儿院成了向国外和犹太人传教、分发《圣经》以及照顾散居在东南欧与北美的基督教徒的中心。亲岑道夫伯爵创立了虔信派团体“摩拉维亚联合弟兄会”。值得一提的是，近代赫赫大名的施莱尔马赫（F. Schleiermacher，1768—1834）也是虔信派的信徒，他曾总结道：“在虔信派中，宗教经验成了准则，一个人凭这准则去选择自己认为仍适用的传统观点。”——译者注

脱离世俗的秘密宗教集会。[113]它希望使上帝选民的“无形教会”在这个世上变得可见。尽管虔信派并没有进一步发展成一个独立的教派，它的成员却力图在这个教会内过一种摆脱了尘世间种种诱惑的生活，这种生活的一切细微之处都能符合上帝的意愿，这样他们就能够确信自己的重生，这种确信的外在标志，是在他们的日常行为中显现出来的。因此，真正皈依者的教会——它为所有真正的虔信派群体所共有——希望通过强化了的苦行主义来享受此生与上帝合一的至福。

现在这后一种倾向的某些内容已经和路德的“神秘合一”思想密切相关，常常会导致过分强调宗教情感，这就不是正统加尔文宗所能接受的了。事实上，从我们的观点来看，也许这正是虔信派的决定性特征，它毕竟是从归正宗内部发展起来的。这一宗教情感因素，起初对加尔文宗教义来说是完全陌生的，但在另一方面，又与某些中世纪宗教形式有关，实际上它引导宗教信徒争取在此生此世就能得到拯救，而不是为了获得能够进入未来天堂的确定性而进行苦修。不仅如此，这种情感的强度是如此强烈，以至于其信仰都带有良性歇斯底里的性质，导致了其信徒半清醒半昏迷状态的宗教迷狂和周期性神经精疲力竭的相互交替，这一点可由无数例证表明，并可以在神经病学上做出解释，而当信徒处在神经精疲力竭时，他就会觉得自己被上帝抛弃了。这一结果直接造成了与清教徒严格而有节制的克己修养的尖锐对立，清教徒叫人生活在系统性的净化生活之中。过分强调情感成分就意味着弱化了很多禁止措施，这些禁止措施原本是用以保护加尔文宗信徒的理性人格免受强烈情感侵扰的。[114] 同样地，对于加尔文宗关于肉体堕落的观念来说，如果采取情感的形式，例如以一种所谓蠕虫情感的堕落形式，就可能导致从事世俗活动的进取心的麻木与减弱。[115] 即便是预定论教义本身，如果和加尔文主义的主流趋势亦即理性主义逆向而行，并将预定论改造成为一种默祷对象的话，也可能会导致宿命论。[116] 最后，虔信派把选民和尘世隔开的愿望，可能会伴随着强烈的情感强度而导致一种半共产主义性质的隐修团体生活，虔信派甚至是归正宗内部的虔信派的历史就一再说明了这一点。[117]

但是，只要虔信派这种以强调情感为拯救条件的效应不走向极端，只要加尔文宗内的虔信派还是努力在世俗职业中的日常生活常规中确证得救，那么按照虔信派原则行动的实际效果，就是一种在职业中实行更为严格苦行主义的克己自制，这种克己自制为职业观念伦理提供了一种宗教信仰基础，它比起加尔文宗内那些循规蹈矩的基督徒，所获得的世俗名声更为坚实可靠，而这些循规蹈矩之人，是被这些自命不凡的虔信派信徒视为二流基督徒的。由这些自认为是上帝选民（指虔信派）的人构成的宗教精英分子就这样组织起来了，在荷兰，在自愿的基础上，他们以秘密集会的形式组织起来，而且这种宗教精英阶层，在加尔文宗每一种苦行主义形式内都有发展，越是认真地实行苦行主义，肯定就越会发展起来。另一方面，在英国清教内部，它对于教会内部组织积极和消极基督徒之间的实际分裂起到了部分引导的作用，就像我们在上文表明的，它导致了宗教派别的出现。

另一方面，从路德宗基础而来的德国虔信派是和施本尔、弗兰克、亲岑道夫的名字紧密联系在一起的，它的发展却偏离了预定论教义的轨道。但同时它又不是完全超出了以这条教义为必然逻辑发展最高点的观念体系的范围，这一点尤其可以在施本尔自己的论述中得到证实，他曾对英国和荷兰的虔信派对他的影响做了论述，在他自己组织的最初几次秘密集会上，施本尔宣读贝利著作的行为也说明了这一点。[118]

从我们特定的视角来看，无论如何，虔信派的出现只是意味着，那种由严格苦行主义方法控制和监督的行为方式，已经渗透到了非加尔文宗的各教派之中去了。[119]但是，路德宗必定觉得这种理性苦行主义是一种异己因素，苦行主义在德国虔信派内的教义缺乏逻辑上的一致性，就是由这一事实导致的必然结果。施本尔将路德宗的思想和加尔文宗特有的带有“为上帝增添荣耀的意图”而行善举这一教义组合在了一起，以此作为他系统性宗教行为的教义基础。[120]施本尔还有一个信念，令人联想起加尔文宗教义，即上帝的选民有可能在相当程度上成为臻于完善的基督徒。[121]但是，这一理论缺乏内在逻辑上的一致性。施本尔深受神秘主义的影响[122]，他试图用一种不太确定而本质上是路德宗的方式，去描述成系统类别的基督徒的行为，而不是为虔信主义进行辩护，他的描述本质上是在他虔信派的形式与路德宗的内容之间寻找一种平衡。施本尔并没有从神圣化中推论出“得救确证性”的观念，他也没有采用自证是上帝选民的思想，而是采用了路德有些宽松的关于信仰和善举相联系的观点，而这一点我们已经在前面讨论过了。[123]

但一次又一次地，只要虔信派中理性与苦行成分超过其感情成分，那么对我们论文来说不可缺少的思想还继续有其地位。这些思想是:（1）按照《圣经》的训诫，有规律、有系统地提升自己的恩宠状态，达到一种越来越高的确信和至善程度，这就是获致恩宠的迹象[124]；（2）“上帝”的旨意是通过那些处在上述至善状态的人发挥作用的，也就是说，如果他们能够耐心等待，并有方法、有系统地深思熟虑，上帝就会给予这些人他的迹象。[125] 对A.H. 弗兰克①而言，天职中的劳动也是一种最出类拔萃的苦行主义活动[126]，因为上帝自身赐福于他的选民就是让他们在劳动中获得成功，这对弗兰克来说是一项不可否认的事实，而且我们还发现，这一观念对清教徒同样适用。

作为“双重审判说”②的替代物，虔信主义以一种本质上更类似加尔文宗但较为温和的方式阐发了一系列观念，并在上述所有

---

① 弗兰克（August Hermann Francke，1663—1727），德国基督教领袖、社会改革家，施本尔的学生。1695—1727 年在哈雷大学教授神学、东方语言，1695 年成立弗兰克社，内设贫民学校、孤儿院、诊疗所、出版社，结果遭到正统派抨击，被国家教会开除。1713 年普鲁士国王威廉一世巡视弗兰克社后大为感动，提出法案，全国开始普遍设立类似的教育机构。——译者注

② 双重审判（预定）说（Double Decree），新教认为，上帝不仅预先判定了一部分人得救，还预定了另一部分人永遭弃绝，这一观念主要为加尔文所倡导。——译者注

心理效果的推动下，建立起了一个基于上帝特别恩宠的选民精英阶层。[127]例如这些观念中就有属于所谓“悔罪限期论”① 的教义[128]，这一观念一般是（尽管有些不公平）被反对者归咎于虔信派。它假设上帝的恩宠是提供给所有人的，对每一个个体而言，他既可以在生命某一个限定时间内得到，也可以在生命最后一刻得到。任何错过了特定时刻的人，也就错过了普遍恩宠的救助，他就会与加尔文宗教义所说的被上帝遗弃的人处在一样的境遇中。弗兰克从他的个人宗教体验中得出了与这一理论非常相近的观点，并在虔信派中广为流传，甚至可以说他的如下观点是最有影响的，即人们认为恩宠只有在某种独特而特殊的环境下，明确地说也就是预先忏悔之后，然后才能获得恩宠。因为按照虔信派的教义，并不是每个人都会有这样的宗教体验，对于那些使用了虔信派推荐给他们能够带来恩宠的苦行方法而仍旧不能获得此种体验的人，重生者就会视之为一类消极被动的基督徒。另一方面，也可以通过创造出的技巧引导感生忏悔，从而获得此种宗教经验，由此可见，以理性为基础的人类行为，甚至将获取神恩也当成了一种有效目标。

此外，虔信派对隐蔽告解室持有一种强烈抵制的态度，尽管并不是所有人都这样——例如弗兰克就不反对——这是很多虔信派信徒的特点，而正如在施本尔那里反复争论中所显示的那样，

① 悔罪限期论（Terminism），认为超过神所限定的改悔时期就要失去得救的机会。——译者注

这也是虔信派牧师们的特点，而且此种反对态度正是出自这些领受神恩的精英分子。这种抵制进一步削弱了虔信派与路德宗之间的联系。通过告解获得神恩的可见效果要表现在行为上，这对于承认得到赦免的人而言是一种必不可少的标准；因此，只要忏悔就足够了的做法是不可能的。[131]

亲岑道夫关于他自身宗教立场的观念，尽管在正统教派的攻击面前犹豫不定，但一般说来他还是倾向于工具论观念的。但除此之外，就像里敕尔①称呼的那样，亲岑道夫是一位杰出的宗教业余爱好者，就其教义立足点来说，几乎不可能按照我们认为的重要的地方有什么清晰明确的系统陈述。[132]他一再宣称自己是保罗—路德宗基督教信徒的代表；因此在恪守法规方面，他反对虔信派模式，认为这和詹森有密切的关系。但实际上，早在1729年8月12日的《议定书》中，弟兄会本身就坚持一种在许多方面都与加尔文宗精英选民相似的观点。[133]尽管亲岑道夫一再声明自己是路德宗[134]，他还是认可并鼓励了这一做法。他在1741年11月12日宣布《旧约》属于耶稣基督所有，这一鼎鼎大名的见解，正是态度上与上述观点多少有些相同的外在表现。在弟兄会的三个分支中，加尔文分支和摩拉维亚分支，都从一开始就在根本上接受了归正宗的伦理观。即便是亲岑道夫本人也是唯清教徒马首是

① 里敕尔（Albrecht Ritschl，1822—1889），德国基督教信义宗神学家，1843年获哲学博士学位，1870—1874年发表《基督教关于称义与神人和解的教义》三卷。现代学者比较认同他就基督教和上帝之国，以及它们与个人、社会之间的关系所提出的种种解释。——译者注

瞻的，他曾向约翰·卫斯理表达了这样一种意见①，即使一个人自己不能知道自己蒙受神恩的状态，别人却能从他的行为中知道这一点。[135]

但在另一方面，在“守望村”弟兄会特有的虔信里，情感的因素占据着非常重要的地位。尤其是亲岑道夫本人，就曾经不断试图抵制清教意义上的苦行主义净化倾向[136]，他还把对善行的解释转向路德宗的路向上来。[137]另外，他还批判了宗教秘密集会，但保留了告解制度，在此影响下，亲岑道夫发展出了一种对基督教圣礼的依赖之情，这在本质上是路德宗教会形式的。而且，亲岑道夫还有一些怪癖的行动准则，他有一种孩子般天真的宗教情感，这毋宁视作他天性纯真的标志，他还用抽签、抓阄作为揭示上帝意愿的方法，他的这些癖好都极大地阻碍了行为唯理性的影响。总而言之，在这位伯爵大人的影响范围内[138]，反理性、情感性的成分在守望村的宗教生活中比之于其他地方的虔信派信徒占据着重要得多的地位。[139]在施潘根贝格②的《弟兄会信仰观》

---

① 1738年6月29日，约翰·卫斯理在德国马利恩邦与亲岑道夫会面，参与者有来自不同国家的九十多人。其后两人多次谈论属灵问题。8月1日，他们前往守望村（Herrnhut，意译为“Lord's Lodge”——上帝的寄居之处，该村是摩拉维亚弟兄会信徒的总部）。约翰·卫斯理在此居住了两周，在这里，他深深为摩拉维亚信徒的虔信生活所感动，在日记中他写道：“我愿意在此间快乐地度过一生！”这次访问对约翰·卫斯理创建卫斯理宗影响巨大。——译者注

② 施潘根贝格（Spangenberg，1704—1792），德国基督教弟兄联盟主教。他主要在德国之外的美国、英格兰开创摩拉维亚弟兄会的传教基地，也因此在1762年被选为弟兄会联盟主教，领导联盟。他办事持重，较好地解决了弟兄会内部的争端问题，并使得该会与路德宗关系友好起来。——译者注

（*ideafides fratrum*）中，道德和罪之宽恕间的关系，一般地讲，已和路德宗一样不那么牢固了。[140] 后来亲岑道夫对卫理公会派教徒追求至善的做法持一种否定态度，同其他任何地方都一样，这是他幸福观念的基本组成部分，他认为，人在当下就应该体验到那种永恒福佑的感情（亲岑道夫称之为“幸福”）[141]，而不是鼓励他们通过理性劳动确保来世的至福。[142]

尽管如此，与其他教会相比较，摩拉维亚弟兄会最重要的价值观念，还是在于过一种积极能动的基督徒生活，在于传教活动，在于和传教活动相关联的、基于天职观念的专业工作之中[143]，摩拉维亚弟兄会的这一价值观念，始终保持着生命活力。另外，从实用观念来看，对亲岑道夫的哲学思想而言，生活实践理性化是其根本要点。[144] 摩拉维亚弟兄会的价值观念，是从亲岑道夫还有其他虔信派信徒那里衍生出来的，一方面衍生自亲岑道夫的一个个人习惯，即他坚决讨厌哲学思考，认为哲学思考对信仰是非常危险的，相应地，他喜欢以经验为根据得来的知识[145]；另一方面则衍生自一个他作为专业传教士的敏捷、明智的常识判断。摩拉维亚弟兄会作为一个大型传教中心，同时也是一个商业企业。这样，它就引导它的成员走上了入世苦行主义的康庄大道，它的信徒为了传教，首先就在各处寻找任务，接着便会仔细地、系统地完成这些任务。然而，赞美使徒的贫困，赞美蒙上帝拣选预定得救的信徒[146]，却形成了另外一种障碍，这种赞美可以追溯至将使徒当作传教士榜样的时代。它实际上意味着福音劝谕的局部复活。摩拉维亚弟兄会原本有一种与加尔文宗相似的理性经济伦理，但其发展确实受到了上述这些因素的阻碍。尽管如此，如同浸礼派运动的发展所表明的那样，这种经济伦理的发展也不是不可能的事情，而是恰恰相反，它在主观上完全受到为天职而工作的观念的强有力的鼓舞。

因此，当我们从对我们来说非常重要的角度来思考德国的虔信派的时候，就必须承认，其苦行主义的宗教基础的确是犹疑不定的，这也就使得德国虔信派明显弱于加尔文主义，那可是如钢铁般坚硬啊；虔信派的这种动摇性和不确定性，部分是路德宗影响的结果，部分是其情感特性造成的。自然，将这种情感成分作为虔信派与路德宗相互区别的特征，也是非常片面的[147]。但是，与加尔文宗相比，虔信派在生活理性化上必然没有那么热情，因为加尔文宗方式的那种职业压力，被虔信派当下的情感状态转变了方向，加尔文宗的职业压力源于它要不断地证明自己的神恩状态，而且与未来能否获得永生息息相关。上帝的选民力图获得的那种自信，那种要在履行天职的无休无止且富有成效的工作中不断更新的自信，被一种谦卑与克制的态度取而代之了。[148]这在一定程度上是单纯追求精神体验的情感刺激的结果，一定程度上也是路德宗告解制度的结果，虔信派尽管以一种严肃的态度怀疑这种制度，但通常情况下，它还是被容忍了。[149]所有这一切都显示了路德宗对虔信派的影响是在它特有的救赎观念上面，这种救赎是通过赦免罪过而不是通过实际的净化来达成的。为了获得并保持某种未来（来世）拯救的确认而展开的系统性的、理性斗争的位置，现在被一种与上帝和解进而合一的感觉需求所取代了。这样，追求现世享乐从而阻碍了经济生活理性组织的倾向，从某种意义上讲，在宗教生活领域中也是并行存在着的，而此种经济生活理性组织原本是要为来世做准备的。

这样就很明显了，将信仰需求导向现时的情感满足，是不可能发展出如此强有力的动机来使世俗活动理性化的，因为加尔文宗的选民是以其独有的方式关注着彼岸世界，以此需求作为已经获得神恩状态之证明的。但另一方面，加尔文宗信徒的信仰方式比正统路德宗信徒的传统信仰，更有利于宗教教义有条理地渗透到行为中去，而路德宗实际上是过于束缚于圣言和圣事①了。总的说来，从施本尔、弗兰克到亲岑道夫，虔信派越来越倾向于在情感方面下功夫。但是在任何意义上，这都不是一种内在固有发展规律的表现。路德宗与加尔文宗的这种差别，源自于这两个教派的领导者所处的宗教（和社会）环境的不同。在这里我们不想深入讨论这一问题，也不想讨论德国虔信派的特点如何影响了它在社会和地域上的范围。[150]我们必须再次提醒自己，这个感情用事的虔信派，当然是以一种渐进的过程，蜕变走上了清教中灵魂得救者的生命道路。如果要指出这种差别的一些实际后果，我们全

① 圣事（Sacrament），亦译“圣礼”，基督教的重要礼仪，根据基督教教义，圣事是圣灵圣化人们灵魂的工作，可使人“未义成义，既义益义，失义复义”。天主教和东正教规定圣事有七种，而新教只承认其中的洗礼和圣餐为圣事。——译者注

少暂时可以说，虔信派所赞成的那些美德，一方面更多地体现在忠诚守信的公务员、职员、劳工或包工制工人们的身上[151]，另一方面则是（以亲岑道夫的方式）抱着虔诚的恩赐态度，大都是家长式的雇主的德行。两相比较，加尔文宗看起来和中产阶级——资本主义的企业家的联系更为紧密，他们刻板地遵行律法，勤奋而活跃地展开其以营利为目的的系统活动。[152]最后，正如里敕尔[153]指出的，纯粹感情用事的虔信主义的信仰形式是有闲阶层的一种业余宗教爱好。尽管上述描写在彻底详尽性上差强人意，它还是能够帮助解释某些差别产生的原因，即人们在性格和品质（包括经济性格）上的差别都是在这两种苦行主义运动或此或彼的影响下形成的。

C．循道宗

一边是容易被感情影响，但仍旧属于苦行类型的宗教信仰，另一边是对加尔文苦行主义教义基础日渐增长的冷漠或者说批判否定的态度，两者结合在一起，便形成了与欧洲大陆虔信派相呼应的、具有显著特征的英美宗教运动，这就是循道宗。[154]“循道”之名，本身已表明时人对该派的印象，认为其信徒特点是：为了获得“得救的确证性”，而使自己的行为性质按照一定的方法系统化。从一开始，这就是循道宗运动信仰愿望核心之所在，并一直保留至今。尽管有诸多不同，循道宗与德国虔信派[155]的某些流派之间还是有着毋庸置疑的关系，这首先表现在这样一个事实上面，即他们首先都将方法论应用于皈依的感情行为中。约翰·卫斯理接受了摩拉维亚弟兄会和路德教派的影响，从而唤醒了他对宗教感情的重视，使得循道宗一开始就领会到，它的传教任务是在群众之中，便因此具有了强烈的情感特征，尤其是在美国更是这样。在一定情境之下，清净忏悔的获得常常含有一种情感斗争，此斗争是如此强烈，以至于美国公众集会场合常常会出现信徒极度狂喜的状态。这便构成一种信仰基础，即信徒觉得自己原本不配领受上帝之圣恩，与此同时，通过忏悔而能够获得称义、得到宽恕的当下觉悟，如何不令若辈狂喜如之？

如此一来，这种容易被感情影响的信仰已经和苦行伦理之间结成了一种奇特的同盟，其中当然存在着不小的内在阻难，而苦行伦理是被新教长期打上了理性主义烙印的。一方面，加尔文宗把任何感情性的东西都视为幻觉、虚假，其“唯一确定性”只存在于一种确定无疑的基础之上，即“得救确证性”作为唯一可靠的依据，它来自当下的精神见证，而这样的见证一定会在恰当的时刻如期而至。对于这一点要补充的是，卫斯理的净化学说尽管是对正统教义的明显背离，但仍然是正统教义一种合乎逻辑的发展。根据卫斯理的教义，一个以此种方式获得重生者，依靠已经在他身上运作的神恩，甚至可能通过第二次精神转变，一般来说这种转变是独立的，并且常常是突然的转变，在此生此世即可获得净化，同时还能脱离罪而获得完美的觉醒。不管实现这一目标有多么大的困难，而且通常情况下都是在生命临终之际才有可能实现，卫斯理派信徒仍然义无反顾地去试图完成这一目标，因为它是“得救确证性”的最终担保，而且卫斯理派信徒还用一种安详宁静的自信取代了加尔文宗教徒那种暗郁阴沉的焦虑心态。[156] 它能让他和其他人亲眼见到真正的皈依，因为罪恶至少在他身上已不再具有统治力量。

因此，尽管不证自明的感觉具有重大的意义，但义行毕竟是出自律法规定，因此也自然必须遵守。卫斯理对他那个时代强调善功的做法颇有微词，但他的攻击也不过是想复兴旧时的清教教义而已，就是认为善功并不是获得拯救的原因，而仅仅是一种方便，借此可以知道自己是否处在神恩状态之中，而且当此种善功仅仅是为了表现上帝的荣耀时，作为一种方便才能成立。仅有义行是不够的，他自己也能发现这一点。处在神恩状态的感受也是必不可少的。卫斯理自己有时候将善功描述成获得神恩的一种条件，在 1771 年 8 月 9 日的宣言中[157]，他就强调说，没有履行好善功义行者绝不是一个真正的信徒。事实上，循道宗信徒总在坚持这样一种观念，他们同英国国教在教义上并无区别，只是在宗教实践方面有所分歧而已。这种强调信仰结果的做法，在《新约·约翰福音》① “一书”第三章第九节中有最明显的证明，品行被视作获得重生的一种明显的标志。

---

① 《约翰福音》(*Epistles of John*)，存《新约》中，传说为使徒约翰所著，分为“一书”“二书”“三书”，约成书于 2 世纪上半叶。“一书”中强调真理、爱和基督的命令，论述爱心、爱行的重要性。该节词云：“凡从神生的，就不犯罪；因神的道存在他心里，他也不能犯罪，因为他是由神生的。”——译者注

但是尽管如此，也还是有一些难题。[158] 对于信奉预定论教义的循道宗信徒而言，认为“得救的确证性”会出现在对神恩和完善的直接感受中[159]中，还是出现在持续的信仰证明过程中的苦行主义品质所产生的恩宠意识中，这是非此即彼的事情，因为坚守（perseverantia）的确定性这个时候就只能依赖单独的告解行为了。对于基督徒的自由有一种宿命论的解释，揭示出了基督教本质不牢靠的一面，也使得信徒按照某种方法论指导的行为因此而破碎零散，不再具有系统性了；或者说，这条靠善功获得拯救的信仰之路遭到弃绝，义人[160]的自信达到一种不能说出的高度，那是一种清教徒式感情强化的类型。面对对手的攻讦，循道宗信徒起来迎战。一方面他们进一步强调《圣经》是起规范作用的权威，绝对不可替代，同时强调获得神恩的证据[161]也是必不可少的；另一方面则运用有效的策略，即在这一运动中强调突出卫斯理反对加尔文教派的相关教义，认为神恩也是可以失去的。路德宗教会通过摩拉维亚弟兄会对卫斯理的思想产生了强有力的影响[162]，也就强化了这种倾向，并增大了循道宗信徒伦理观念上信仰基础的不确定性。[163] 到最后，只有重生这一观念被明确保留下来作为获得神恩的重要基础，亦即将情感上确认得救作为信仰的直接结果，将由此达成的净化视为神恩的当然证据，净化的结果（至少在实质上）是摆脱了罪的控制。获得神恩的外在手段——特别是圣事——的重要性就相应地变小了。总之，循道宗在各地唤起的普遍觉醒，例如在新英格兰，就意味着恩宠和拣选教义获得了胜利。[164]

因此，从我们的观点来看，循道宗信徒的伦理观似乎建立在一种并不确定的基础之上，这与虔信派是相似的。但是，对更崇高生活的渴望，即渴望二次降福，使得预定论被当作了一种将就、凑合的权宜之计。此外，循道宗毕竟起源于英国，它的伦理实践与英国清教有着密切的关联，复兴清教是循道宗梦寐以求的理想。

皈依时的情绪行为，是按照一定系统、方法引发诱导出来的。在获得这种经验之后，随之而来的并不是虔诚笃信的享受与上帝连成一体的那种快乐，一如亲岑道夫虔信派的那种情感方式，而是一旦唤醒那种虔诚的情感之后，就开始把精力集中于一种为达到至善而进行的理性斗争上面。因此，这种信仰的情感特点并不必然导致如德国虔信主义那样的灵性化的情感类型的宗教。施潘根贝格已经指出，这一由情感转向理性的事实，是和罪恶感的不那么强烈的发展联系在一起的（罪恶感之所以不那么强烈，部分原因是因为皈依时的情感体验）。这在循道宗教义的讨论之中，是一种可以接受的观点。作为一种根本特征，加尔文宗的信仰情感在这里仍旧是决定性的因素。情感的亢奋具有宗教狂热的形式，虽然只是偶然的，但却能在人们心底激起一层层的涟漪，引起强力震动，但是它绝不会摧毁行为其他方面的理性品质。[165] 因此，循道宗的重生观念仅仅是为纯粹的事功教义创造了一个补充，为预定论被抛弃之后的苦行主义行为创造了一个信仰基础。作为确认真正的皈依所必需的手段，甚至一如卫斯理有一次偶然说过的是必需的条件，这样的行为所显示的标志，实际上与加尔文宗的标志如出一辙。在下面的讨论中，一般地说，我们会忽略循道宗，因为它的理论出现得较晚[166]，而并未给职业观念的发展[167]增加什么新的内容。

D. 浸礼宗诸教派

欧洲大陆的虔信派以及盎格鲁撒克逊民族的循道宗，从它们的观念内容和历史意义上看，都被认为属于次一级的宗教运动。[168]另一方面，又有浸礼会教派运动及从中派生出来的小教派①，我们发现，这是除了加尔文宗教义之外的第二种独立的新教苦行主义思想的源头，它是在16、17世纪直接从浸礼宗宗教运动分化出来的，或者是采用了浸礼宗宗教思想的形式而形成的诸教派[169]，如浸礼会、门诺派，尤其是贵格会。[170]我们将要加以讨论的这些宗教团体，其伦理基础在原则上迥异于加尔文宗教义。下文的概述只能侧重于一些对我们的研究具有重要意义的内容，因而不可能面面俱到地叙述浸礼会宗教运动中各教派的思想差异。我们还是要把论述重点放在几个历史较长的资本主义国家中的浸礼会运动发展上面。

所有这些宗教社团都有一个共同特征，即它们都被认为是

① 本文讨论的是“施洗礼的诸教派”，包括门诺派、浸礼会和贵格会等。这些教派的基本特征是，承认只有信徒成年后即达到理智年龄之后要再受洗礼，尽管他们在孩童时期已受洗礼，因为，只有到了成熟年龄才能对自己的信仰做出自觉的决定。再洗礼就是对成年人进行内心体验的外在标志，亦即精神的重生。——译者注

信教者的教会[171]，关于这一点我们也已经很熟悉了，这一特征无论从历史上看还是在宗教原则上讲都是极其重要的，但是它对文化发展的影响却只能在一个稍有不同的背景下才能完全说得清楚。这也就意味着宗教社团，也就是宗教改革时期各教派所说的“有形的教会”[172]，不再被信徒视作一种服务于超自然目的的托管机构，也不再被当作一种公共机构，借此可以增加上帝的光荣（加尔文宗的教义），或者作为一种可以给人们带来拯救方法的中介（天主教和路德宗的教义），因为在这个宗教社团内必然包括义人与非义人，而信徒们仅仅愿意把某种宗教社团当作获得重生的信仰者个人的社团，而且只是由这些个人组成的社团。换句话说，宗教社团不再被看作一个教会，而成了一个教派。[173]这也是只有亲身取得信仰确证的成年人才能受洗这一原则本身——纯粹从表象上说——所具有的全部象征意义。[174]对浸礼宗信徒而言，通过这种信仰形式而称义的教义，正如他们在所有宗教讨论中坚持重复的那样，已经和在早期新教占据统治地位的正统教义，也就是在尘世间的劳作是为救主服务的思想大相径庭了。[175]浸礼会包含的毋宁是一种在精神上拥有上帝所赐给的拯救的思想。但是这种精神占有只能通过个人启示才能获得，通过神圣精神降临在个人身上才能达成，而且只有这一条道路。这种精神上的赐福是提供给每一个人的，只要等待圣灵就足够了，不要因为罪恶地沉溺于尘世而阻碍了圣灵的到来。在新教教会教义知识背景下所谓称义的“信仰”，还有路德宗通过忏悔寻求上帝神圣恩宠的所谓的“信仰”，其重要性，都因为浸礼派的这种思想而被大大地降低了，并且引发了早期基督教圣灵学说的复兴，其中当然有重大的修改。例如门诺派和其他浸礼会教派一样，希望成为一个真正的清白无瑕的耶稣教会，就像一个全部由那些觉醒而且拣选的个体组成的使徒团体一样，门诺·西门①在《基督教教义的根基》（*Rondamentboek*，1539）一书中首次对该派教义进行了合乎逻辑一致性的阐发。按照门诺派教义，重生者并且只有他们才是基督的教友，因为他们与基督一样，在精神上是上帝直接创造的。[176]浸礼派所谓“完全弃绝尘世”有两层含义：一是指避免所有与世俗之人没有完全必要的往来，再就是，严格遵奉《圣经》的无上权威，以第一代基督教信徒的生活作为榜样，这种弃绝尘世的精神是最早的浸礼会社团的遗产，而且只要这种古老的精神仍充满活力，弃绝尘世的精神原则也就不会完全消失。[177]

浸礼会各教派，从它们早期那些占据主导地位的主题中保留下一条原则，以之作为一种永远的精神财产，这一原则和我们已经非常熟悉的加尔文宗教义基础有所不同，而且该原则的根本重要性一再出现。这一原则便是，浸礼会各宗完全排斥任何形式上

---

① 门诺·西门（Menno Simons，1496—1561），荷兰牧师，再洗礼派和平派的早期领导人物，其追随者成立了门诺会。1515年，西门被任命为罗马天主教神父。1531年，他第一次接触“再洗礼”观念，1536年放弃神父身份，加入再洗礼派，成为一名巡回传福音的人，开始了长达25年被通缉而颠沛流离的布道生涯。1544年之后，荷兰的再洗礼派信徒都被称为“门诺派”了。门诺·西门的再洗礼思想对低地国家的影响非常大，有研究基督教洗礼的历史学家认为，低地国家的宗教历史可分成三个阶段：前门诺、门诺、后门诺。——译者注

的肉体偶像崇拜①，他们把这类肉体崇拜视为一种对信仰的贬低与毁损，因为要崇敬的只有上帝。[178]瑞士及德国南部的早期激进的浸礼会教徒，与青年时期的圣·方济各相似，认为合乎《圣经》宗旨的生活方式就是与一切尘俗享乐彻底决裂，而直接以使徒的生活方式作为标准。并且在事实上，很多早期浸礼会信徒的生活，可以使人联想到圣·吉尔斯②的那种生活。但是，这种严格遵循《圣经》观念[179]的生活方式与它信仰的圣灵特质之间的关系，并没有什么牢固的基础。因为上帝已经给予先知和使徒的启示，并不是他能够和愿意给予启示的全部内容。相反，圣言持久不衰的生命并不是作为一种书面文字记录而存在的，而是活跃于日常生活中的圣灵的力量，能直接对任何一个愿意倾听的人发言；这才是真正教会的唯一特点。这就是早期基督教徒们的箴言，施文克菲尔特③曾对此加以讲授来反对路德，后来贵格会的创立者

① 偶像崇拜（Idolatry），泛指一切把物质对象作为神来崇拜的行为，基督教认为对不是上帝的某物给予绝对的宗教虔诚和彻底的信赖的行为是偶像崇拜。——译者注

② 圣·吉尔斯（St. Giles，650—710），希腊隐修士。据传说，他隐居在塞普提曼尼亚的森林中，与一只红鹿为伴，吃鹿奶为生。其后国王的猎人发现了红鹿，追踪至其隐修所在，一支射向红鹿的箭射在吉尔斯身上，使他成了跛子。国王听说后，为他在山谷中修建了一座修道院。8 世纪初，吉尔斯死在修道院内，有关他神迹的传说已传遍中世纪的欧洲，在各地修建了无数的以他的名字命名的教堂和修道院。10 世纪时有传说云，吉尔斯在为皇帝查理曼举行赦罪弥撒时，有一位天使在祭坛上放了一封信，里面讲述了查理曼一项未忏悔的罪。——译者注

③ 施文克菲尔特（Schwenckfeld，1489—1561），西里西亚神学家，其创立的教会现存美国，称“施文克菲尔特教会”。1525 年他曾到维滕贝格访问路德，二人在圣餐礼上分歧很大。他主张一种中间路线，既反对天主教，又抨击路德宗，结果遭到两派的驱逐。——译者注

乔治·福克斯又用来反对长老会。从持续启示这一观念发展出来一种著名的教义，后来为贵格会始终如一地贯彻执行了，那就是：根据理智与良知在内心见证圣灵具有重大意义，归根到底则是具有决定性意义。这并没有否认《圣经》的权威，但是却否定了《圣经》独一无二的权威地位，并且开启了一种发展历程，最终从根本上肃清了通过教会而得救的教义的残余。对贵格派是这样，甚至对浸礼会和圣公会的圣餐礼而言都是如此。[180]

浸礼会各教派和信奉预定论的其他教派一起，特别是和是严格的加尔文宗信徒一道，对于作为救赎手段的种种圣事进行了彻底的贬损，这样就以一种最为极端的形式，完成了世俗的宗教理性化工作。即便是要去准确理解上帝在《圣经》中的那些启示，也只有借助于持续启示的内在之光才行。[181] 在另一方面，至少根据贵格派的教义，这里能够得出合乎逻辑的结论是，它对那些从不知道《圣经》启示形式的人们也可以产生作用。“教会之外无拯救”（extra ecclesiam nulla salus）这一主张仅仅适用于无形教会，它是由那些受过圣灵启示的人们组成的。如果没有内在之光，自然人还仅仅是停留在一种血肉之躯形式的动物的层面上，即便由自然理性引导的人也是这样[182]，自然人这种缺少信仰、缺乏虔诚的状况，为包括贵格会在内的浸礼会各教派所诟病，其谴责之激烈比加尔文宗有过之而无不及。另一方面，圣灵能够促成灵魂的新生，而如果我们等待这一新生，并为之敞开心扉，那么因为它是神圣性促成的，新生就能引导人的心灵走向一种完全征服罪之势力的状态[183]，既然能获得此种重生，不用说将来不可能丧失掉恩宠状态，更不可能重新堕入罪的状态。然而，正如在后期循道宗那样，这种状态的获得，并不被认为是一种标准规则，而是被当作个体逐步向至善成长的程度。

但是，所有浸礼会教团都渴望成为纯洁的教会，所谓“纯洁”云云，乃指其教团成员之行为清白无疵而言。弃尘绝爱，一秉其至诚之心，服从上帝，而至于毫无保留，听从上帝之言说，一如倾听自己良心之低语，只有这些，才是毫无争议的重生者之标记，而与之相应的行为方式，对于得救就是必不可少的了。因此，上帝所赐予的神恩并不是一个人所能赚取得来的，只有听从他自己良心指示的人才能够由自己认定已经获得重生。在此意义上说，慈善行为是一个“必不可少的条件”（causa sine qua non）。可见，我们坚持加以说明的巴克利①最后的推论，实际上等同于加尔文宗的教义，而且肯定是在加尔文宗苦行主义思想的影响下发展起来的，此种加尔文宗苦行主义流行于英国和荷兰的浸礼会各教派中间。乔治·福克斯早期的全部传教活动都是在极为热忱而真挚地劝告人们接受上述教义。

但是由于预定论遭到反对，浸礼会道德观特有的理性特点就决定了它在心理上首先要依赖于一种有所期待的观念之上，即满

① 巴克利（Robert Barclay，1648—1690），贵格派领袖，曾在巴黎求学，1666年返回苏格兰加入公谊会（贵格派），1678年出版《辩解书》，阐述贵格派观点。他认为，教会和《圣经》都不完备，都不具有最终权威性，同圣灵（内在之光）在信徒心灵中的作用相比，都居于次要位置，为此他在国内屡遭迫害，多次入狱。——译者注

含期望地等待着圣灵的突然降临，这种观念甚至到了今天仍是贵格派集会的特点，巴克利对此做过令人满意的分析。浸礼会信徒默默等待的目的，是要克服任何冲动和非理性的东西，克服自然人的激情和主观欲望。他必须保持寂静以便创造出灵魂的深度平静状态，只有在这种平静之中，上帝之言才能够听得到。当然，这种等待也有可能导致出现一种歇斯底里和先知预言的出现，而且只要末世论的希望尚存，在一定条件下甚至会导致“千禧年”①狂热的爆发，这在所有同样类型的宗教之中都是这样的。这种情况确实曾在明斯特那个土崩瓦解的宗教运动中发生过。②

但是仅就浸礼会对常态下平凡乏味的世俗世界的影响而言，其所谓“只有人的肉体静止时上帝才开口说话”的思想，明显意味着一种鼓励性的动机，即个人要对自己的行为过程加以仔细认真的权衡，并且要依照自己的良心小心翼翼地加以调整。[184]后期浸礼会各教团，尤其是贵格会教徒的行为，就采用了这种宁静、温和、特别强调良知的方式。将法术从世俗中彻底排除掉，除了践

① 千禧年（Chiliastic），或作“Millennium”，又称“千年王国”，源出《新约·启示录》，基督教中指耶稣基督复临并在世上建立和平与正义的国度的一千年。这期间，信仰基督的圣徒将复活，而与基督共同为王，魔鬼被暂时捆锁，福音将传遍世界。千年期满，魔鬼复出，然后即是世界末日。历史上该学说颇有争议，并曾在431年的大公会议上遭到谴责。——译者注

② 1534年2月，激进的再洗礼派城市贫民在德国西北部的明斯特市发动叛乱，占领市议会，成立新的市政机构，随着千禧年的宗教狂热，议会颁布普遍再洗礼令，没收城内富人和路德教、天主教信徒的财产并驱逐出境，结果导致被主教军事围困。其领导人物在秋天成立明斯特公社（Kommunel von Münster），自任国王，实行共妻制度，强制劳动，实行恐怖统治。城内粮绝，次年6月被攻陷，领导人物被处死。——译者注

行入世苦行主义之外，再无其他别的心理道路可循。因为这些教团与政治权势及其所作所为之间毫无瓜葛，其客观结果也便是将这些苦行主义美德渗透到职业生活中去了。早期浸礼会运动的领导人在反对世俗性上是非常激进且毫不留情的。但理所当然地，即使是第一代浸礼会信徒，也未能严格遵守使徒式的生活方式，以之作为每一个人获得新生的绝对必要证明。在第一代信徒中，甚至是在门诺之前，那些富有的资产阶级，就明确地维护实用性的世俗美德，维护私人财产制度；浸礼会严格的道德伦理，又折回了加尔文宗伦理观已经铺就的道路。[185]这仅仅是因为，专注于超世俗的隐修形式的苦行主义的道路自路德之后就已经被关闭，因为它不合《圣经》中的启示，而且带有依靠善功得救的意味，浸礼会在这方面也遵循了路德的思想路线。

不过，除去这些早期一些半公社性质的教派，一个叫作“登卡尔派”①的浸礼会教派，直至今天仍然谴责教育，谴责生活必需品之外的一切财产占有形式。即便是巴克利，在看待一个人职业所应承担的责任时，也不是从加尔文宗或路德宗的观点出发的，而更像是托马斯主义的观念，即把职业当作一种“自然理性”（naturali ratione），是信教者生存在尘世必须承担的结果。[186]

这种态度意味着加尔文宗职业观念的衰落，一如这种观念在施本尔和德国虔信派中的衰弱一样。但在另一方面，由于浸礼会

---

① 登卡尔派（Dunkards），德文为“Dunker”，“友爱会”（Church of the Brethren）之别称。源自1708年德国虔信派内部的弟兄会。——译者注

各教派中各种因素的作用，他们在经济职业领域的兴趣倒是在日益增强。首先，这是因为浸礼会信徒拒绝接受政府公职，而这种做法最初是为了遵守宗教义务，因为信徒要遵循浸礼会“弃绝一切世俗之物”的教义。在这种观念原则上被放弃之后，它仍旧保留着实践中的影响力，至少对门诺派和贵格会的信徒来说是这样的，因为他们非常明确地拒绝携带武器与宣誓，自然也就丧失了担任公职的资格。与此同时，所有浸礼宗诸教派全部坚决反对任何贵族生活方式。与加尔文宗的情形类似，这部分是禁止一切肉身崇拜的结果，部分是前面所说的非政治甚至是反政治原则的结果。因此，浸礼宗行为所具有的精明敏捷、严正谨慎的品质就这样被推动进入非政治性质的职业中去了。

与此同时，浸礼会关于拯救良知作用的教义具有无比重要的意义，它把这种良知看作上帝给人的一种启示，而且是在世俗职业行为中的启示，这一特点，对于资本主义精神的发展具有最为重要的意义。我们将推迟到后面再来考虑这个问题，因为那时就有可能在不触及新教苦行主义的整个政治和社会伦理观的情况下对该教义进行研究。但是，在此之前，我们已经提请人们注意资本主义伦理中最重要的一项原则，亦即通常被表述为“诚实就是最佳策略”的原则。[187] 它的经典文献就是上面摘引过的富兰克林的小册子。而且，即便是在 17 世纪人们的判断里面，浸礼会特别是贵格派所特有的那种入世苦行主义形式，就是这一原则在实践中的运用。[188] 另一方面，我们也应该预料到加尔文宗在为私人获利而解放其精神活力方向上施加的更大影响。因为，尽管成为上帝的选民要受制于种种形式上的繁文缛节，但是歌德的以下说法事实上往往足可以适用在加尔文宗信徒身上："行动的人从来就冷酷无情，除了旁观者之外，人都是没有良心的。"[189]

推进浸礼会各教派世俗苦行主义日益盛行的进一层的重要因素，只能在另外一种背景下才能理解其全部的意义。不过，为了说明我们采取这样的叙述顺序自有道理，这里不妨预先就这个问题稍作讨论。我们非常小心地避免将老派的新教教会的客观社会组织及其伦理影响作为我们陈述的出发点，尤其避免将出发点放在极其重要的教会戒律上。我们更乐意选择一种影响结果作为论述的出发点，也就是说，当个体主观上接受某种苦行信仰时，会在其行为上产生怎样的影响。这不仅仅因为以往人们较少注意这方面的事情而更多地关注其他方面的内容，而且还因为，教会戒律的影响后果绝对不是一种始终不变的东西。恰好相反，在个人的生活中，教会对个人生活的监督，正如在加尔文宗政教合一的政府中实行的那样，几乎就等于是一种宗教法庭，这种监督可能恰好妨碍了个体精神的解放，在某些情况下也的确如此，而对得救的理性苦行主义的追求，本来就已经制约了个人的此种精神力量。

国家重商主义的规章制度可以发展各项产业，但是不能——或者说单靠它肯定不能——发展出资本主义精神，如果这些规章制度具有威权主义的专制，则在很大程度上会直接阻碍资本主义精神的发展。因此，当教会组织变得过分专制时，也会产生相类似的结果。它以一种非常精确而详细的典范模式加强了外在的统一性，但在某些情况下却削弱了理性行为的主观动机。关于这一点的任何讨论[190]，都必须考虑两种结果的巨大差别：一种是英国国教独裁专制的道德戒律所产生的结果；另一种以自愿皈依为基础形成的小教派相应戒律带来的结果。大体上说，各地的浸礼会运动建立起来的都是一些教派，而不是什么教会，这一点肯定有利于强化他们的苦行主义，这在不同程度上与那些加尔文宗、循道宗和虔信派诸教团的情况是一样的，他们都是为境遇所迫而形成了志愿性的团体。[191]

我们下面的任务是调查清教天职观在世俗事务中产生的结果，前面我们已经试图大致地对这一观念的宗教基础做一概述。我们已经关注到不同的苦行主义运动在细节和重点方面都有所区别，同时我们也注意到，他们中间也有着重要的相同之处。[192]但是概括地说，对我们的目的而言，具有决定意义的一点就是，信仰中有关神恩状态的观念，为一切教派所共有，它标志着处于这种状态的人已经摆脱了肉体的堕落，脱离了尘世。[193]

另一方面，尽管对不同的教义来说，其获得恩宠的方式也各有不同，但都不能依靠任何巫术圣事而获得保证，不能依靠告解中的宽慰来获得，也不能借由个人的善行而获取，这一点是相同的。只有在证明自己那种特有类型的行为方式之后，才有可能取得恩宠的确证，而这种行为方式，具有与自然人的生活方式绝对不会混淆的差别。由此才能产生个人的推动力，使之条理性地监督自身行为所达到的恩宠状态，从而使苦行主义渗透到个人行为之中。但就像我们所看到的，这种苦行主义的生活方式，意味着要按照上帝的意志对个人的整个一生进行理性规划。而且，这种苦行已经不再是一种“不堪重负的义务”（opus supererogationis），而是每一个确信自己能得救的人必须做到的事情。圣徒们在宗教上被要求的这种与“自然”人不同的特殊生活，已经不再在远离尘俗的隐修院内，而是在尘世及其各种制度内的生活——这是具有决定意义的。这样置身今世之中而为了来世将行为合理化，这就是苦行主义基督新教的天职观念所产生的后果。

基督徒的苦行主义，一开始它从世俗中逃离到了孤寂的隐居之处，已经在修道院里，通过教会统治、支配了这个它已经与之断绝关系的世界。但总的说来，它还是让尘世日常生活的天然自发性质保持了原状。现在，它砰然关闭了身后修道院的大门，大踏步地闯入市井生活，开始把合理性渗透进生活的常规，使它成为一种在世俗内而“不属”世俗也“不为”世俗的生活。至于会产生什么样的后果，我们将在下面的讨论中尝试加以说明。

第五章　苦行主义与资本主义精神

为了洞察新教苦行主义的基本宗教观念，和它为日常经济活动设定的普遍准则之间的关系，我们有必要征引一些神学著作，尤其是那些出自司牧职业实践的一类著作。因为，在那样一个“来世即一切”的时代，一个基督徒的社会地位依赖于他能否参加圣餐礼，神职人员通过他的教职、教会训育还有布道等活动所发挥的社会影响力之大，迥非现代的我们所能完全想象——只要浏览一下《劝告书》（*consilia*）、《良心问答》（*casus conscientiae*）等便可理解。在那样一个时代，通过此种司牧实践而展现出来的宗教力量，对民族性格的塑造、形成具有决定性的影响。

出于本章写作目的的考虑，尽管非为所有目的计，我们还是把新教苦行主义看作一个单一整体比较好。但是，因为起源于加尔文宗的英国清教为天职观念提供了内在逻辑上最为连贯一致的宗教思想基础，我们将沿用以前使用过的方法，选择英国清教中有代表性的人物作为讨论的中心。理查德·巴克斯特①在论述清教伦理的作家中卓尔不群、佼佼独出，一方面是因为他注重实践的现实主义态度，另一方面也是由于他的著作获得了广泛而普遍的认可，其作品一版再版，且屡屡被翻译成外国文字。他是英国清教长老派中的翘楚，也是威斯敏斯特宗教会议的辩护者，同时，就像那个时代很多杰出人物一样，他也逐渐脱离了纯粹加尔文宗教义的系缚。在内心里，他反对克伦威尔的篡政，因为他对一切革命都持反对态度。他对教派分裂、圣徒狂热都颇为反感，却又能宽容外表上离经叛道之徒，对反对自己的人也允为客观、公正。他一生致力于通过教会实际促进时人道德生活的进步。作为史上最为成功的司牧者之一，他为实现自己的追求，曾先后供职于国会、克伦威尔、复辟王朝[1]，直至圣巴托罗缪节②（St. Bartholomew's Day，8 月 24 日）前夕，才从复辟王朝政府机关退

---

① 理查德·巴克斯特（Richard Baxter，1615—1691），英格兰基督教清教派牧师。1638 年学习神学，结业后任圣公会牧师，不到两年即与清教徒联合反对圣公会的主教制。1641—1660 年，任沃斯特郡基德明斯特城教会牧师，成绩卓著，使这个手工纺织业城市成为模范教区，前来听他讲道的人日益众多，以至于不得不扩建教堂。他劝告信徒要绝对信赖上帝，本着这种信赖之心顺从上帝，过基督徒的生活。内战期间，他起初在国会军中任随军牧师，1660 年参与国王复辟活动反对克伦威尔，王政复辟之后，他力促当局对"不从国教派"（Nonconformists）中的温和派实行宽大，为此遭受迫害达二十年之久，1685 年甚至被捕入狱十八个月。1688 年革命后，威廉和玛丽继位，颁布宗教宽容法，他才获得自由。他是基督新教历史上最优秀的指导牧师之一，一生致力于推动新教道德的实践及伦理的确立，且勤于著述，著作约有二百种。——译者注

② 1572 年 8 月 24 日凌晨，巴黎发生了震惊世人的天主教徒屠杀法国信奉加尔文宗教义的胡格诺（Huguenot）教徒事件，造成大约三万人死亡，史称"圣巴托罗缪惨案"。巴克斯特牧师选择在这一天退休，或与纪念这一惨案有关。——译者注

休。巴克斯特所著的《基督徒指南》(*Christian Directory*)一书，是对清教伦理最为翔实完备的概述，且随着他自己在牧师职业活动中所获得的实践经验不断修订改进。为与巴克斯特思想方便比对计，我们将以施本尔之《神学思辨》(*Theologische Bedenken*)作为德国虔信派思想的代表，以巴克利之《辩护集》(*Apology*)作为贵格派思想的代表[2]，同时还会参考苦行主义伦理观的其他一些代表性著作，不过，由于篇幅所限，此一比对将尽量从简为要。[3]

现在，只要浏览一下巴克斯特的《圣徒永恒的安息》(*The Saints' Everlasting Rest*)、《基督徒指南》或其他人的类似著作[4]，第一眼就会惊讶于他们在论及财富及其获取时[5]，是那么强调《新约》中所说的"伊比奥尼派"①要素[6]。财富竟是这样一种巨大的危险，它的诱惑无穷无止，如果和无比重要的上帝天国相比，对财富的追求[7]非但毫无意义，且孜孜为利之徒在道德上也必然是有问题的。巴克斯特的苦行主义似乎比加尔文更为激烈地反对营求世俗财富，加尔文并不认为神职人员谋求财富会阻碍他们发挥司牧作用，反而有助于提升他们令人欣羡的声望，因此准许其神职人员牟利。但在清教徒的著作中，对金钱、物质财富追求的谴责非难可谓不胜枚举，相较于中世纪晚期的伦理文献，那时的人们

① 伊比奥尼派(Ebionitic)，又译为"伊便尼派"，基督教早期流行于巴勒斯坦地区的教派，据说迟至 4 世纪仍有活动。该教派带有浓重的犹太教色彩，主张基督徒应该遵守摩西律法，他们承认耶稣就是弥赛亚，但否认他的神性和童贞女圣灵感孕说，仅采用《马太福音》，反对背弃犹太律法的保罗。其教义来自死海古卷中所记载的库姆兰派。——译者注

对此还是非常宽容开明的。

此外，清教徒著作中关于这一问题的讨论是极其严肃认真的；我们必须更为细致地加以考察，才能理解其伦理意义及其内涵。对财富持有反对态度的道德理由是[8]，占有财富会使人松懈，享有财富则会导致人懒怠、放纵肉欲乃至放弃对正直生活的追求。事实上，反对财富的理由千言万语，说穿了，就是认为占有财富会使人有懈怠的危险。圣徒永恒的安息之地只能在彼岸世界，而还在此岸尘俗中的人们，应当忙于确证自己的神恩状态，“趁着白日做差我来者的工”。根据上帝意旨的明确指示，不是休闲与娱乐而是劳动才能增加上帝的荣耀。[9]

这样，浪费时间就被认为是首要且原则上不可饶恕的过错。对于那些想要确证自己已经获得上帝恩选的人来说，生命跨度极其短暂故无比宝贵，社交、闲谈[10]、奢侈享受[11]，甚至超过健康需要时间的六小时至多八小时的过多的睡眠等[12]，都应该受到绝对严厉的道德谴责。[13]这一观念还不像富兰克林那样认为的“时间就是金钱”，但其命题在精神实质上还是一样的。时间之所以如此无比宝贵，是因为每损失一小时，便损失了增加上帝荣耀的一小时的工作时间。[14]这样，无所事事的默祷也被认为是毫无价值的，如果是以耽误一个人的日常做工为代价，那更是应该受到谴责的。[15]因为没有什么比积极地完成在天职中的上帝意愿更能令他喜悦了。[16]而且按照巴克斯特的观点，礼拜天原本就是用来默祷的，那些在职业上疏忽懒怠者，常常也是到了礼拜天却借口没时间去礼拜上帝的人。[17]

相应地，巴克斯特的主要著作里面充斥着不断重复且经常是热情洋溢的布道，号召人们去从事艰苦、持续的体力或脑力劳动。[18]之所以如此，是出自两种不同动机的结合。[19]一方面，劳动被证明是一种苦行的技术，在西方教会中它一直就是这样的[20]，不仅与东方宗教形成了鲜明的对比，而且和世界上其他几乎所有的修道士修行规则都不太一样。[21]特别是抵御清教徒归在不洁生活名下的所有那些欲望时，劳动可谓居功甚伟。清教徒在性禁欲方面，和修士的生活方式并无本质区别，二者只是在程度上有些不同而已；而且因为清教徒的婚姻观念，其实际影响要远远超过修士的生活方式。对于清教徒来说，性交是允许的，但即使是在婚姻中的性交，也只是以增进上帝荣耀之名、作为一种实践上帝“要生养众多”诫命的手段。[22]与粗茶淡饭及冷水浴以抵御所有性诱惑的处方一样，“应在天职里面刻苦劳动”，是一服根治宗教疑惑和道德堕落的良方。[23]但最重要的是，对劳动的重视远远超过了这一范围，劳动本身[24]就被认为是上帝规定的生活目的。圣保罗的“不劳动者不得食”被无条件地施加在每个人身上。[25]不愿劳动是缺乏神恩的症状。[26]

在这里，清教伦理关于劳动的观念和中世纪时的差异变得非常明显。托马斯·阿奎纳也曾经解释过圣保罗的那句名言，但对阿奎纳[27]来说，劳动只是维持个人和社会生存的一种必要的“自然理性（naturali ratione）”，一旦达到了这一目的，便不再具有其他什么意义。而且，它只适用于整个人类，而非针对个人，它也不适用于依靠财产而非劳动过活的人，并且，默祷作为上帝之天国里重要的一种精神活动形式，超过了文字意义上的诫命。此外，在那个时代流行的神学思想认为，最高形式的修士生产力，就是通过祈祷和诵唱以充实教会的圣库（thesaurus ecclesiae）。

但到了巴克斯特这里，非但那些可免于劳动义务的例外情况不复存在，而且他更着重强调，财富不能使任何人免除“不劳动者不得食”这一无条件的诫命。[28] 一个人拥有财富，不用做工也不会没饭吃，因为他们不需要靠劳动来维持其生活需要，即便如此，他们也应像穷人一样遵守上帝的诫命。[29] 上帝的天道已经无一例外地为每一个人安排了他的天职，他就应该明白自己的天职，并且在其中付出辛勤的劳动。这一天职观念并不像路德宗那样[30]认为是他必须顺服而且要加以利用的一种命运，清教所谓的天职，是指上帝的一种命令，要求每个人都应该为上帝的神圣荣耀而努力工作。这一表面上看似细微的差别，却有着深远的心理影响后果，成为一种联系历史发展的枢纽，以上帝意愿以解释经济秩序的思想，发轫于经院哲学之中，在这里得到了进一步的发展。

社会中劳动与职业分工的现象，很多人对此做过解释，其中我们或许最方便加以引用的，是托马斯·阿奎纳的解释，他认为，这一现象是上帝对万有加以神圣计划的直接结果。但是每个人在这个宇宙中得到的位置，要顺从自然原因（ex causis naturalibus），并且是随机的（用经院哲学的术语便是“contingent”），就像我们已经看到的，对路德而言，经由历史发展形成的每个人阶级、职业的不同，是上帝神圣意愿的直接结果。个人坚守上帝为他设定的位置，接受上帝为他设定的限制，这便是一种宗教职责。[31]如果从路德宗和世界的关系来看，产生这一思想无疑是一种必然结果，因为从一开始到现在，路德宗通常对外在世界都持一种不肯定的态度。关于现世改革的伦理原则，不可能在路德宗的思想领域内发现，事实上，路德宗从未有脱离过保罗对现世一切皆冷漠处之的态度。因此，世界只有按照它所是的样子接受它，这才是人唯一的宗教义务。

但在清教徒看来，私人经济利益活动中有神意特征，而其侧重点与路德宗却有所不同。与清教徒惯常从实用角度解释事物的倾向相符合，它认为劳动分工的神圣目的应从其成效上来洞悉才对。在谈及这一点时，巴克斯特所用以表达的言辞令人不止一次地想起亚当·斯密著名的对劳动分工的美化来。[32]因为专业化为技术发展提供了可能，它带来了生产数量、质量上的增长提高，这样服务于公共利益，就和最大多数人的福利是同一的。就此而论，我们所讨论清教的动机都是纯功利性的，并且和那个时代大部分的世俗文献的常见观点有密切的联系。[33]

不过，巴克斯特在讨论开头的说法才真正表明了清教徒伦理的特点："除非完成某项标记清楚的职业，否则人的成就都只能是偶然、随意的，而且他会把很多时间都花在游手好闲而非工作上面。"他随后得出了这样的结论："专职劳工会有规律地完成他的工作，相反，另一类非专职的人则始终处在混乱状态，他的工作既无时间也无处所。[34]……因此，一项确定的职业（certain calling）对每个人来说都是最好不过的。”普通劳动者往往被迫接受临时性的工作，这种情况尽管经常在所难免，却是一种不足取、非所愿的过渡状态。一个没有职业的人，就会缺乏系统、条理的性格，而正如我们已经看到的，这种性格是入世苦行主义所要求的。

贵格派伦理观也认为，一个人在天职中的生活就是一种苦行美德的实习，是一种因人有良心地执行职业从而证实自己处在神恩中的状态。所谓“有良心”，指的便是他在从事其职业时的细心周到[35]与讲求方法。上帝所要求的并不是劳作本身，而是在职业中的理性劳动。在清教徒的天职观念之中，更为强调入世苦行主义系统习惯行为的特征，这与路德宗要求人默认盲从上帝设定的不可更改的命运是不一样的。[36]

因此，关于人能否同时兼有多种职业这一问题，清教伦理的回答是：如果这样做对公共利益或个人利益是有利的[37]，而且不至于对任何人造成损害，并且这样做不会引导人不忠实于他其中的一个职业，那么兼有多种职业也是可以的。甚至更换一种职业也不会遭到反对，只要这种更换并非轻率任性之举，而是出自从事令上帝更欢喜的职业的目的[38]，也就是按照普遍原则，更换的是一项更有益处的职业。

的确，一项职业是有益的，那么它必然会受到上帝的青睐，而其有益与否的首要衡量标准便是道德，也就是按照这一职业所能为社会共同体所提供的财富的重要性来加以衡量。但是，另一标准且是最为重要的一个标准是私人获利的情况。[39]因为，在清教徒的眼里，生活中的一切现象都可看到上帝的指引迹象，如果上帝给予选民一个获利的机会，那必定有他的目的，所以虔信的基督徒就应该听从上帝的召唤，去把握住这次盈利的机会。[40]“如果上帝指示你一条途径，比其他途径可以合法地赚取更多金钱，（而对你和他人的灵魂均无伤害时），假如你不取这条途径，而选择获得较少利益的途径，那就乖违了你的职业目的，就拒绝了上帝管家的责任，你应该接受他的礼物，并为上帝使用这礼物，并念及他的圣训：你须为上帝劳动而致富，唯不可为肉欲与罪恶而发财。”[41]

这样，只有当财富成为引诱人沉溺于闲散懒惰、不道德之享受的罪魁祸首时，它在伦理意义上才是一种邪恶的东西；只有将今后生活之惬意快活、无忧无虑作为追求财富之目的，获取财富在伦理意义上才是一种有害的行为。但是，如果获取财富是作为一种履行天职的责任与义务，那么不仅道德上允可，而且还可视为在执行上帝的嘱咐。[42]《圣经》中的那个寓言故事似乎就直接说明了这个道理，那个仆人因为未能使主人委托他管理的财富增值而受到了遗弃。[43]常有人争辩说，希望做一个穷人，就像希望自己有病一样[44]，这种思想如果流行，就会引起人们对事功善行之颂扬的反感，贬损降低了上帝的荣耀。毕竟，一个人有能力去工作，却宁愿去乞讨为生，这种行为不仅是一种懒散成性的过失，而且按照使徒自己的话来说，是有违邻人之爱的。[45]

清教徒推重固定职业的苦行意义，为近代劳动专业化分工提供了道德依据。同样，清教徒将营利解释为上帝的安排，就为企业家们的逐利行为提供了正当理由。[46]清教苦行主义厌恶封建诸侯的穷奢极欲及暴发户的浮华虚饰。另一方面，它对有节制而白手起家的中产阶级却给予极高的道德颂扬。[47]“上帝祝福他的事业”，这句话成为称赞那些遵循神启而成功的好人的习用语。[48]《旧约》中的上帝，因为他的子民在生活中顺从于他而赐福于他们[49]，他的整个威权必然也对清教徒产生了类似的影响，这些清教徒们听从巴克斯特的劝告，将自己的神恩状态与《圣经》中的英雄人物相比较[50]，在这一比较过程中，他们把《圣经》中的话语解释成了“法典章句”那样的条款。

当然，《旧约》中的话语并非没有意义模糊之处。我们已看到，路德在翻译《西拉书》（亦称《便西拉智训》）① 中的一个段落时，第一次在世俗意义上使用了“天职”（Beruf）这一概念。就《西拉书》

① 耶稣·便·西拉（Jesus ben Sira），犹太人，《便西拉智训》的作者。他曾住在耶路撒冷，故称为“耶路撒冷的耶稣”，以区别于后世“拿撒勒的耶稣”。他可能在亚历山大港建立了学校，并在那里创作了《便西拉智训》。该书成书在公元前 180 年到前 175 年间，原作是用希伯来语写的，其后被他生活在埃及的孙子翻译为希腊语。公元后《西拉书》作为“次经”(Deuterocanonical books) 之一被收录在拉丁语《圣经》的“七十子译本”中，为天主教及东正教接纳为正典的一部分，但新教拒绝接受。路德在翻译《圣经》时，使用较多的正是拉丁本（七十子译本）。韦伯提到的该书中的两段文字分别为：“坚守岗位，持之以恒，工作到老”；“不要羡慕罪人的强势，而要坚守自己的工作，忠于主，主使穷人乍富，此乃极易之事。”（张久宜译：《圣经后典·便西拉智训》11:20—21）——译者注

所表达的整体思想风格而言，尽管也受到了古希腊文明的影响，但还是属于带有明显传统倾向的泛化了的《旧约》体系中的一部分。非常典型的，直到今天，《西拉书》似乎还特别受德国路德宗农民信徒的喜爱[51]，就像德国虔信派的诸多支派之所以具有路德宗的特性，也经常表现在对《西拉书》的喜爱上。[52]

与他们一向严格区分属灵与属肉之物相一致，清教徒否认接受外典次经①，因其不具神启意义。[53]正典中的《约伯记》②又具有《圣经》其他篇章所无法比拟的影响力。一方面，《约伯记》含有一种极为重要的观念，即承认上帝具有绝对至上的最高权威，超越了所有人类的理解力，这和加尔文宗的教义有非常密切的关系。另一方面，从这一观念出发所推导出来的确定信念则是，上帝就在今生今世福佑他的子民——这一思想仅见之于《约伯记》之中，而且也有福佑其物质财富的意义，这一信念偶然见之于加尔文宗教义之中，但对清教教义来讲却是非常的重要。[54]至于散在《诗篇》与《箴言》中表现东方寂静主义思想的一些非常优美的诗句，就这

---

① 外典（Apocrypha），不列入正典《圣经》中的经籍。此词广义是指作者身份待考的任何著作。早期基督教会所称外典，指的是真伪未辨、不宜公开诵读的经典，其中有“伪经”“次经”。所谓“伪经”是指托名著作，乃假托《圣经》中某一人物而作；“次经”是指仅仅被某一教派列入正典的著作。《新约》外典全都是伪经，诺斯替等教派曾大量刊印《新约》外典。——译者注

② 《约伯记》（*Book of Job*），《旧约》中的一卷，属智慧文学，与但丁之《神曲》、歌德之《浮士德》齐名，约成书于公元前5世纪。主要内容是记述约伯与三个朋友就人生痛苦的根由和目的进行的辩论，朋友劝约伯承认过失以求得上帝之宽恕，约伯不同意，坚持认为赏善罚恶并不是上帝的原则。最后在上帝的亲自启示下，约伯恍然大悟，认罪自责，上帝恢复了他的幸福生活。——译者注

么被忽略过去了，巴克斯特也做过类似的事情，他对《克雷芒致哥林多教会书》① 第一封信章节内充满传统气息的东西完全视而不见，而这一部分章节恰好含有极其重要的天职思想。

清教徒格外看重的内容是《旧约》中赞美形式的合法性为上帝所喜悦的行为标志的那些篇章。清教徒持有这样一种理论，就是《摩西律法》② 中因耶稣出世而丧失了合法性的东西，仅仅限于那些只适合于犹太民族的庆典礼仪，或那些单纯的历史观念，但《摩西律法》中的其他内容，作为一种“自然法”的表达，却是始终有效的，因此必须予以保留。[55] 这一理论就使得清教徒取消、删减《旧约》中不适应现代生活的内容的做法成为可能，而在另一方面，清教徒又通过无数相关特征的格义比附，使得《旧约》中的道德观念能够给予现代精神观念一种强有力的推动作用，这些现代观念也正是新教入世苦行主义的本质特征，即以道德自我约束而且节制理性地遵守律法的精神。[56]

因此，像当时以及后世的几个作家，把清教徒特别是把英格兰清教徒的基本伦理倾向称为“英国的希伯来主义（English Hebraism）”[57]，如果正确理解的话，他们的这一称谓并没有错。但有必要提起注意的是，此处所称呼的“希伯来主义”，并不是

---

① 《克雷芒致哥林多教会书》，*Clementine Epistle to the Corinthians*，早期基督教使徒后教父著作之一，共有两篇书信，被认为是基督教形成之初的重要文献之一，其内容主要是以罗马教会的名义写信慰问哥林多教会，以解决其内部矛盾。——译者注

② 《摩西律法》(*Mosaic Law*)，《摩西五经》中上帝借摩西传给以色列人的有关生活和社会生活中的一切法律；或者只是指《上帝十诫》。——译者注

在《圣经》撰写时期的巴勒斯坦的犹太教，而是在经历了许多世纪的形式主义、奉法主义、塔木德经教育[①]影响之下形成的犹太教。甚至一个人想要在早期犹太教和清教之间做一类比，也要非常慎重为好。较为早期的犹太教，其一般倾向是秉持一种朴素的人生观，这一倾向与清教的独有特征相差甚远。而清教与中世纪及近代犹太教的经济道德观念，在特性上同样相差甚远——这一点是不应当忽视的——在资本主义精神特质的发展过程中，清教与中世纪及近代犹太教不同的特性，也就决定了两者不同的位置。犹太教徒始终具有政治性和投机性，是朝向冒险资本主义一端的；换句话说，他们的民族气质，属于“帕利亚”[②]资本主义。而清教徒的个性，则具有对资本、劳动力进行合理组织的特点。它从犹太伦理那里接受的，也仅仅是适合这一目标的东西而已。

去分析《旧约》中的规范延伸渗透到生活中后，对人们的个性所产生的效果——未尝不是一项诱人的任务，但现在对犹太教的研究尚且没有令人满意的成果[58]，这样在这本概述性质的书的范围内去做这一分析便是一件不可能的事情了。除了上文已指出

---

① 塔木德经（*Talmud*），犹太人的口传律法总集，是仅次于希伯来《圣经》（即《旧约》）的第二经典。形成于从公元70年到7世纪这长达六百余年的拉比犹太教时期。——译者注

② 帕利亚（Pariah），来自泰米尔语“paraiyar”，原意是“鼓手”，指泰米尔地位低贱的劳动者和乡村奴仆种姓，后来在印度语汇中含义扩大，将洁净种姓以外的许多较低级别的种姓集团全都概括进去，或译为“不可接触者”。将该词翻译为“贱民”值得商榷，因为它另有被主流社会排斥、遗弃的流浪者的意思，犹太人没有那么贫贱，而只是不能融入当地主流社会，且到处流浪，故按照“多含不翻”之原则而取其音译。——译者注

的两者有延伸渗透的关系之外，一个特别重要的事实便是，清教徒有一种普遍的内在心态，就是自认为是上帝的选民，这一信仰在他们身上有一种伟大的复兴。[59] 即便是温文尔雅的巴克斯特，也因为自己降生在英国，能够进入真正的教会里面，而对上帝心存感激之情。自己的完美是出自于上帝的恩宠，这一感恩之情渗透到了清教徒中产阶级的生活态度 [60] 之中，并且促使资本主义英雄时代的代表者们形成了那种特有的严谨、刻苦且严正的性格。

现在让我们尝试澄清下面一个论点，即清教天职观念及其对苦行行为的重视，必然会直接影响资本主义生活方式的形成。正如我们已经看到的，苦行主义竭力反对的是这样一件事情：无拘无束地享受人生以及人生所能提供的一切乐趣。这种态度或许最具代表性地呈现在围绕《游艺条例》① 而展开的斗争中。[61] 詹姆斯一世（1603—1625 年在位）与查理一世（1625—1649 年在位）把该条例定为法律，显然是以此作为手段来达到压制清教徒的目的，查理一世还命令在所有教会的讲坛上都要宣读该条例。国王的命令只是允许在礼拜日，教堂之外的地方可以搞一些通俗的娱乐活动，而清教徒对此条例的狂热反对举动，却不能仅仅用安息日的

① 《游艺条例》（*book of sports*），或称为“*Declaration of Sports*”。1617 年，英王詹姆斯一世在兰开夏郡颁布该条例，1618 年在全国实行，因遭清教徒激烈反对而被迫取消；它列出了星期日和其他圣日允许的运动和娱乐活动：人们可以跳舞、射箭、跳远、撑竿跳，举行五旬节游艺活动、圣灵降临节饮圣酒等，但不得斗牛、斗熊，表演滑稽剧，打保龄球等。1633 年，查理一世再度颁布实施该条例，但因其在内战中被推翻，清教徒关于礼拜日不许进行游艺活动的主张再次得到贯彻。直至查理二世 1660 年复辟后，随着清教徒势力衰弱，该条例才得以实施。——译者注

休息受到了扰乱这一理由就完全解释通的，它还含有一种愤恨之情，即礼拜日的娱乐活动，是对圣者之条理而宁静的生活的一种有目的的扰乱。对国王来说，他之所以威胁要严惩每一个攻击《游艺条例》合法性的人，是受这样一个目的所驱使，即他想打破清教徒反独裁专制的苦行主义倾向，这一倾向对国家来说是非常危险的。封建与帝王的势力，保护寻欢作乐者，压制新兴中产阶级道德，反对对抗独裁的苦行信徒们的秘密聚会，这又和今天资本主义社会的某些做法何其相似，它不也是乐意保护那些愿意工作的人而压制下层阶级道德与反威权的工会吗？

与之针锋相对，清教信徒坚持了他们的关键性特征，亦即苦行行为原则。因为其他原因，清教信徒对娱乐极为反感厌恶，甚至对贵格派信徒而言，这种厌恶反感之情绝不简单地是一个原则问题。娱乐活动也是可以被接受的，但前提条件是，它必须服从于一种理性目的，也就是说，这种娱乐消遣，对于身体效能是必要的。如果它成了一种任性发泄内在冲动的手段，那么娱乐活动就要被怀疑了；至于它变成了纯粹享乐的手段，或者唤起人的傲慢、自然本能，或者唤起丧失理智的赌博冲动，它当然要受到严厉谴责了。生活中的本能享乐，会使人偏离职业工作与宗教信仰而盲从内在冲动，这种享乐，其形式无论是封建君主及诸侯的游艺活动，还是庶民百姓在舞场酒肆里的寻欢作乐，都是理性苦行主义的仇敌。[62]

因此，清教徒对于文化中任何不具备直接宗教价值的东西都怀有重重的疑虑，而且往往怀有敌意。但这并不是说清教徒观念里就充满着忧郁阴沉的意味，他们对文化持一种气量狭小的蔑视态度。恰恰相反，至少他们对科学不是这样的，唯一的例外是其对经院哲学的憎恶。此外，清教运动中的杰出人物都曾深受文艺复兴时期文化的熏陶。此一运动中的长老派牧师的布道无不引经据典[63]，尽管激进派人士对此并无好感，但他们在神学辩论中还是以显示学识为荣。大概没有哪个国家像英格兰那样，在其开国第一代人中，就拥有数量如此之多的大学毕业生。清教徒对手的讽刺文学，例如巴特勒的诗篇《休迪布拉斯》① 在讽刺清教徒时，也主要针对他们好卖弄学问的学究派头及练达的辩论技巧而言。这在一定程度上是因为知识在宗教信仰价值评估中并不被看重，而这种轻视态度又来自他们对天主教“绝对信仰”(fides implicita)的观念。

但是，当我们面对非科学性的文学文艺作品[64]，特别是纯粹艺术的时候，就会发现情况完全不是那么一回事。在这一点上，苦行主义猛烈地攻击这些艺术，就像一场严寒霜冻突然对“快活的老英格兰”实施打击一样。不仅世俗的嬉戏感受到了它的肃杀之气，清教徒对任何带有迷信味道的事物，对所有通过神秘或圣礼而获取拯救的东西，也都持一种十分强烈的痛恨态度，这种痛

① 巴特勒 (Samuel Butler，1612—1680)，英国诗人，*Hudibras* 是其著名长篇讽刺诗，共有三部，完成于 1662—1678 年。主人公是长老会骑士修提布雷斯，他带着随从外出游侠，途中主仆二人常争论宗教问题。在一连串的历险中，主人公表现出无知、顽固、怯懦的品质。该诗主旨在于讽刺、抨击当时不可一世的清教徒。——译者注

恨态度殃及了圣诞庆典、五月花柱舞①以及所有带有自发性质的宗教艺术上面。[65]在荷兰，一种常常是粗俗不堪的现实主义艺术得以有空间存身发展[66]，恰好表明这个国家压制个人自由、绝对服从权威的道德秩序已没有力量来完全抵制宫廷和贵族阶层（一种坐食者②阶层）的影响，更没有力量约束中产阶级暴发户寻欢作乐的生活方式，这是加尔文教派的宗教权威政府在取得短暂至高地位之后松解为稳健而平和的国家教会的必然结果，而且也说明加尔文教派已明显失去了其苦行主义的影响力。[67]

清教徒厌恶戏剧[68]，绝对不能容忍色情和裸体的东西，因此也就不可能存在任何激进的文学或艺术观点。闲扯淡、奢侈浮华[69]、自负自夸等想法，都被认为是一种非理性的态度，因缺乏客观目的性，也就不是自我约束与克制的苦行行为，尤其不能荣耀上帝，而只是满足了人欲。清教徒的这些禁忌偏好，随手拈来，都是赞同朴素的实用主义风尚，而反对任何艺术的倾向。在个人装饰比如衣着上面，这一点表现得尤其严格。[70]清教徒要求生活具有一致性的强大趋势，直到今天都在无限助长着资本家对标准化生产的趣味[71]，它在清教徒对所有肉体盲目崇拜的否定中有其完美的

① 五月花柱舞（May Pole），围绕一根高柱表演的民间礼仪舞蹈，柱子上面装饰有树枝和鲜花，还挂着各种彩带。该舞蹈起源于欧洲古代的一种围绕树枝跳的舞蹈，作为春天祈求丰收的仪式之一部分，通常在五月一日举行，而且在欧洲分布极为广泛，在一些宗教舞蹈中也出现过这类舞蹈的踪影。——译者注

② 坐食者（rentner），源自“rente”，该词义为所有定期收入的总称，如地租、房租、股票与资本利息或其他类似收入。——译者注

理想基础。[72]

当然我们不可忘记，清教徒的观念世界也充满了矛盾，在对艺术之永恒伟大的天然直觉方面，清教领袖人物肯定要比那些骑士们①的美感强得多。[73]而且，不世出的天才画家如伦勃朗②之辈，尽管在清教徒眼中其行为举止是多么不合上帝之宜，但伦勃朗所处的宗教环境仍在极大程度上影响了他作品的特性。但这一点不足以改变整体局面。就清教传统发展可能并在一定程度上确实导致了人格的强力内在深化而言，其对文学作品的确产生了良好的作用。不过这种好处绝大部分要在后来几代人身上才能显露出来。

在这里我们虽然不可能讨论清教在所有这些方面的影响，但还是应该注意到如下这样一个事实：容忍能给人带来纯粹审美或游艺之乐的文化产品的享受，无疑始终会遇到一个极限，即这种享受不能以牺牲任何成本为代价。人只是一个因承受上帝恩宠而受托看护财产者，他必须像《圣经》寓言中的那位仆人一样，对托付给他的每一个便士都有个交代[75]，仅仅为了个人享乐，而不是为了荣耀上帝，哪怕花费这笔财产的任何一丁点，无论如何也是危险的。[76]即便到了今天，如果睁眼看一看，又有谁没碰到过持

---

① 骑士（Cavalier），在英语中该词有“虚张声势”“盛气凌人”之意。英国内战时期，查理一世的拥护者自称“骑士”，而将对方贬称为“圆颅党”。王政复辟时期，执政党仍保留骑士的名声。——译者注

② 伦勃朗（Rembrandt，1606—1669），荷兰伟大画家，二十几岁即已成名，曾创作了很多以神话和宗教故事为题材的作品，在当时供不应求。他对戏剧极感兴趣，曾创作过多幅戏剧素描。——译者注

有这种观念的人呢？[77]人对于托付给自己的财产有一种职责，即他要屈尊做上帝忠诚的仆人，或者要像一台“渴望获利的机器”那样，这种对财产的义务观念给清教徒的生活带来沉重的压力。如果这种苦行主义面向现实生活的态度经受住考验，那么财产越多，清教徒的责任感就越重，为荣耀上帝，他们就愈发感到有责任不能减损，反而要通过不懈的努力增加上帝的财产。这种生活方式的由来，自有其衍生的某个最初根源，如同资本主义精神的众多方面一样，可以追溯到中世纪。[78]但其坚实的伦理基础，还是要在新教苦行主义道德规范中才能找得到。它对资本主义发展的重要性是显然易见的。[79]

综上所述，新教入世苦行主义强烈反对那种占有财产后的本能享乐；它限制消费，特别是奢侈品的消费。另一方面，它又有着将营利欲望从传统主义伦理的禁锢中解放出来的心理效果，它打破了捆绑在人们营利冲动上的重重枷锁，不仅使这种欲望合法化，而且（在本文讨论的意义上）将其视为上帝的直接意愿。这场反对肉欲诱惑、依赖身外之物的运动，是一场反对不合理使用财富的斗争，而不是反对合理获取物质财富的斗争，除了清教徒之外，贵格派伟大的护教论者巴克利亦如是说。

这种不合理的财富使用，其外在形式几乎都表现在奢侈虚荣上，清教信条指责这种形式为肉体崇拜[80]，这却是封建观念中理所当然的享受。另一方面，清教信条又赞成合乎理性和实用主义的财富使用观念，认为这是上帝为了个体和社会需要而下达的旨意。他们并不想把禁欲的束缚[81]强加给富人，但却要求富人使用其财富方便去做一些必要且实用的事情。舒适（即可）的观念以其特有的力量限制了伦理允许的消费开支范围。自然，与这一追求舒适（而非奢华）观念一致发展起来的生活方式，最早也是最清楚地见之于那些一贯坚持这一生活原则的人们身上，也就绝非偶然了。他们反对封建贵族那种建立在腐朽经济基础之上的浮夸与炫耀，看不惯他们宁要贪鄙的优雅也不要朴素的诚实的做派，而将中产阶层家庭简洁殷实的舒适奉为理想。[82]

在私有财富的生产方面，苦行主义谴责不诚实和冲动性的贪婪，这种遭到谴责的贪婪，是一种过度地渴望占有别人财产的拜金主义，是一种为财富而追求财富的行为。因为财富自身就是一种诱惑。但在这里，苦行主义是一种“总是追求善但又总是创造恶”①的力量，这里的“恶”指的就是占有财产及财产的诱惑力。因为按照《旧约》的说法，并根据其中关于善行的道德评价类推，苦行主义将以财富自身作为追求目的的行为看成是应受到严厉谴责的；但如果因职业劳动而获得财富，则是得到上帝保佑的标志。更为重要的是：新教赞赏孜孜不倦、持之以恒的系统职业劳动，将其作为一种最高的苦行手段，同时也是获得重生与真诚信仰的最可靠、最明显的证据。如此一来，这一套新教伦理不啻成为一种最有力的杠杆，来扩张我们这里称为“资本主义精神”的那种生

① 这句话出自歌德《浮士德》第一部“书斋”（上）一幕魔鬼靡菲斯特说的一句台词：“我是那种力量的一体，它常常想的是恶而常常做的是善。”——译者注

活态度，它所发挥出的扩张力量之巨大超出人们的想象。[83]

当限制消费和渴望发财的活力释放相结合的时候，显然就会出现一种不可避免的实际效果：苦行主义的强制力必然导致节俭，节俭必然导致资本的积累。[84]对财富消费上的抑制，通过将节省下的财富再投入生产方面，自然很可能使财富增加。可惜的是，这种影响究竟有多大，是不能够用准确的统计数字来加以说明的。在新英格兰，抑制消费与增加投资之间的联系就非常明显，这没能逃过历史学家道尔（Doyle）那双极具鉴别力的眼睛去。[85]同样在荷兰，这个国家被严格的加尔文宗统治只有七年的时间，但是它由极为严肃认真的宗教小团体倡导的非常简朴的生活作风和巨量财富相结合，从而导致产生了一种非常有力的资本累积的趋势。[86]

此外，中产阶层有钱之后一般就想着混入贵族之列，这一倾向在任何地方、任何时代都出现过，而尤以今天德国为最，这一倾向必然因清教徒对封建生活方式的反感而受到阻止，这一点也不言而喻。17世纪英国重商主义①作家曾把荷兰在资本方面的优越性超过英国的原因归结为环境因素，即在荷兰新获得的财富并不是经常性地拿来投资土地；因为这不简单是个购买土地的问题，而是新兴的荷兰资本家并不想再让自己的生活转变回封建方式，

① 重商主义（Mercantilism），16—18世纪风行欧洲的经济学说，主张政府控制国家经济，应尽量减少进口奢侈品。俭省、节约甚至吝啬都被认为是一种美德，因为只有这样才能创造资本，重商主义为资本主义发展之先声。——译者注

以至于丧失资本投资的可能性。[87]而在英国，作为特别重要的资金投入活动的一个分支，农业受到了空前的重视，这也是特别符合英国传统的，清教徒也参与购买土地之列中，他们倒不是想成为地主（例如在巴克斯特看来），而是想成为自耕农和农场主，到了18世纪，他们也不想做农庄贵族而是做“理性的”农业经营者。[88]在英国，自从17世纪以来，其贵族地主阶层（Squirearchie）也就是“快活的老英格兰”的代表，与有着各种不同的社会影响力的清教徒团体之间的冲突就弥漫在整个英国社会。[89]时至今日，英国人的民族性格还是由以下两方面因素混合构成的：一是尚未受到后天雕琢的享受自然生活的天真纯朴，另一个则是克己自制、恪守传统的伦理行为。[90]同样，在北美殖民地的早期历史上也存在着两种不同观念的集团而相互形成了鲜明的对比：一方是冒险家，他们想利用契约雇工的劳动建立种植园以过得像个封建地主；另一方则是具有明确中产阶级观念的清教徒们。[91]

举凡清教人生观影响扩展所及之处，无论何种情况下，都有利于一种市民的、经济上理性的生活方式的发展——这当然比单纯地鼓励资本积累重要得多。在这一生活方式的发展中，清教观念是至关重要的一种影响力，尤其是它发挥了唯一的始终如一的影响，清教观念守护了近代“经济人”的摇篮。

可以肯定，清教徒的这些理想在财富诱惑的过分困扰之下也趋向于让步甚至放弃，这一点清教徒自己心里也很清楚。我们经常发现，信仰最纯正的清教徒往往来自正在从较低社会阶层向上升起的阶级[92]，例如小资产阶层和自耕农等，而那些“富有者”（beati possidentes），甚至是贵格会信徒，却经常发现有背弃往昔理想的倾向。[93]由苦行而致富，因致富而抛弃理想，一再遭受同样命运的还有入世苦行主义的前辈，即中世纪的隐修士们。修士们在行为上严守规矩并限制消费，他们的理性经济活动取得全面效果，就会聚积起巨额财富，但这些财富，或像宗教改革以前使得修士们慢慢贵族化，或使修士们贪图享受腐化堕落而产生戒律废弛的危险征兆，于是众多教会改革中的新的一场风暴也就势在必行。

事实上，修道院制度的历史，在某种意义上说，从头到尾就是和财富世俗化影响带来的问题相抗争的循环史。清教入世苦行主义的发展史很大程度上也是如此。18世纪末，英国工业扩张以前，出现了卫斯理宗这样重要的宗教复兴现象，正和上述某场修院式的教会改革相类似。在这里我们不妨引用一下约翰·卫斯理本人的一段话[94]，来概括我们上面谈到的一切，因为这段话表明，当时苦行主义运动的领袖人物已经很明白这种悖论关系，即我们已经分析的“由禁欲苦行而致富享乐，因致富享乐而腐化堕落，进而造成苦行主义破产”这一矛盾关系，而且我们也是在同样的意义上理解这一关系的。[95]卫斯理写道：

我担心，凡是财富增长之处，宗教信仰的精粹就会相同比例地减少。所以，就事物的本质来说，我不知道怎样才能使真正的宗教复兴长久持续下去。因为宗教信仰必然产生勤勉和节俭，而这两者又不能不产生财富。但是当财富增加的时候，傲慢、情欲、各种俗世之爱也会随之而增强。那么在这种情况下，心灵的宗教——循道宗现在虽然繁茂如一株青翠的月桂树，但怎么样才能使它持续保持这种状况呢？因为各处的循道宗信徒，都朝着勤奋节俭的方向发展，而他们的财富也随之日益增长，因此他们的傲慢、情欲、肉欲、色欲与生活的傲慢也在成比例地增长。这样一来，尽管循道宗的宗教形式还保留着，但它的精神却正在迅即消失。纯粹宗教的这种衰微，是不是就没有办法阻止？我们不应阻止人们的勤奋与节俭；**我们必须勉励所有的基督徒，都尽其所能去赚取一切他们所能获得的，节省他们一切所能节省的；就是说，事实上也就是勉励他们发家致富。**[96]

卫斯理随之劝告：那些已经获得一切所能获得的、节省一切所能节省的人，也应该是奉献一切所能奉献的人，这样才能增加神恩，积累财富于天国。很明显，卫斯理在这里详尽表达的，也正是我们一直想要指出的。[97]

正如卫斯理所说，那些伟大的宗教运动的经济效果，常常是在纯粹宗教热情的高潮过去之后才会显现出来，其对经济发展之意义，首先在于其苦行主义能产生的教育上的影响。当狂热寻求上帝之王国的那种奋发之情过去，随之而来便是冷静的实用德行。宗教的根茎会慢慢枯萎，而为世俗的功利主义所取代。这样，正如多顿①所说：如《鲁滨逊漂流记》中所描述的，“孤独的经济人”鲁滨逊附带着从事传教活动，他已经取代了班扬笔下那个急匆匆穿过名利场、以一种孤独精神去寻找天国的朝圣者的形象。[98]

后来，当“尽可能在两个世界都获得最多”（to make the best of both worlds）的原则最终成为主导思想时，如同多顿所评论的：所谓问心无愧不过是资产阶级舒适生活的一种手段而已，正如“问心无愧是柔软的枕头”②这一德国谚语所巧妙表达的意思。17世纪那个伟大的宗教信仰时代遗赠给它功利主义子孙的首先是一份令人感到困惑的遗产，我们甚至可以说一份法利赛式的③遗产，信仰中的道德观念被置换成了获得财富过程中的是非、义利之心，只要赚的钱是合法的，便可自负为有道德。而“总非上帝所喜”（deplacere vix potest）的教义，已经消失得无影无踪了。[99]

---

① 多顿（Edward Dowden，1843—1913），爱尔兰评论家、传记作家、诗人、莎士比亚研究专家，英国三一学院英国文学教授。曾著作《清教与安立甘派》（*Puritan and Anglican*，1900）。——译者注

② 这句话的德文为“Ein gutes Gewissen ist ein sanftes Ruhekissen”，意为“问心既无愧，高枕可无忧”。——译者注

③ 法利赛式的（Pharisaically），法利赛人（Pharisees）是犹太教的一派，约出现在公元前2世纪左右，《塔木德》第一部分《密西拿》就吸收了法利赛人对犹太律法的看法。法利赛人一言一行都有明确的准则，后世人们指责他们拘泥于律法，而忽略其精神。但是法利赛人严格律己，笃信教义，仇视信奉异教的罗马皇帝，受到了百姓的拥护。公元70年耶路撒冷被毁，其后法利赛人不见于史籍，但其神学思想仍旧流传。——译者注

一种独特的市民职业规范（bürgliches berufsethos）终于形成。市民阶层的企业家觉得，只要注意外在形式上的正确得当、道德行为没有污点、财富的使用无可非议，那么他就认为自己正领受神恩，且实实在在地得到了上帝的祝福，他就会尽其所能地追逐金钱利益，同时还会觉得这是在完成一项上帝赋予的职责。此外，苦行主义的信仰动力还给他准备好了劳动者，他们审慎自制、尽职尽责，工作都很勤勉，这些劳动者会像对待上帝指定给他的人生目的一样来对待自己的工作。[100]

最后，苦行主义还给资产阶级提供了一种令人鼓舞的确信，即现世财富分配的不平等来自上帝旨意特别的安排，这些差别正如有单独、特殊的神恩一样，自然有其所要达到的秘密目的，而这一目的却不能为人知道。[101]加尔文有一段常被引用的论述："民众，即从事体力劳动和手艺劳动的人，只是在穷困时才会顺从上帝。"[102]荷兰人（彼特·库尔和其他人）却将这一说法"世俗化"为：民众只有受到贫穷的强迫时才肯去劳动。这一对资本主义经济具有诱导性的观念简述，后来成为流行的低工资生产率理论的一部分。而在这里，在我们反复观察到的发展线索中，我们也看到，随着宗教根基的逐渐枯萎，功利主义的解释不为人所知地渗透进来了。

中世纪的道德伦理观念不仅容忍乞讨行为，而且实际上在托钵修士①体制中还以乞讨为荣。即便世俗的乞丐，因为他们给资本家提供了通过施舍而行善的机会，所以有时候也会被当作一种社会身份来对待。甚至斯图亚特王朝时期的安立甘宗的社会伦理也接近于这种态度。直到清教苦行主义参与严厉的《英国济贫法》②之立法以后，这一情形才在根本上有所改变。之所以如此，是因为新教教派以及严谨的清教社团的内部，根本不知道任何关于托钵乞讨的事情。[103]

另一方面，从劳动者这一角度来看，亲岑道夫系的虔信派，就赞美不追求获利的忠实其职业的劳动者，认为这些劳动者是在按照使徒模式生活，这样他们就被授予了一种具有超凡魅力③的门徒[104]的地位。相似的观念最初曾以一种更为激进的方式在浸礼会中流行。

---

① 托钵修士（Mendicant），天主教修会中的一类，其修士发神贫愿，靠劳动所得或慈善捐赠为生。托钵修会创始人为多明我会之创建者多明我，以及圣方济各会的创始人方济各。初创时期并不要求修士必须乞讨，而是要他们自食其力，实在不行时再乞讨，后来修士忙于传教，没工夫做自食其力的工作，乞讨就变得极为重要。所以在托钵修士体制中，乞讨是一件非常光荣的事情。——译者注

② 济贫法（English Poor Relief Legislation 或称 Poor Law），英国向穷人提供救济的法律，产生于16世纪，其间屡经变动，一直延续到二战之后。1597—1598年编纂成《伊丽莎白济贫法》，规定由教区神职人员专门执行，对老人、病人、贫穷儿童提供救济，并在济贫院内为健康人安排工作。18世纪末有过补充，后通过新的“济贫法”，其立法观念较为苛刻，将体格健全的工人的贫穷视为一种道德缺陷。到了19世纪，这种状况才得到改善，其后济贫法为一整套公共福利制度所取代。——译者注

③ 超凡魅力（Charisma），令人敬畏的、近乎神奇的力量和能力，是追随者用来形容某人具有非凡魅力的用语，最早是用来形容非凡人物如摩西、耶稣等人，后来世俗间著名的有吸引力的领袖人物也被称为“Charisma”。该词在学术方面的运用最初见之于韦伯的著作，特别是他的《论经济和社会法》（1921）一书。——译者注

很自然地，几乎所有教派内的苦行主义文献中都充斥着这样的观念：生活中并无其他机会的人，即便工资很低，仍能忠实劳动，这是上帝所喜的。在这点上，新教苦行主义并没有任何新意。但是它不仅最为强有力地深化了这一观点，而且创造出了唯一对苦行效果起着决定性影响的力量：心理驱动力（Antrieb）。这种心理驱动力，一方面让人将劳动视为一种天职，视为一种最佳的、归根结底也是唯一的获得神恩的手段[105]；另一方面，新教苦行主义观又将商人的营利视为天职，从而将对这类驯顺的自愿劳动的剥削合法化。[106]很明显，通过在职业中履践职责而探求通往天国的道路成为唯一一条可行的途径，再加上教会戒律必然要强制推行的严格的苦行主义，两者结合在一起，其力量何等强大，尤以对无产阶层为甚，这一切对资本主义意义上的劳动生产力必定会产生巨大的影响。把劳动视为一种天职，是近代工人的特征，恰如把获利视为商人的必然态度一样。富有才干的威廉·配第爵士在他那个时代就已经敏锐地觉察到了这一社会环境下的特有观念，他把17世纪荷兰的经济强势归因于这样一个事实：这个国家为数众多的非国教派分子（加尔文宗和浸礼会信徒），“大多数都是善于思考且脑筋清醒的人，他们相信劳动和勤奋是他们对上帝应尽的职责”。[107]

加尔文主义反对财政垄断形式的有机社会组织，斯图亚特王朝时期的安立甘宗采取的就是这种形式，特别是大主教劳德①主张教会和政府应在基督教社会伦理基础上和垄断业者结成同盟。加尔文宗的领导者普遍激烈反对这种在商业上享有政治优先权的、包工制的殖民资本主义类型。与之形成鲜明对照的是，他们赞同一种个人主义的获利动机，主张凭借个人自身能力和首创精神理性而合法地获得财富。那么，当英格兰政治上享有优先权的垄断产业迅速全面地消失之时，清教徒的这种态度在工业发展中起到巨大的决定性作用；而英国当时的工业正是在不顾、甚至是反对政府威权的情况下发展起来的。[108]清教徒们（如普林②、帕克③）拒绝与家大业大的资本宠儿、投机商发生任何联系，并视之为一个道德上可疑的阶层；另一方面，他们为自己优越的中产阶级商业道德感到自豪，这也构成了他们遭到前者迫害的真正原因。笛福曾建议通过联合抵制银行信贷和撤回存款的方式来回

① 劳德（William Laud，1573—1645），1611 年担任王室牧师，受到詹姆士一世的垂青，成为白金汉首相的心腹，掌握政府教会政策大权。1629 年任牛津大学校长，1633 年任英格兰坎特伯雷大主教。他认为教会的力量与国家的力量不可分离。因为他在苏格兰强制推行英格兰的宗教仪式，并大肆迫害清教徒，结果引发一场宗教战争。1640 年他以叛国罪被投入监狱，1645 年被判死刑而斩首。——译者注

② 普林（William Prynne，1600—1669），英格兰清教作家，专门写作小册子宣传清教教义。1633 年他写成《演员的悲剧》，证明演剧会败坏社会道德，被劳德大主教关入监狱，将其左右耳割掉一部分。他在监狱中仍旧写小册子攻击劳德，剩余的耳朵也被割掉。1640 年出狱后揭发劳德罪行，劳德被判死刑，普林颇与力焉。1660 年支持王政复辟，次年被任命为伦敦塔档案馆馆长。——译者注

③ 马修·帕克（Matthew Parker，1504—1575），英格兰安立甘宗坎特伯雷大主教，伊丽莎白一世在位时主持解决宗教问题，使圣公会保持既不同于天主教也不同于新教的特点。——译者注

击对非国教信徒的迫害。这两类资本主义作风上的对立在很大程度上是与其信仰上的对立形影相随的。直到18世纪，非国教派（Nonconformists）的仇敌还一再奚落这些信徒身上有市侩气，指责他们扼杀了老英格兰的种种理想。由此亦可看出，清教徒的经济伦理与犹太人是截然不同的；当时的人（普林）就已清楚地知道，前者而非后者才是资产阶级资本主义伦理之所在。[109]

现代资本主义精神乃至整个现代文化的基本构成要素之一，就是以职业观念为基础的理性行为，是从基督教苦行主义中产生出来的——这也正是本文力图论证的观点。只需重新阅读一下本文开头所引的富兰克林的那段话就会明白，被称为资本主义精神的那种态度，其实质要素与我们这里刚刚证明过的清教入世苦行主义的内容并无二致[110]，只不过它已没有了宗教信仰的基础，因为在富兰克林时期，这一信仰基础已经消亡了。现代劳动具有一种苦行性质，这一观点当然并不怎么新鲜。局限于专业化的工作，放弃浮士德①式对与人自身相关知识的广泛追求，是现代社会中任何有价值的职位的先决条件；因此，在今天，有所作为与有所放弃，二者不可避免地互为条件。中产阶级的生活——如果它要

① 浮士德（Faust），又名浮士德博士，西方民间传说和文学里面最持久的传奇之一，他把自己的灵魂出卖给魔鬼，以换取知识和权力。莱辛在其创作的《浮士德》剧本（1784，未完稿）中认为，浮士德追求知识的行为是崇高的。歌德所撰《浮士德》（1808出版第一部，1832创作结束），写他最终得以净化灵魂获得了拯救。韦伯此处指的是浮士德广泛追求与人自身相关的知识，而不像现代社会人那样局限于专业化知识，前者至少还与人的灵魂拯救有些关系，后者可是一点关系都没有了。——译者注

成为一种生活方式而非不成个样子的话——所具有的苦行特性，正是歌德在其智慧的巅峰时刻，在其《威廉·迈斯特之漫游时代》① 中以及在《浮士德》结尾他把生命归还给他的浮士德时，想要教给我们的内容。[111] 对歌德来说，实现也就意味着一种放弃，一种与丰富完美人性时代的背离；在我们的文化发展历程中，已不可能再重现那个时代了，就像古雅典文化的兴盛不会再现一样。

清教徒想要在天职中工作，我们现在却被迫如此。因为，苦行主义精神从修道院的斗室内迁入日常生活，并开始支配俗世道德观念，从而在庞大的近代经济秩序体系的建立过程中发挥了其应有的作用。这一经济秩序又与机械生产的技术与经济环境相结合（bound），后者以一种不可抗拒的强制力量决定着降生在这一环境下的每个人的生活，而且不仅仅是那些直接与经济营利相关者的生活。也许这种决定性作用要一直持续到人类烧光最后一吨石化煤炭的时刻。在巴克斯特看来，信徒们对外在事物所操的心思，应该像一件披在圣徒肩上的“随时可以脱下的轻薄斗篷”。[112] 但造化弄人，竟使这件“斗篷”变成了一座铁笼。

自从苦行主义开始重新改造尘世并在尘世贯彻它的理念起，

---

① 歌德的长篇小说《威廉·迈斯特》（*Wilhelm Meister*）共分两部，第一部为《学习时代》（*Lehrjahre*，1795），第二部为《漫游时代》（*Wanderjahre*，1821），讲述迈斯特走出家门漫游寻求人生意义的故事，肯定实践的重要意义。小说所要表达的主旨是：人在青年时期认为生活目的是自我个性的发展；到了中年明白生活是命运的实现；到了晚年则意识到，在生活中实际献身的命运实现才是自我个性完美发展的必经之途。——译者注

物质财富就获得了不断增长的力量，最终它以一种无可动摇的势力控制了人类的生存，这是史无前例的。如今，宗教苦行主义的精神已逃出了牢笼——这是不是最终结局，谁又能知道呢？而无往不胜的资本主义，因为有了机械（mechanical）基础，已不再需要苦行主义精神的支撑了。宗教苦行主义的那个笑逐颜开的继承者——启蒙运动，脸上的玫瑰色红晕似乎也在无可挽回地消退去，天职义务的观念如同已死去的宗教信仰的幽灵一样在我们的生活中游荡。完成职业责任已不再与最高的精神文化价值有什么直接联系，或者从另一方面说，职业责任仅仅作为一种经济上的强制力，而不必去感知什么更高的精神文化价值，那么这时，个体一般就会放弃因职业而称义（justify）的努力。在其发展至为成熟的地方——美国，追求财富的行为已剥去了它原有的宗教伦理内涵，变得越来越与纯粹尘俗的激情息息相关，这实际上也就使得美国人的营利活动往往带有体育比赛的特点。[113]

没有人知道未来谁将生活在这一牢笼内，没有人知道在这惊人发展的尽头会不会有全新的先知出现，没有人知道那些老观念和旧理想会不会有一次伟大的复生。如果上述情形都不会出现，那么同样没有人知道未来会不会出现一种痉挛性的自尊自大装饰的机械僵化现象。果真如此的话，对于这一文明发展最终极阶段的人物可做如下准确评述："没有灵魂的专家，没心没肺的声色沉迷之徒；这样的一具具皮囊[①]竟想象已达到人类未曾到过的文明水准。”

但这样讨论下去，就会把我们带入价值判断和信仰批判的界域，殊非本篇纯历史讨论的论文所能承担。下一步的任务，应该是进而说明苦行之理性主义——这在前文中只是略有提及——对于实用性社会伦理观念内容的重要意义，以及对于从秘密宗教集会到国家等社会群体的组织和功能类型所发挥的作用。接着应该分析的是苦行的理性主义与人文主义的理性主义之间的关系[114]，还有它的生活理想和文化影响；进而可能还要分析它与哲学、科学经验主义以及技术进步、精神理念等之间的关系。最后，我们还要对苦行的理性主义的历史衍变，即从入世苦行在中世纪的萌芽开始，到它解体为纯粹的功利主义为止的这一段发展历程做一番探究，而且要深入到这一信仰流行的领域去追根溯源。唯有如此，才能清楚地定量评价出奉行苦行主义的新教，与各种塑造近现代文化的其他各要素相比较，到底具有怎样的文化意义。

我们在这里仅仅是想要尝试追溯新教苦行主义对人们的动机所发挥影响的事实与方向，这一点当然至关重要。不过还有必要对新教苦行主义本身在发展过程及其特质上如何受到了整个社会条件特别是经济条件的影响做出说明。[115]通常情况下，现代人即

① 该词原德文为“nichts”，“无”“空虚”“不存在”的意思；英译本为“nullity”，“法律上无效”“不存在”的意思。韦伯此处旨在强调这一阶段的人已失去了作为精神动力的传统文化观念，而变得没有灵魂与信仰，故意译为“皮囊”。——译者注

便怀着最大的善意，也很难理解宗教观念对文化与民族特性本身所具的重大意义。当然，以一种片面的“唯心论”（spiritualistic）之因来代替同样片面的“唯物论”（materialistic）之因以解释文化和历史之果，迥非本人的目的。对于历史事实的解释，两者具有同等的可能性[116]，但是，无论哪一种解释，如果不是将其作为一项研究的准备工作，反而作为研究的结论，那同样不能揭示出历史的真相。[117]

注 释

作者导言

[1] 对于此点，还包括另外一些观点，我与我们敬爱的导师卢卓·布伦塔诺（Lujo Brentano）有所不同（其观点后面将会引述）。这不仅是术语的不同，更涉及事实问题。在我看来，将强取豪夺而获利与经营工厂而获利置于同一概念之下的做法并不恰当，而将所有赚取金钱的倾向视为可与其他类型的获利相参照的资本主义精神，更是有问题的。第二种做法将所有的概念混为一谈，第一种做法则泯灭了西方资本主义和其他形态的资本主义之间的具体差异。西美尔在其《货币哲学》（Philosophie des Geldes）一书中，将货币经济与资本主义几乎视为同一概念，结果损害了他的具体分析。在韦尔纳·松巴特（Werner Sombart）的著作中，尤其是他最重要的作品《现代资本主义》第二版中，西方资本主义的独特之

处，（至少从我探讨的问题来看）即理性的劳动组织，已被在世界各地发挥作用的诸种历史因素极大地遮蔽了。

[2] 当然，不要把这种区别想得那么绝对。地中海和东方古国，甚至中国和印度具有政治导向的资本主义（以包税制最为重要），确曾产生过理性而持续的企业，其簿记方式——尽管我们只能从一些可怜的残章断简中得知——很可能具有了理性的性质。而且，在现代银行的发展过程中，具有政治导向的冒险家的资本主义与理性的资产阶级的资本主义关联紧密。这些银行，包括英国银行，大部分都产生于政治性质的，并且常常是与战争有关的交易中。例如，在帕特森（Paterson）这位典型的企业创办人与银行董事会成员（他们对银行长期政策提出要旨，并很快以“杂货店里的清教徒高利贷者”而为人所知）之间性质的差异是它的典型表现。类似地，这一最为稳固的银行，在“南海泡沫”（South Sea Bubble）时期也出现了政策失常。因此，这二者自然地逐渐相互渗透，而差异依然存在。在创办理性的劳动组织时，大公司创办人和大金融家（只是一般而言，当然有个别例外）并不比那些金融的和政治的资本主义的典型代表即犹太人功劳更大。那是由另一些完全不同的人群很有特色地完成的。

[3] 我目前所掌握的希伯来语知识还很不足。

[4] 我几乎无须指明，这一点不适用于诸如卡尔·雅斯贝尔斯（Karl Jaspers）的意图（见其著作《世界观的心理学》，1919），也不适用于克拉格斯（Klages）的《性格学》，以及在出发点上与我们

不同的类似研究。

[5] 多年以前，一位杰出的精神病专家向我提到过同样的观点。

第一章　宗教关系与社会分层

[1] 围绕本论文所生发的文献卷帙浩繁，我只列举最为全面的几个批评。（1）F. 拉舍法尔:《加尔文主义与资本主义》,《国际科学、艺术、技术周刊》(1909)，第39—43期。我的回应文章:《对资本主义精神的反批评》,《社会科学和社会政治档案》(图宾根）XX，1910。拉舍法尔的答复:《再论加尔文主义和资本主义》，1910,《国际周刊》第22—25期。我最后的答复是:《最后的反批评》,《档案》，XXXI。(在下面将要谈到的批评中，布伦塔诺没有提到此文，显然他不知道这一讨论的最后局面）在本版中，我并未把我和拉舍法尔某些白费唇舌的论争收入在内。对于他的其他作品，我很是钦佩，但在此他却闯入了一个并不熟悉的领域。我依据我的反批评文章，增加了几条补充性参考资料，并增加了新的段落和脚注，以期避免可能的误解。（2）W. 松巴特的《资产阶级》一书（慕尼黑和莱比锡，1913。其英译本书名为《资本主义的精髓》，伦敦，1915)，后面的脚注还会提及。(3)最后还有卢卓·布伦塔诺在慕尼黑的演讲（即在科学院的演讲，1913)，题为《资本主义的开端》(出版于1916年）附录的第二部分。我还会在适当的地方用某些脚注论及这一批评。欢迎有兴趣的读者进行甄别，以验证我在修订时并未对文中任何一个重要的语句加以省略或改

动，未削减或增添任何完全不同的论述。我毫无必要那样做，因为我相信，随着本文论述的展开，那些心存疑虑的人将会心服口服。后两位作家之间展开了一场论争，这场论争比同我的论争更为激烈。布伦塔诺对松巴特《犹太人和经济生活》一书的批评，我认为在许多观点上都有建树，但是，布伦塔诺本人似乎并不理解犹太人问题的真正本质，即使我们对此不予考虑，他的批评也常常有失公允。

在研究过程中，我从神学界得到了大量颇具价值的建议，尽管在某些具体问题上存在较大分歧，不过他们的反响总体来说是友好而客观的。对此我尤感欣慰，因为对于我这里必须采用的论述方式，即使引起大家的某种反感，亦在意料之中。对神学家来说，有些事情在其宗教中弥足珍贵，但就本研究而言，这些事情却并不重要。以宗教的眼光来看，我们所关注的东西在宗教生活中常常显得十分粗陋浅薄，然而正因粗陋浅薄，其对世俗行为的影响也往往最为深远。另一本著作，撇开它的其他内容不谈，对我们所研究的问题是一个令人振奋的确证和补充。它就是 E. 特罗尔奇的重要著作《基督教教会和宗教团体的社会教育》（图宾根，1912），它以非常全面的观点，研究了西方基督教伦理史。在此，我将此书推荐给读者以做总体比较，下面就具体观点不再进行征引。该书作者主要关注宗教教义，而我的兴趣则在其实际效果。

[2] 例外的情况可用下述事实加以解释：一个工厂劳动力的宗教倾向，首先自然取决于该工厂所在地的宗教倾向，或者取决于

劳动力家乡的宗教倾向。这种解释虽非总是奏效，却也常常能够说明问题。这种情况常可改变某些有关宗教信仰的统计数字所带给人的初步印象，如有关莱茵河地区的统计数字。此外，如果将其中的每个专门行业认真地加以区分，统计数字自然具有确定性。否则，特大雇主有时会和个体手工业主划归一组，置于“企业主”行当。更重要的是，在资本主义全面发展的今天，特别是对大量没有技术的低层工人来说，宗教对资本主义的影响不像往日，已经不复存在，这一点后面还会论及。

[3] 可参照舍尔（Schell）《作为进步原则的天主教》（维尔茨堡，1897）第 31 页和 V. 赫特林《天主教原则和科学》（弗莱堡，1899）第 58 页。

[4] 我的一位学生认真检索了巴登的宗教统计资料，这是迄今为止我们所掌握的有关这一主题的最为全面的资料，参见马丁·奥芬巴赫（Martin Offenbacher）《宗教与阶级》，《对巴登天主教徒和新教徒经济状况的研究》（图宾根和莱比锡，1901）第五卷，《巴登高校政治经济学论文集》第五部分。后面用于解析的事实和数据皆援引该研究。

[5] 比如，在 1895 年的巴登，可作为税源的可用应税资本统计如下：

每 1000 名新教徒……954，000 马克

每 1000 名天主教徒……589，000 马克

确实，犹太人以每千人拥有四百多万马克的数量，大大超过

了其他人。（具体细节可见上引奥芬巴赫的书，第 21 页）

[6] 对此，可与奥芬巴赫著作中的整个讨论进行比较。

[7] 对此，奥芬巴赫著作的前两章亦提供了关于巴登的更为具体的证据。

[8]1895 年巴登的人口构成如下：新教徒，37.0%；天主教徒，61.3%；犹太人，1.5%。然而，除进行义务教育的公立学校之外，其他学校的学生的成分如下表所列：

	新教徒（%）	天主教徒（%）	犹太人（%）
高级文科中学	43	46	9.5
实科中学	69	31	9
理科中学	52	41	7
中　学	49	40	11
高级市立中学	51	37	12
平　均	48	42	10

同样的情形亦见于普鲁士、巴伐利亚、符腾堡、阿尔萨斯－洛林和匈牙利等地（见奥芬巴赫著中的数字，16 页以下）。

[9] 参见上注中的数据。这些数据表明，天主教徒进入中学的人数，通常比其占总人口比例少三分之一；读语法学校（主要准备研究神学）的人数仅仅超出这个数字一点点。参考后面的讨论，有一个典型事例应该进一步提请注意，即匈牙利改革派教会教民

的中学入学率甚至超过了新教徒的平均值。（参见奥芬巴赫，第19页注）

[10] 有关证明参见奥芬巴赫，第54页及其论著最后的图表。

[11] 威廉·配第爵士（Sir William Petty）著作中的某些段落很好地说明了这一点，后面还将提及。

[12] 配第所提及的爱尔兰的事例，可以很容易地从新教徒只以在外地主的角色出现这一事实加以解释。如果他想提出更多的主张，那么他必错无疑，苏格兰—爱尔兰人的情况可以表明此点。新教和资本主义之间的典型关系，同时存在于爱尔兰和其他各地。（关于苏格兰和爱尔兰混合血统者的问题，参见C.A.汉娜:《苏格兰—爱尔兰》，两卷本，普特曼公司，纽约。）

[13] 当然，这并非否认后来的事实具有极其重要的意义。我在后面将会表明，即许多新教派别非常之小，因而是属于同类的少数派，其他地区的严格加尔文教派亦是如此（日内瓦和新英格兰除外），这一事实对于其所有特征的发展，包括其参与经济生活的方式，具有本质性的意义，即使他们拥有政治权力也是这样。地球上所有的宗教信徒（如印度人、阿拉伯人、中国人、叙利亚人、腓尼基人、希腊人、伦巴人等）迁移流离，远赴异乡，他们将高度发达地区的商业知识一并传入，这种现象非常普遍，与我们的问题无关。布伦塔诺在《资本主义的开端》一文中（此文我将经常提到），以自己的家族为证。不过，所有国家在任何时代都存在外国血统的银行家，他们体现了从商经历和商业往来。这些人并非

是现代资本主义特定产物，新教徒对他们总是持有道德上的怀疑态度（如下所述）。至于某些新教家族，如从洛迦诺移居到苏黎世的穆拉尔茨（Muralts）和佩斯塔罗兹（Pestalozzi）等等家族，情况却很不一样。他们很快融入到了资本主义发展的某一独特的现代（工业）模式之中。

[14] 奥芬巴赫，上引一书，第 58 页。

[15] W. 魏蒂兹（W.Wittich）的杰作《阿尔萨斯的德法文化》（《阿尔萨斯评论画刊》，1900，亦单独发表过），就德法两国不同宗教的典型特征，以及不同于阿尔萨斯民族冲突中其他文化成分的差异之间的关系，发表了极为精辟的见解。

[16] 当然，这只有在所提到的地区具有资本主义发展的可能性时才能如此。

[17] 就此可参照迪潘·德·圣安德烈（Dupin de St. André）的著作《历史上的图尔新教教会·教会的成员》（《新教历史学会公报》，第 4 期第 10 页）。这里，尤其是从大主教的观点来看，人们可能会再次把从寺院或教会的控制中解放出来的欲望，视作主要的动机。然而，对此观点构成挑战的，不仅有同代人（包括拉伯雷）的看法，更有胡格诺教派初期的全国宗教会议（如第一届宗教会议，特别是爱蒙第十区的宗教会议，《全国会议会刊》，第 10 页）上，对银行家能否担任教会长老的问题所表现出的良心不安；以及在同一大会上，由谨慎至极的成员反复提起的关于是否允许收取利息问题的讨论，虽然加尔文本人对此的立场早已明确。这可

以根据对此问题有直接利益的与会人数给出部分解释；但与此同时，放“罪恶的高利贷”而又不必忏悔的愿望不可能单独起着决定性作用。荷兰的情况亦是如此，见下。必须明确指出，在本研究中，宗教法典对利息的禁止毫无作用。

[18] 哥赛因（Gothein）:《黑森林地区经济史》，第一部，第67页。

[19] 迁居的方法非常简单，却是强化劳动最为有效的手段之一，这已得到了普遍公认（参照上注13）。同一位波兰姑娘，赋闲在家时，即使再大的赚钱机会，也无法使她摆脱由来已久的惰性；而一旦移居国外成为移民工人，她的性情似乎彻底改变了，能够淋漓尽致地发挥出她的才干。意大利籍的移民工人亦是如此。对此，不可完全理解为因其进入更高级的文化环境之后受到的教育所致，尽管它自然会有些作用。下述事实表明了这一点：即使职业的性质（比如农业劳动）同在家乡时完全一样，也照旧会发生上述情形。此外，临时工棚的居住条件等等，皆很恶劣，即使在家乡，也定然难以忍受这种低水平的生活环境。工作于和自己所熟悉的环境大相径庭的环境之中，这一简单事实即可冲破传统，成为教育力量。美国经济的发展在相当程度上便是这些因素的结果，这一点根本不用多说。古代犹太人的巴比伦之囚，其重要性与此有着惊人的相似，印度帕西人的情况也是如此。不过对新教徒而言，其宗教信仰的影响很明显地只作为单独的因素发生作用。清教的新英格兰殖民地、天主教的马里兰、主教派的南方以及教派混杂

的罗得岛，它们在经济特征上无可置疑的区别，已经证实了这一点。同样，印度的耆那教等也是如此。

[20] 就此可参见松巴特的简评（《现代资本主义》，第一版，第 380 页）。后来，受 F. 凯勒的一本著作（《企业与剩余价值》，戈埃尔公司出版，Ⅻ）的影响，松巴特在一本书中很遗憾地坚持了一个完全站不住脚的论点，后面还会提及。在我看来，就这些章节而言，松巴特的这本书(《资本主义》)是他的大部头著作中最糟糕的一部。凯勒的那部论著中虽然有许多不错的见解（不过这些见解就本研究而言已经陈旧），其水平却大大地低于近来出版的几本为天主教护教学的著作。

[21] 其广为人知的大多数形式都以多少有些温和的加尔文主义或茨温利主义的面目出现。

[22] 汉堡几乎全为路德教教徒，唯一一笔能够追溯到 17 世纪的庞大财产，属于一个显赫的归正宗家族（感谢 A. 瓦尔教授提供这一材料）。

[23] 此处所强调的这种关系的存在并不新奇。勒佛里（Lavelye）、马修·阿诺德（Matthew Arnold）以及其他一些人早已考虑到了这一关系的存在。相反，奇怪的倒是有些人全无根据地对此表示否认。这里，我们的任务便是解释这一关系。

[24] 当然，这并非意味着官方的虔敬派在后来没有从宗教统治的利益出发，反对资本主义发展中的某些进步方面，比如从家庭工业向工厂制的过渡，在这点上它和其他宗教流派是一样的。

正如我们在研究过程常常看到的，作为理想所追求的宗教及其对信仰者的生活加以影响后所产生的实际结果，二者应明确区别开来。至于虔敬派教徒对工业劳动具体的适应性问题，我曾在《论工商业劳动的心物学》（《社会科学和社会政治文献》，XXVIII）一文中，并多次在其他地方，举过一家威斯特伐利亚工厂的例子。

第二章　资本主义精神

[1] 最后一段出自《给意欲发财者的一些必要忠告》（写于 1726 年，全集，斯巴斯版，第二卷，第 80 页）。其余出自《给一位年轻商人的建议》（写于 1748 年，斯巴斯版，第 87 页及以下诸页）。文中着重号为富兰克林原文所有。

[2]《一个厌恶美国的人》（法兰克福，1855）一书，因其对列诺（Nikolaus Lenau）的美国印象做了充满想象的阐释而广为人知。作为一部艺术作品，这部书在今天已经很难为人欣赏了。但是，作为一部描写德国人与美国人的观点差异（目前这种差异早就模糊不清了）的文献，或者说作为一部关于德国人精神生活类型（不管怎样，自从中世纪日耳曼神秘主义以来，这种类型一直为所有日耳曼人，不论是天主教徒还是新教徒所共有），以此与清教徒对日常行动所做的资本主义式的评估相对照的文献，其价值是无与伦比的。

[3] 松巴特曾将这一语录作为其研究资本主义起源问题的章节的题词。（《现代资本主义》，第一版，第一卷，第 193 页。另见第 390 页）。

[4] 显然，这并不是意味着雅各布・福格是一个漠视道德或敌视宗教的人，也不是说上述引语已将本杰明・富兰克林的道德观

念囊括其中了。这里不需要征引布伦塔诺的理论（《现代资本主义的开端》，自第 150 页始）来保护这位慈善家，使其免遭误解（布伦塔诺似乎将这种误解的根源归咎于我）。问题恰恰相反：这位慈善家是如何以一名道德家的姿态，写出了这些独特的警句（布伦塔诺忽视了复制出这些尤为典型的形式）呢？

[5] 这是我们在查考这一问题时，与松巴特发生分歧的根本所在。后面将会弄清其重大的现实意义。不过，我们不妨预先提醒一下，松巴特绝非忽略了资本主义企业家的这种道德因素。不过，在他看来，这种道德因素似乎是资本主义的结果。鉴于我们的研究目的，我们必须将其对立情况作为预设。只有在研究结尾才能采用一个定论。关于松巴特的观点，见所引前书第 357、380 等页。他这里的论证与西美尔《货币哲学》（最后一章）中的精彩分析有所关联。至于他在《资产阶级》一书中同我的论争，我以后再做答复。此时，任何全面的讨论都必须往后推迟。

[6] “我越来越确信，在人际交往中，忠实、真诚和正直对于生活的美满幸福至关重要。我写下誓言，只要我一息尚存，就要身体力行，而今，这些誓言仍保存在我的日记本中。在我看来，启示就其本身而言的确无足轻重，但是我持有这样一种观点，即尽管某些行为并不因其遭到神启的禁止便是坏的，或者因其得到神启的支持就是好的；但是通盘看来，这些行为可能因为对我们是坏的便遭到禁止，或者因其本质上对我们有利而得到支持。”

[7] “所以，我尽可能地躲在幕后，把它（指富兰克林发起的

创建一座图书馆的计划。——引者注）当作几位朋友的方案来实施。这几位朋友要我四处走访，并向那些他们所认为的爱书之人提出这一方案。我以这种方式，使工作得以顺利进行。此后，凡是遇到这种情况，我都照此行事。由于我屡获成功，因此我衷心地推荐这种做法。眼下牺牲一点点虚荣，将来你会获得丰厚的回报。如果暂时还不能确定功劳归谁，某个比你更为虚荣的人或许受人怂恿，会跳出来说那是他的。这时，即使是他人的妒意也会将那些被夺走的羽毛拔下来，重新插到原主人的身上。因此你就会获得公正的待遇。"（《自传》，第 140 页）

[8] 布伦塔诺（同前书，第 125、127 页，注释 1）利用这一评论为理由批判后来对"理性化和纪律"的讨论（入世苦行主义以此支配人们）。他说，这就是把一种非理性的生活方式理性化。事实上，布伦塔诺非常正确。某一事物就其本身来说从来不是非理性的，只是从特定的理性的观点来看它才如是。对于不信教的人来说，所有宗教的生活方式都是非理性的，对享乐主义者来说，所有禁欲的生活方式都是非理性的，不管就其特有的基本价值观而言，与享乐主义相对的苦行主义是不是一种理性化。如果说这篇文章还有点贡献，或许就是说明了表面看似简单的"理性的"这一概念的复杂性。

[9] 为了答复布伦塔诺（《现代资本主义的开端》，第 150 页及以下诸页）为富兰克林所做的篇幅很长却不甚准确的辩解——因他认为我误解了富兰克林的道德品质——我只提及这段论述，在

我看来，这段话足以使他的辩解画蛇添足。

[10] 在进入正题之前，我想借此机会插几句反批评的话。松巴特（在《资产阶级》一书中）提出了一个站不住脚的论点，认为富兰克林的这一道德观念是对文艺复兴时期伟大而多才多艺的天才人物列昂·巴第斯塔·阿尔贝蒂（Leon Battista Alberti）某些著作的全盘复制。阿尔贝蒂著述甚丰，除写过有关数学、雕塑、绘画、建筑和爱情（他自己是个仇视妇女的人）的理论文章外，还写过一部有关家庭管理的四卷本著作（《家庭管理》）（遗憾的是，在写作本书时，我没有找到该书的曼西尼版，只找到了较旧的波努西版）。我们所征引的富兰克林的那段话是逐字逐句印上去的。那么，那些相应的篇章，尤其是"时间就是金钱"这句最重要的格言，还有紧承此格言的劝诫词，能在阿尔贝蒂著作的哪些地方找到呢？据我所知，只有在《家庭管理》第一卷（波努西版，第 2 版，第 353 页）末尾，才能发现与富兰克林那段话略有相似之处。在那里，阿尔贝蒂只是泛泛而论，将金钱视为家庭的真正动力，认为对其必须慎之又慎，就像卡托（Cato）在《论农村》一书中所讲的那样。阿尔贝蒂出身于一个佛罗伦萨最为显赫的骑士家族，他对此深感自豪（《著名骑士》，同上书，第 213、228、247 等页）。因此，如果把阿尔贝蒂看成是一个对贵族家庭满怀嫉恨的混血儿（因为他的非法出身，虽然没有被剥夺社会权利，却被视为资产者而排除在贵族之外），那就完全错了。的确，阿尔贝蒂曾盛赞大企业，认为唯有大企业才配得上高贵而忠诚的家族和自由而高尚的

思想，才能消耗较少的劳动（第 209 页，参较《家庭管理》第四卷，第 55 页和 116 页，潘多菲尼版）。因此，经营羊毛与丝绸的货庄生意是最好不过的事情，而有条理且勤勉地操持家务，即保持收支的稳定，亦是如此。这是一条维持神圣的家庭财产的原则，因而主要是维持生计即特定的生活标准的原则，而非获利的原则（松巴特对这一点的把握无人能及）。同样，在讨论货币的本质时，他所关注的是消费基金（货币或财物）的管理，而非资本的管理。所有这些已通过乔诺沙（Gianozzo）之口清楚地道出。财富不会一成不变，为了免遭不测，他建议人们及早适应持续工作的生活，最后，只有（第 73—74 页）持续的工作才是健康向上的，才是高尚和充实的，而懒惰则威胁着个人固有的社会地位。因此，必须仔细琢磨一种适当的生意，以防财产之变，而任何谋利的商业活动又是不适当的（同前书第一卷，第 209 页）。他的"灵魂安宁"的观点，以及他对伊壁鸠鲁的"人应顺其自然地生活"（第 262 页）的观点的强烈认同；尤其是他将公职（第 258 页）视为产生动荡、制造仇隙、卷进卑鄙交易的根源，对它表示出十足的厌恶；他居住在乡村别墅的生活理想；他在先辈们的思想培育下滋长起来的虚荣心；他对家族荣誉的态度是将其视为决定性的标准和理想（就此看来，应该像佛罗伦萨人那样将财产集中进来而不能将其分开）——凡此种种，在任何一个清教徒看来，都是罪恶的肉身崇拜，不过，在那些信奉富兰克林的人们看来，则是官僚贵族的无稽之谈了。此外，还应注意他对文字工作的高度评价（因为主要在文学写作和科学研究中需要勤奋不辍），它们确实最值得人们付出努力。“理性的家政行为”是自力更生和避免贫困的手段，在这个意义上认为财产具有同样的价值的观点，只是通过文盲乔诺沙之口说出来的。因此，这一来自（见下文）修道士伦理观的概念，其起源可以追溯到一位老牧师（第 249 页）。

现在，我们要将所有这一切与本杰明·富兰克林的伦理观念和生活方式进行比较，尤其是和他的清教徒前辈进行比较；还要将文艺复兴时期的文学家自荐给人文主义贵族时所写的作品与富兰克林写给低层中产阶级大众（他特别提到职员）的著作，以及清教徒们的小册子和训诫进行比较，以期理解这种差异的深刻性。阿尔贝蒂的经济理性主义通过引证一些古代作家得到了全面支持。很显然，这种经济理性主义与色诺芬（阿尔贝蒂并不了解此人），与卡托、瓦罗和哥伦默拉（阿尔贝蒂引过这几个人的书）的著作中对经济问题的处理态度密切相关。不过卡托和瓦罗著作中的获利行为，在阿尔贝蒂那里是以另外一种方式置于最重要地位的。此外，阿尔贝蒂对农场的使用、劳动分工与管制，以及农民的不可靠性等等问题所发表的非常偶然的评论，听起来的确很像卡托那得自古代使用奴隶劳动的家庭的朴素的智慧，却用于了家族工业和对分佃农制度中的自由劳动上面。当松巴特（他所提到的斯多葛学派的伦理观完全是一种误导）认为经济理性主义早在卡托那里就已经“发展到了极限”，他给出了一个正确的阐释，并非全都一无是处。将罗马人“家庭严父”的观念与阿尔贝蒂的“审慎的管理人”的观念纳入同一类别，使二者结合起来是完全可能的。最重要的是，卡托认为，地产可被评估为消费基金投资的对象，这是他最重要的一个特点。另一方面，由于受到基督教的影响，“勤奋”的观念已经披上了不同的色彩。这里即是差异所在。在这一源自修道士的苦行主义，后来又为修道士作家所发展的“勤奋”观念之中，已经埋下了此后在新教入世苦行主义中获得充分发展的精神气质的种子。因此，正如我们后面常常提到的，相比圣托马斯的官方教义，这二者之间的关系更与佛罗伦萨和锡耶纳的托钵僧道德家密切相关。卡托和阿尔贝蒂的著作中都没有谈到这种精神气质。因为对此二人来说，这是一个世俗智慧的问题，而非伦理问题。在富兰克林那里，也表现出了一种功利主义的态度。但最重要的是，他那些对年轻商人道德品质的训诫不可能被人误解。对他来说，一个人在理财时粗枝大叶，就等于扼杀了资本的胎儿，所以它是一个伦理错误。

松巴特认为阿尔贝蒂虔诚敬神，但是，尽管阿尔贝蒂主持过圣事，并做过罗马教廷的圣职人员，他却像许多人文主义者一样，（除两个苍白无力的片段）从未以任何方式利用宗教动机来为他所推崇的那种生活方式辩护，他还没有把他对经济的忠告与宗教观念联系起来，而另一方面，富兰克林已不再需要这么做了。只是在这点上，（阿尔贝蒂和富兰克林）二人之间才存在着某种内在关联。从阿尔贝蒂偏爱羊毛和丝绸制造业，可以看出他的功利主义倾向，这种功利主义也就是“大多数人应该获得就业机会”（参见阿尔贝蒂，同上书，第292页）的重商主义者的社会功利主义，在这个范围内，它至少在形式上为二人提供了唯一正当的理由。经济理性主义作为经济状况的一个反映，在各个地区、各个时代的那些只对“为事物而事物”感兴趣的作家的著作中都可见到，在文艺复兴和启蒙运动时期可以见到，在古代中国和古希腊、古罗马同样可以见到，阿尔贝蒂对上述问题的讨论为这种经济理性主义提供了一个很好的例证。毫无疑问，正如古代之于卡托、瓦罗和哥伦默拉，此处之于阿尔贝蒂和其他同类学者，尤其是在“勤奋”的教义方面，某种经济理性获得了高度的发展。宗教信仰能够以救赎和定罪的约束力来指导人们实现某种特殊的（这种情况已经实现了方法论的理性化）生活方式，而人们何以相信那种学术理论竟能发展成为一种足以与宗教信仰相抗衡的革命性力量？与之相较的，还有一种真正的指向宗教的行为的理性化。在清教徒各派以外，这种行为的理性化可以见诸耆那教徒、犹太教徒、中世纪某些苦行主义教派、波希米亚弟兄会（胡斯运动的支派）、俄国的阉割派和斯顿德教派，以及无数修道会之中，尽管这些教会可能彼此差别很大。

那种差别的本质所在，即（预见）一种建基于宗教之上的伦理观念，只要它坚持了宗教所规定的态度，就能产生某种心理上的约束力（并非具有经济的性质），只要宗教信仰依然存在，这种约束力就会相当有效。像阿尔贝蒂仅仅具有的那种世俗智慧，不能控制这种约束力。只有当这种约束力发生了作用，最重要的是，只有当它发生作用的方向与神学家的教义大相径庭时，这种伦理观念才对生活行为并进而对经济秩序产生单独的影响。坦白言之，这才是整篇文章的要点，我没想到它竟被完全忽略了。

以后我还会讲到中世纪后期的神学道德家，相对而言，他们都对资本表示支持（尤其是佛罗伦萨人安东尼和锡耶纳人伯恩哈德）。松巴特也严重地曲解了这些人。不管怎么说，阿尔贝蒂不属于这类人。他只不过从修道士的思想路线中吸收了“勤奋”的观念，不管他是通过什么媒介。诸如阿尔贝蒂、潘多菲尼等人，代表着那种表面上顺从教会，本质上已经摆脱了教会传统的态度。尽管这种态度与当前的基督教伦理观念多有类似之处，但在很大程度上却具有古代异教徒的特点，布伦塔诺认为我忽视了它对现代经济思想（以及现代经济政策）发展的意义。诚然，此处我没有论述它的影响，因为在一篇研究新教伦理和资本主义精神的论文中讲这个问题是不合适的。但是，它们之间将呈现出不同的关联，我根本没有否认它的意义；我向来都持有一种见解，并且我对此很有信心，即阿尔贝蒂等人的影响的范围与方向较之新教伦理是截然不同的（新教伦理具有重要的实际意义，其精神鼻祖是威克利夫和胡斯教派以及他们的伦理观）。受到其他观念影响的，不是正在兴起的资产阶级的生活方式，而是政治家和王公贵族们的政策。为便于分析起见，应该明确区分开这两条（时常却绝非总是）交汇在一起的发展线索。就富兰克林而言，他那些劝诫商人的小册子，现在成了美国课堂读物，实际上应该属于影响了人们实际生活的著作，其影响远远超过了阿尔贝蒂那本学术圈外无人知晓的大部头作品。但是我仍明确地把富兰克林视为没有受到清教徒人生观直接影响的人物。这种人生观就像整个英国启蒙运动一样，在此期间已黯然失色，不过人们倒是屡屡提及它与清教的联系。

[11] 遗憾的是，布伦塔诺（同上书）把所有为营利而进行的斗争，不管是通过和平手段还是战争途径，全都混为一谈了，并由此提出应把赚取金钱（而非土地）作为资本主义获利行为的真正标准（比如，可与封建时期做一比较）。如果对此稍做区分就会得出一个明晰的概念，但是，他不仅拒绝这么做，而且还对我们为此研究所提出的（现代）资本主义精神概念表示反对，说这一概念已经包含于它意欲证明的假设中了，（对我来说）这种反对实在是莫名其妙。

[12] 参照松巴特的《19 世纪德国国民经济学》，第 123 页，该书的所有观察报告都很出色。尽管接下来的研究中的某些最重要的观点可以追溯到年代更早的著作，不过一般而言，我不必专门指出，也可以看到它们在多大程度上受惠于松巴特那些论述清晰的重要著作，尤其是本篇，尽管我所采取的途径与他并不相同。即使那些一直坚决反对松巴特的观点，还有否弃他的许多论点的人们，也只有在全面研究他的著作之后，才有权这么做。

[13] 当然，我们这里无法深入探讨这些限制到底在哪里，也无法评价高工资与高劳动生产率之间的关系这一大家都很熟悉的理论。这一理论最先由布拉赛（Brassey）提出，布伦塔诺理

论化地阐明并坚持了这一理论，舒尔茨—盖维尔尼茨（Schulze-Gaevernitz）又从历史和理论两方面对其进行了阐发。这一讨论由于哈斯巴赫（Hasbach）的深入研究（Schmollers Jahrbuch，1903，第385—391页及第417页以下诸页。）而得到再次展开，至今还无最终结果。其实，低工资与高利润，低工资与工业发展的良好前景，至少不能简单地画等号；一般说来，为适应资本主义文化而进行的培训，以及随之而来的资本主义作为一种经济制度得以实现的可能性，并非仅仅通过机械的金融运作而达成。对我们来说，这里只要承认这个没有人怀疑、也没有人能够怀疑的事实就足够了。所有的例子都完全能够说明问题。

[14] 如若没有来自旧文化地区的大规模移民运动，资本主义工业的建成往往是不可能的。不管松巴特对手工业者的个人技能及商业秘密和科学而客观的现代技术之间区别的评论有多么正确，在资本主义兴起阶段，这种区别几乎是不存在的。实际上可以说，资本主义工人（某种程度上还有企业家）的道德品质，常常要比凝聚了数百年之久传统的工匠的技能更为稀有。即使今天的工业界在选择发展场所时，也不能不受制于移民的这种在高强度的劳动中，经过长期的传统浸淫和教育培训而获得的品质。在对这种制约进行评述时，今天的科学偏见很容易将其归因于先天的人种素质而不是传统与教育。在我看来，其正确性颇令人怀疑。

[15] 参见我的《论工商业劳动的心物学》，《社会科学和社会政治文献》，28页。

[16] 前面的评述可能会被人误解。有一类闻名遐迩的商人，倾向于用“应该为人民维护宗教”的信条为自身目的服务。更早一些时候，有很多人，尤其是路德派的神职人员，怀着对当局的一般同情，心甘情愿地将自己视为身着黑袍的警察，污蔑罢工为犯罪，宣称工会是贪欲的助长者。所有这些事情与我们现在的问题无关。本文所讨论的各种因素全都是常见的事实，而非偶然发生的东西。我们将看到，这些事实会以一种典型的方式反复出现。

[17]《现代资本主义》，第一版，第一卷，第 62 页。

[18] 同上，第 195 页。

[19] 自然，这里专指现代理性企业的资本主义精神，而非流布世界数千年的那种资本主义精神。后者从中国、印度、希腊、罗马、佛罗伦萨一直流传至今，体现于高利贷者、军火商、公司里的贸易商、收税员、大商人和金融巨头身上。参见导论部分。

[20] 因此，这一假设绝非为了证明先验之物的正当性。我在此要指出的是，一方面拥有资本主义企业的技术，另一方面为资本主义扩张提供了动力的职业精神，这二者的起源应该植根于同样的社会阶级之中。宗教信仰的社会关系亦复如此。在历史上，加尔文教派是在资本主义精神支配下的教育机构之一。但是在尼德兰，拥有大宗货币的逐利意图主要不是严格的加尔文宗的信徒，而是阿明尼乌派教徒，其原因后面再行探讨。正在兴起的中小资产阶级是企业家的主要来源，在最大程度上，他们构成了资本主义伦理和加尔文宗的典型代表。正是这一点与我们当前的论点十

分吻合：即在任何时代都有大银行家和商人；但是，一种理性的资本主义工业劳动组织却是从中世纪到现代的过渡发生之后才为人所知的。

[21] 对此，可参见 J. 马利尼亚克（Maliniak）在苏黎世所做的出色演讲（1913 年）。

[22] 接下来的图景，是依据在不同的工业部门和不同地区所获得的情况汇集在一起的理想类型。它在此起到说明的作用，因此，如果在我们所知的任何一个例子中，其过程并非精确地按照我们所描述的方式发生，当然也是无关紧要。

[23] 由于这个原因，当然还有别的原因，德国工业初期的（经济）理性主义在起始阶段还伴随着某些其他现象，比如日用品的风格趣味遭受了灾难性的退化，这种情况的出现绝非偶然。

[24] 不应将此理解为即是说贵重金属的供应变化毫无经济意义。

[25] 这仅仅指的是我们作为研究对象的那类企业家（商人），而非任何经验意义上的普通类型。关于理想类型的概念，参见我发表在《社会科学和社会政治文献》19 页上的讨论。

[26] 此处对凯勒的论文做一些评论或许最为适当，前面已经提到该论文（*Gorres — Gesellschaft* 出版，第 12 卷），同时我们还要对松巴特根据凯勒的文章所做的考察（《资本主义》）做一番探讨，只要它们与现在的语境有关。假如一位作者将在世界上几乎所有宗教中都具有利息禁令，认定为是区别天主教伦理和新教伦

理的决定性标准，并以此批评对该禁令（除了在一句与总论点毫不相干的话中偶有提及）只字不提的一个研究，这简直让人不可思议。一个人只应批评他读过的东西，或者是批评曾经读过仍未忘记的论点。反对“罪恶的高利贷”的运动贯穿于整个16世纪的胡格诺派和荷兰教会史。伦巴第族人，即银行家们，仅仅因为这场运动就常被革出教门（见第一章，注17）。加尔文所采取的更为开明的态度（不过，他并不反对将反对高利贷的规定列在教会法规的第一方案中）直到塞尔马苏斯（Claudius Salmasius）才取得决定性的胜利。所以，其差别并不在此，而是恰恰相反。不过，更为糟糕的是作者本人对这个问题的观点。相比冯克（Funck）和其他天主教学者的著作（在我看来，他没有对这些著作给予应有的充分注意），相比恩德曼（Endemann）的研究（尽管这些研究的某些观点在今天已经显得陈旧，但仍然极其重要），这些观点相当浅薄，给人以痛苦印象。的确，凯勒杜绝了像松巴特（《资本主义》，第321页）那样肆无忌惮地大发议论，例如，松巴特说，人们应该注意“虔诚的绅士”（锡耶纳人伯恩哈德和佛罗伦萨人安东尼）“希望通过任何可能的手段来激发企业精神”，也就是说，由于他们像所有人一样关注利息禁令，便以这样的方式去解释禁令，以致免除了我们所称的资本的生产性投资。松巴特一方面把罗马人列入英雄民族的行列，另一方面，他又认为经济理性主义在卡托那里（第267页）已经发展到了穷途末路，这对他的整个研究构成了一个棘手的矛盾。顺便提及的这点东西，说明这本书在论点上糟糕透顶。

他还完全曲解了利息禁令的意义，在此不能详论。它一度经常被加以夸大，然后又横遭贬低，现在，在这个产生天主教徒和新教徒百万富翁的时代，为了辩护需要又将其颠倒了过来。众所周知，尽管有着圣经的权威，这一禁令直到20世纪才通过红衣主教会议下达的命令得以废除。但在当时鉴于时代状况也只是间接地，也就是说，只是通过禁止用“罪恶的高利贷”问题困扰忏悔者的办法来废除此禁令的，尽管它要求人们必须服从这一命令，以防禁令重又恢复。如果考虑到人们对诸如购买债券、打折票据以及其他各种契约的合法性问题的无休无止的争论（特别是考虑到上面提及的红衣主教会议关于市政贷款的命令），那么任何对上述教义极端复杂的历史做过全面研究的人，都不会主张利息禁令只适用于应急贷款，也不会宣称它旨在保存资本，或者认为它甚至是对资本主义企业的一种援助（第25页）。实际上，教会开始重新考虑这一禁令时相对来说已经比较晚了。在那时候，纯粹的商业投资的形式并不是有着固定利息率的贷款，而是营利性航运、康曼达、商业公司与水上商业（在这种贷款中，盈亏分配根据风险程度加以调节）。考虑到通过向生产性企业提供贷款而获得回报的性质，具备那种形式是必需的。这些并不被（或者只根据几个严格的宗教法规学家）认为是受到禁止的，不过，当固定利润率的投资与回扣成为可能，并且成为惯例的时候，第一类贷款也遇到了来自禁令的非常棘手的困难，这又导致商人行会（黑名单）的各种激烈的措施。宗教法规学家对高利贷的处理方法通常只具有纯粹的法律和形式意义，并且的确已经摆脱了像凯勒所归结的那种保护资本的倾向。最后，在对待资本主义的所有态度中，就我们能够确知的而言，其决定性因素，一方面是传统的并且大多是模糊不清的对增长中的资本力量的仇视，而这种资本力量是非人格化的，因而不受伦理观念的制约（这也体现在路德对福格家族和银行业的公告中）；另一方面是适应实际需要的必要性。我们在此不能讨论，因为我们已经说过，高利贷禁令及其命运对我们充其量只有象征的意义，并且这一意义还非常有限。

司各脱派的经济伦理观念，尤其是14世纪某些托钵僧神学家们的伦理观念，其中更以锡耶纳的伯恩哈德和佛罗伦萨的安东尼最为重要，他们都是具有苦行主义的特定理性类型的僧侣，其经济伦理观无疑值得单独探讨，不该在我们的讨论中随便一提就了事。否则，为了回应批评，我就必须在此预先讲一些我该在对天主教的伦理观念与资本主义的肯定性关系的探讨中才讲的话。这些作者试图将商人的谋利视为对他们勤奋的回报，因而可以在伦理上证明其合理性，这一点开了耶稣会的先河。（当然，即使是凯勒的观点也不过如此）

当然，关于勤奋的观念和对勤奋的认同归根结底来自修道士的苦行主义，或许还来自“管理者”这一思想，而“管理者”的思想又源自牧师，阿尔贝蒂本人已通过乔诺沙之口说明了这一点。修道士的伦理观念是新教各世俗教派的先驱，我此后还要更为全面地论述在何种意义上是这样的。在希腊的犬儒学派之中，在背景完全不同的埃及，都有类似观念的迹象，前者表现于希腊后期的许多墓志铭上。但在此处，对我们来说最为重要的东西却完全不具备，在阿尔贝蒂那里亦复如此。我们将会看到，个人获得拯救的证明，即感召中“因信称义”，这种典型的新教观念提供了一种心理上的约束力，新教将其置于“勤奋”之后。天主教却不能提供这一切，因为它的获救的方式不同。结果这些作者关心的是一种伦理教条，而不是依赖于获救愿望的实际行动的动机。此外，显而易见，他们所关注的是对实际需要所做出的让步，而非像入世苦行主义那样关注从基本的宗教前提出发所做的推理。（顺便提一下，长期以来，人们对安东尼和伯尔纳的评价要比凯勒高）时至今日，那些所做出的让步还常常成为争论的对象。不过，这些修道士的伦理观念作为某些象征，其意义却不可小视。

但是，导致现代天职观念的宗教伦理思想的真正根源却在于各教派和异教运动，最重要的是威克里夫①；虽然布罗德尼茨（Brodnitz）（在《英国经济史》中）认为威克里夫的影响是如此之大，以至于清教主义已经无事可做了，这过高地估计了他的意义。所有这些我们在此都不能详论，因为在这里我们只能顺便探讨一

① 威克里夫（Wycliffe，约 1330—1384），英国宗教改革和清教主义的先驱，他反对教皇权力至上，主张各国教会应隶属本国国王，认为教皇无权向国王征收贡赋，建议国王没收教会土地。他反对把人的传统凌驾于《圣经》之上，反对把圣礼神秘化，甚至彻底谴责天主教在圣餐论上的化质说。他所做的一件重要工作就是将《圣经》从通俗拉丁文本翻译为英文。——译者注

下中世纪的伦理观念是否以及在多大程度上为资本主义精神铺平了道路。

[27] μηδέν άπελπιξοντες（不指望偿还）(《路加福音》第 6 章第 35 行）这几个词，拉丁文《圣经》译作 nihil inde sperantes，被认为（据墨尔克斯《A.MerX》）是对 μηδέγα άελπιξοντες（对任何人都不要绝望）（或者 meminem desperantes）这几个词的误用，因而表示向所有兄弟，包括穷人提供贷款，而根本不谈什么利息。现在 *Deo Placere vix potest*（你们很难使上帝满意）一节被认为来源于雅利安人（即使如此，对我们的论点也无关紧要）。

[28] 关于与高利贷禁令的妥协是如何达成的，可见《卡利马拉行会规约》(*Arte di Calimala*)（目前，我只有 *Emiliani-Giudici* 的意大利文版，*Storia.dei Com.Ital.*,III，第 246 页），第一卷第 65 章："执政官依靠那些修士设法达到目的，在后者看来，人们若想得到宽恕原宥，在行为举止中，应能体现出对他人的博爱，对天赋、功绩、报偿的珍视，对现世与来世的关注。"因此，行会可用这种方法来保证其会员由于他们的官方地位而得到免税，而不用挑战权威。紧接着的那些暗示，还有刚刚前面把所有利息和利润作为礼物书写下来的观点，都是对通过资本而赚取利润所采取的与道德无关的态度具有的典型特征。在目前的证券交易中，为了反对那些隐瞒最高价格与实际卖出价格之差额的经纪人所开列的黑名单，常常与对那些站在宗教法庭为罪恶的高利贷辩护的人的公开抗议具有相似之处。

第三章　路德的“天职”观（研究任务）

[1] 在古代语言中，只有在希伯来语里有些许类似的概念，主要在希伯来语的“职务”一词中。它表示祭司之职(《出埃及记》第35章第21节;《尼希米记》第21章第22节;《历代志上》第9章第13节，第23章第4节，第26章第30节)；表示为王室仆从（特别是在《撒母耳记上》第8章第16节;《历代志上》第4章第23节，第29章第6节）；表示王室官员之职(《以斯帖记》第3章第9节，第9章第3节)、监工(《列王志下》第12章第12节)、奴仆(《创世记》第39章第11节)，表示田间劳动者（《历代志上》第27章第26节)，表示手工业者（《出埃及记》第31章第5节，第35章第21节，《列王纪》第7章第14节)、商人(《诗篇[①]》第107章第23节)，还有在《西拉书》第11章第20节中表示任何一种世俗活动，后面再行讨论。该词的词根是希伯来语的“服务”，意指派遣、打发，因此，其初始意义指一项任务。该词来源于依据埃及模式而建立的所罗门官僚政治的奴隶制王国中流行的概念，这从上面提及的参考出处即可见出。不过，我从莫克斯那里得知，这

① 《诗篇》(*Psalms*)，亦称“圣咏集”，《旧约》中的一卷，由150篇感恩、赞颂、祈求、祝颂诗组成的诗集，约在公元前300—前180年编辑成书。其内容丰富，感情真挚，包含了宗教生活的方方面面，文辞优美，是《旧约》中最受欢迎的篇章。——译者注

个词根的意思在古代就已消失了。这一单词逐渐表示任何种类的工作，而且，事实上它同德语的 Beruf（职业）一样，完全不带有任何色彩，并且主要指脑力劳动，而非体力劳动。“הק”这一表述（“分派”“任务”“教训”）在西拉书《智慧书》第 11 章第 21 节里也出现过，在《七十子希腊文本》里译为 διαθήκη（神约、契约），也是出自当时的奴隶制国家的专门名词，与希伯来语中的“任务、神安排的事业”相同（《出埃及记》第 5 章第 13 节，并参照第 5 章第 14 节），《七十子希腊文本》亦用它指示任务。在《智慧书》第 14 章第 10 节里，《七十子希腊文本》采用的是 κριμα（审判、决定、判断）。在《智慧书》第 11 章第 20 节里，显然这个词用于表示对上帝戒命的完成，这样，它就同我们的天职有了联系。《智慧书》里的这一段可参考斯蒙德（Smend）有关《智慧书》的著名作品，关于 διαθήκη（神约，契约）、ἑρνον，（工作、行为，职业）、πόνος，（痛苦、艰难的工作），参见他的《〈旁经智慧书〉索引》（柏林，1907 年）。众所周知，希伯来文的《智慧书》曾经遗失，不过，后来施希特尔又找到了它，并引用《犹太法典》中的部分片段做了补充。路德没有希伯来文的《智慧书》，所以，这两个希伯来文的概念对路德使用的语言不可能有任何影响（参见下面有关《箴言》第 22 章第 29 节）。

在希腊语中，没有与德语或英语相对应的表达伦理概念的单词。路德完全以现代用语的精神（如下）把《智慧书》第 11 章第 20 节和第 21 节译为 bleibe in deinem Beruf（坚守你的职业、继续你的工作），而《七十子希腊文本》中一处是 ἔρνον，另一处为 πόγος（希伯来文最初指神助的辉煌），不过这一节好像完全错了。另外，在古代 τἄ προσήκοντο 一词一般指义务、责任。在斯多葛派的著作中 κάματος（劳动、疲劳）一词间或也有类似的含义，虽然它们在词源上并不相关（A. 狄德里奇曾提醒我注意此点）。所有其他的字词【比如，τάξις（阶层、地位、身份）等等】，均没有伦理道德方面的意思。

在拉丁文中，我们译为职业，劳动分工之后个人所应承担的工作，因而，（通常）也指他收入的来源和长期生活的经济基础的单词，除了不带任何色彩的 opus（应当、必须）之外，在表示伦理观念的内容中，可以用 officium（工作，源自 opificium，最初亦不带任何伦理色彩，但是，后来特别在塞涅卡的《论恩典》第 4 章第 18 页中，开始指 Beruf）表示，它至少同德语中的 Beruf 意思相近；也可以用 munus（职务、职责、义务、责任）来表示，munus 是从古老的市民社会的强制性义务中派生出来的；最后，还可以用 Professio（职业）表示。最后的这个词也可以在这个意义上特指公共义务，可能源自古老的公民纳税申报制度。不过后来它用于指谓特定的现代意义上的自由职业（像在 professio bene dicendi 中，表示既定的好职业），在这一狭义的意义上，它同德语的 Beruf 意思相近。不过在宗教意义上二者意思更为接近，比如当西塞罗说某人“non intelligit quid profiteatur”，即“他不知道自己真正的职业”。二者唯一的区别在于，这个词当然是指明确的世俗的职业，而无宗教含义。ars（技巧、技能）更是如此，这个词在帝国时期用于指称手工艺。《通俗拉丁文本圣经》在翻译上述《智慧书》的章节时，一处用的 opus，另一处（第 21 节）用的 locus（地位、身份），此处的意义类似于社会地位。苦行主义者杰罗姆增加了 mandaturam tuorum（安排于你的）意思，正如布伦塔诺所做的说明，不必到处提醒人们注意这一事实，它是宗教改革之前苦行主义者有关来世的典型用语，后来其意思也用于世俗方面。杰罗姆的译文出自何处还不能进一步确定。他受到希伯来语中古老的“祭司职务”的礼拜仪式含义的影响，似乎并非绝无可能。

在拉丁语系的语言中，只有西班牙语的 vocacion（神召）表示对某物的一种内心的感召，从牧师的公职类推，这个词在一定程度对应于德语 Beruf，但它从未用于表示外在的召唤。在拉丁语系语言翻译的圣经中，西班牙语的 *vocacion*、意大利语的 vocazione 和 chiamamento，均用来翻译《新约》中的 κλησις（神召，感召），《福音书》对永恒救赎的召唤，它在《通俗拉丁文本圣经》里是 vocatio，在其他语言中，西班牙语的 vocation、意大利语的 vocazione 和 chiamamento 一定程度上与我们目前所讨论的路德宗、加尔文宗的用法有类似的意思。奇怪的是，布伦塔诺在引证的书里坚持认为，我所援引的用来为自己观点进行辩解的事实，证明了在宗教改革之前，后来意义上的天职观念就已经存在了。但事实却并非如此，κλήσις 必须译为 vocatio，但在中世纪时，这个词在何时、何处被用于现在的意思呢？尽管这个词并未被用于表示世俗职业，但这种译法本身是明确的。15 世纪的意大利文的《圣经》中 chiamamento 同 vocazione 在此意义上可以通用，出现于 *Collezione di opera inedited e rare* 一书（这版《圣经》1887 年出版于博洛尼亚出版），而现代意大利文译本只取后者。另一方面，在拉丁语系的语言中，表示在外部世俗的意义上呼吁追逐常见的物质财富活动的词，翻查所有的词典，还有我的朋友弗莱堡的贝斯教授的一个报告，均无任何宗教含义。不管它们是从 ministerium（奴仆的职务、职位、官职）或从 officium（这两个词最初都有一定的宗教色彩）派生出来的，还是从 ars、professio 以及 implicare（impeigo）衍化而来（起初，根本没有 implicare 这个词），情况都是一样的。上面提到的《智慧书》的章节，在路德译为 Beruf 的地方，法语第 5 章第 20 节处译为 office（职务），第 5 章第 21 节处译为 Labeur（工作，加尔文派的译文）；西班牙文第 5 章第 20 节译为 obra，第 5 章第 21 节译为 lugar（依据《通俗拉丁文本圣经》）；新近的译法是 posto（职业）。拉丁教会国家的新教徒，由于人数较少，他们对各自的语言，并没有像路德那样对尚未高度理性化（从学术意义上讲）的德国官方语言产生创造性的影响，对此他们可能连想都没有想过。

[2] 另一方面，《奥格斯堡信纲》仅仅隐晦地包含了这种观念，但后来有一定程度的发展。第十六条（科尔德版，第 43 页）宣称："其间，它（指《福音书》）没有解决民用或家庭经济的各种关系，但却强烈地要求我们将其视为神的安排，在这样的安排中（人人

各处其原位）行使仁爱。”（Rev.W.H. 梯尔与里兹合译，1842 年版）。

所得的结论，即人们必须服从权威，表明了此处的 Beruf（天职、使命）至少最初是指《新约·哥林多前书》第 7 章第 20 节意义上的客观的秩序。

第二十七条（科尔版，第 83 页）在提到 Beruf（拉丁文为 in vocatione sua）时，只把它与神授的职权，如圣职、长官、王子、君主等等相连。但是，就连这一条也只有德文版的《新教宗教全集》中才有，而在德文版中“君王”一词消失了。

仅在第二十六条（科尔版，第 81 页）中，Beruf 一词的含义至少包含我们目前所用的意思：“人必须惩戒自己的肉体，不应使之得到原宥，而要对其加以规训，使之适合宗教事务，以履行背负之天职。”理查德·塔沃纳译，费城出版社，1888 年。（拉丁文是 juxta vocationem suam）。

[3] 我的同事布朗教授和胡布斯教授依据词典，查证到在路德翻译《圣经》之前，Beruf 这个词（荷兰语 beroep，英语 calling，丹麦语 kald，瑞典语 kallelse）在所有现在具有该词的世俗意义的语言中，都没有出现过。中高地德语、中低地德语以及荷兰中部语言中发音与它相似的单词，其意义同现代德语中的 Ruf（呼唤）相同，在中世纪后期，更指由那些具有任命权的人物发放俸禄的圣职候选人的职位。斯堪的纳维亚语词典中经常提到的情况是一个特例。路德也偶有使用这个词的此种意义。然而，尽管该词的这种特殊用法可能促进了其意义的演变，但 Beruf 的现在意义无

疑要从语言学上追溯到新教徒对《圣经》的翻译中，此后将会看到，我们只在陶勒（死于1361年）那里就能看到他对此已有所预见。所有受到新教《圣经》译本根本性影响的语言都有这个词，但是，如果说所有语言中的这个词（比如说拉丁语系诸语言）都不含有或者说至少不具有它现在的意思，那么并不正确。

路德在两种完全不同的观念上使用Beruf一词。一是保罗的“蒙召”观念，意味着通过神达到永恒的拯救。例如，《哥林多前书》第1章第26节；《以弗所书》第1章第8节，第4章第1节和第11节；《帖撒罗尼迦后书》第1章第11节；《希伯来书》第3章第1节；《彼得后书》第1章第10节。上述诸例都与使徒通过《福音书》教导的纯宗教的神召观念有关；κλησις一词同现代意义上的世俗工作毫无关联。路德以前的德文《圣经》用的是ruffunge（“委任、召唤”，海德堡图书馆的《圣经》里皆用该词），有时也用“von Gott gefordert”（“受上帝的传唤”）取代“von Gott geruffet”（“受上帝的召唤”）。第二，正如我们所见，路德是用“beharre in deinem Beruf”（“坚守你的职业”）和“bliebe in deinem Beruf”（“保持你已有的工作”）翻译前注中所探讨的《智慧书》中的话（《七十子希腊文本》中是“你的工作已很久了，继续你原来的事”），而不是用“bliebe bei deiner Arbeit”（“继续你原来的工作”）进行翻译。后来（权威的）天主教译文（如富尔达的译本，1781年）也因循了路德的译法（例如《新约》的篇章）。据我所知，路德在《智慧书》里对德语Beruf的翻译，是其目前所具有的纯世俗意义的首次现身。

路德将前面提到的第20节“στηθι εν διαθήκη σον”(“守住你的约”)译为“bliebe in Gottes Wort”(“信守神的约”)。尽管《智慧书》第14章第1节和第63章第10节表明，相应于《智慧书》所用的希伯来文 חק(根据《犹太法典》的引证)，διαθήκη(神约)表示人的命运或指定任务，其含义确与现在的“天职”相似。当时的德语中不含有Beruf这个词在此后和目前所具有的意思，据我所知，旧有的《圣经》译者和传道者的著作中也是如此。路德以前的德文《圣经》中，《智慧书》一节用的是Werk(工作)，雷根斯堡的贝尔托特在其讲道集中，凡是现在用Beruf的地方，他都用Arbeit(职业、使命)一词，这种用法与古代相同。陶勒在对《以弗所书》第四章的杰出布道(《选集》巴斯尔出版，注释117)中，如是评价那些去施肥的农民，他们往往过得更好，“因为他们只是听从召唤(Ruff)，而在教会中供职的人却不听从召唤”。据我所知，这是首次使用Ruf，而不是用Beruf来表示纯粹的世俗劳动。该词的这一含义并没有进入日常用语。即使路德在最初使用Ruf还是Beruf时犹豫不定(《全集》第51页)，但我们不能肯定他是否直接受到陶勒的影响，尽管路德的《论基督徒的自由》在许多方面类似于陶勒的这段话。但是，路德并没有用Ruf这个词来表示像陶勒的纯粹的世俗工作。(此处与德尼夫勒的观点相反，参见《路德》，第163页)

很明显，在希腊文《智慧书》的忠告中，除了一般的规劝人们信仰上帝，不含有任何对从事一门职业的世俗劳动的宗教价值的暗示。如果不是被误用了，那么发生误用的第 2 节中的 πόγοξ（辛劳）一词，其词义应该正好相反。《智慧书》所讲的内容同《诗篇》作者的训诫是一致的（《诗篇》第 27 篇第 3 节）："住在地上，以对他的信仰为粮。"很清楚，这与劝诫人们不要被不信神的人的活动所欺骗的训诫有关，因为神能够轻易地使穷人变富。只有保持"原派遣的任务"（第 20 行）的开始那段劝诫同《福音书》的 κλησις（蒙召）有类似之处，不过此处路德并未用 Beruf 来译希腊文的 διαθήκη（神约）。在《哥林多前书》及其译文中，可以看到路德对 Beruf 一词的两个看似毫不相关的用法具有某种关联。

在一般的现代版本中，这一节的整个背景如《哥林多前书》第七章第 17 节（《英国钦定本》，美国修订版，1901 年）所示："（第 17 节）只要照主所分给各人的，和神所召各人的而行。我吩咐各教会都是这样。（第 18 节）有人已受割礼蒙召呢，就不要废割礼；有人未受割礼蒙召呢，就不要受割礼。（第 19 节）受割礼算不得什么，不受割礼也算不得什么；只要守神的诫命就是了。（第 20 节）各人蒙召的时候是什么身份，仍要守住这身份（"各人蒙召的时候是什么身份"，正如莫克斯教授所告诉我的，这句话无疑表明了希伯来人特有的文化精神）。（第 21 节）你是做奴仆蒙召的吗？不要因此忧虑。若能以自由，就求自由更好。（第 22 节）因为做奴仆蒙召于主的，就是主所释放的人；做自由之人蒙召的，就是基督的奴仆。（第 23 节）你们是重价买来的；不要做人的奴仆。（第 24 节），弟兄们，你们蒙召的时候是什么身份，仍要在神面前守住这身份。”

第 29 节表明时间缩短了，接下去是由末世盼望引发的著名诫命：“（第 31 节）那有妻子的，要像没有妻子；置买的，要像无有所得”[①]，等等。路德依循古老的德文译本，把 κλησις（蒙召，身份）译为 Beruf，并用 stand（身份、地位、职业）来解释，即使在 1523 年这一章的注释里也是如此（埃尔兰根版，第 51 章第 51 页）。

事实上很明显，κλησις 这一单词在此处、也只有在此处才与拉丁语的 status（地位）和德语的 Stand（婚姻状况、奴仆身份等等）的意思大致等同。不过，这当然不是布伦塔诺（第 137 页引文）所认定的现代意义上的 Beruf。布伦塔诺不可能读过这一节，也不可能读过我已非常仔细地谈论过的内容。从词源学上看，这个词同 έκκλησια（教会）有关，意指召集起来的集会，这在某种意义上至少暗示了它在希腊著述中出现过，目前为止，就词典能够查阅到的，它只在哈利卡那苏斯的戴奥尼索斯的一个篇章中出现过，它同移借于希腊文的拉丁文 classis（阶级、阶层）对应，意指公民中的有色人种。西奥弗拉克多（11—12 世纪）注释过《哥林多前书》第 7 章第 20 节：他蒙召的时候有什么样的财产，是什么样的地位、国籍等等（我的同事戴斯曼教授提醒我注意这一节）。现在，即使在我们的《圣经》这一节中，κλησις 也与现在的 Beruf 并

① 以上《圣经》译文参考简化字和合本。——译者注

不一致。路德在由末世论所推动的训诫（人人应当各安其位）中，把 κλησις 译为 Beruf，到后来翻译《外经》时，《智慧书》里具有传统主义的、反对牟利的圣训（人人应当做原来的事）中，只是由于训诫的内容相似，他很自然地用 Beruf 翻译 πόνοξ（繁重的工作）。这即是重要与典型之处。正如业已指出的，在《哥林多前书》第 7 章第 17 节里，根本没有在 Beruf（明确的活动范围）的意义上使用 κλέσις。

同时（或大约同时），在《奥格斯堡信纲》中，“天主教试图超越世俗道德是没有用处的”的新教教条得到确立，其中使用了“人人根据自己的使命，行仁爱”这句话（见前注）。在路德的译文里，这一条和对个人所处的地位的肯定性评价（此处的神圣性，在 16 世纪 30 年代初期开始确定下来）突出了。这是他越来越强烈地将信仰阐释为神意的结果（甚至在生活细节上亦是如此），同时也是他日益接受世上现存的秩序是上帝不可更改的意志的结果。在传统拉丁文里，vocatio（感召）指对神圣的生活，尤其是修道生活或传教生活的神圣召唤。但现在，在这种信条影响下，路德认为世俗的职业生活也具有同样的内涵。于是，他把《智慧书》中的 πόνος 和 έρνον 译为 Beruf。直到那时，只有修士们的《圣经》译文（拉丁文）中有类似情况。但在几年以前，他曾经把《箴言》第 22 章第 29 节中的希伯来文的一个词，在希腊文《智慧书》中，έρνον 即起源于该词，它与德语中的 Beruf，斯堪的纳维亚语的 kald，kallelse 一样，最初同宗教的使命（Beruf）有关，如在其他章节

(《创世记》第 39 章第 11 节)中译为 Geschäft(工作、事务,《七十子希腊文本》里是 ἔρνον,《通俗拉丁文本圣经》里是 opus,英语《圣经》里是 business,在我手头的斯堪的纳维亚语《圣经》和所有其他译本中都有相应的词)。

路德最后创造的具有现代意义的“Beruf”这个词,一度完全被路德派采用。加尔文派认为《外经》毫无权威可言。它不过是有利于证明路德前面所采用救赎论发展的结果,随后又被其加以强调。但是,在最早的(拉丁语系语言)译本中,并没有这个词,他们也没有能力在使用一种早已规范了的语言时,创造一种词义。

早在 16 世纪时,在世俗文献中,现在意义上的“Beruf”已经固定下来了。路德以前的《圣经》译者都用 Berufung(天职、使命)翻译 κλέσις(如海德堡版 1462—1466,1485),艾克 1537 年的译文是“in dem Ruf, worin er beruft ist”(“在那召唤中,他被召唤在那里”),多数后来的天主教译者都直接因循路德的译法。在英格兰,第一个译本,即威克利夫译本(1382 年)里用的是 *cleping*(古英语词,后被外来词 calling 代替)。罗拉德派的伦理观念很有特色地使用了与宗教改革时期后来的用法相同的词。另一方面,廷代尔 1534 年的译本里,曾用 status 解释这一概念:“保持蒙召时的原位”,日内瓦 1557 年的译本也是如此。克莱默 1539 年的正式译本用 calling 代替了 state,而莱姆斯《圣经》(天主教派 1582)和伊丽莎白时代的英国圣公会宫廷《圣经》中,按照通俗拉丁文本《圣经》特地译为“职业”。

默里早已十分正确地指出，克莱默的《圣经》译本是清教徒“Beruf”（“职业”）意义上天职观念的来源。早在16世纪中叶，calling这个词就被用来表示这个意思了。1588年时指非法职业，1603年时指较高级的职业等等（参见默里的著作）。布伦塔诺的观点（见第139页引文）相当引人注目，他认为在中世纪vocatio并未译为Beruf，因为当时这个概念尚未为人所知，只有自由民能从事职业，而当时从事中产阶级职业的自由民是不存在的。但是，与古代相反，中世纪手工业的整个社会结构都依靠自由民的劳动，而且最重要的是，几乎所有的商人都是自由民，因此，我对这种观点表示怀疑。

[4] 参照其后艾格尔在《路德论职业》（吉森，1900年版）一书中富有教育意义的探讨。它唯一严重的错误（这一错误几乎为所有其他神学作者所共有），可能是对自然法则的概念分析得不够清楚。对此可参考特罗尔奇对泽贝格的《教义史》的评论，以及他的《基督教会的社会观》中的相关部分。

[5] 因为，当托马斯·阿奎那提出人们财产和职业的划分是神意的结果时，他意在指出社会客观秩序。但是，个人应当从事某一特定的职业（这是我们所说；而托马斯说的是“圣职”或“职责”）则是由于自然原因。Quœst.quodlibetal VII，Art.17c：“不同的人被赋予不同的圣职，首先是由神意而定，它以各种方式划定人们的地位……其次是由自然原因而定，不同的人依其天性禀赋之差异而获得各异的圣职……”

帕斯卡的观点与此非常相近，他认为机遇决定着职业的选择。对此可参见克斯特的《帕斯卡的伦理观》(1907年)。在宗教伦理的有机体系中，只有印度教最为完善，它在这一方面很是不同。托马斯主义与新教的职业观念之间的差别是如此明显，以至于我们可以对上面的引文避而不谈。这点正如托马斯主义与路德教后来的伦理观念在其他许多方面非常类似，尤其是对神意的强调上。我们下面将转向对天主教的观点的探讨。关于托马斯·阿奎那，请参考毛伦布勒希尔的《托马斯·阿奎那对其时经济生活的态度》(1888年)。此外，尽管路德在细节上赞成托马斯的观点，但他更多受到经院哲学总体学说的影响，而非托马斯个人的特定影响。因为，根据德尼夫勒的研究来看，路德似乎并不熟悉托马斯。参见德尼夫勒的《路德与路德宗》(1903年)第501页和科勒的《略谈德尼夫勒对路德的看法》(1904年)第25页。

[6] 在《论基督徒的自由》一文中，(1)人的双重性被用来为自然法则(此处指世界的自然秩序)意义上的世俗责任辩护。基于此，它得出(埃尔兰根版，27，第188页)人类将不可避免地受其肉体与社会集团限制。(2)在这种情况下(第196页：这是第二个理由)，如果他是一个虔诚的基督徒，他将决定以爱他的邻人来回报上帝出于纯之爱的恩典。这样，信仰与爱之间非常松散的关系被结合起来了。(3)(第190页)传统的对劳动的苦行主义的辩解，成为人们从内心把握肉体的手段。(4)作为另一意义(此处指自然道德)上的自然法则观念的另一副形象的存在理由，劳动因而成

为上帝赋予亚当（堕落前）的一种原始本能，他服从这种本能“仅仅为取悦上帝”。最后（5）（第161—199页），与《马太福音》第7章第18节以后有关，出现了一种这样的观念，即认为人们日常职业中的善行是，而且必然是由信仰引起的生命更新的结果，但是却没有发展加尔文宗最重要的恩宠证明的思想。对工作予以控制的强烈情感揭示了这种矛盾思想的存在。

[7]“我们每天所需要的食料和饮料，不是出自屠户、酿酒家或面包师的恩惠，而是出于他们利己的打算。我们不说唤起他们利他心的话，而说唤起他们利己心的话。我们不说自己有需要，而说对他们有利。”① (《国富论》卷一第二章）

[8]“凡事皆为你（上帝）而做，牛奶为你而挤，你让做的事我们都一一从命，最大的事和最小的事都同样使我们愉快。”（艾尔斯帕格编，《创世记》注释本，第七卷，第213页）在路德之前，陶勒已持有这种观点，他认为宗教的和世俗的召唤大体上价值平等。对德国神秘主义者与路德来说，二者与托马斯主义的差别是相同的。可以说，托马斯主要保持了沉思默祷的道德价值，但是在托钵僧看来，被迫把保罗的信条“不作不食”解释为，劳动虽然是必要的自然法则，但却是强加于人类整体的，而非所有个体的。劳动形式的价值等级，以农民为底基逐级上升，它与托钵僧的独特性相关，他们由于物质原因必须以城镇为家。这同样与德国神

① 译文参考商务版《国富论》(《国民财富的性质和原因的研究》)。——译者注

秘主义者和路德这个农民的儿子的观点不符，他们将所有职业一视同仁，因其秩序规则是由上帝的意志所决定的。关于托马斯相关文章，可参见毛伦布勒希尔的引文，第 65 页及其后。

[9] 某些研究者坚称这种变化对人类的行为不可能产生影响，这种观点令人感到诧异，对此我承认我无法理解。

[10]“虚荣心是如此地深植人心，以至于随军的、帮厨的、守门的，全都大吹大擂，以求博得赞赏……”（弗格尔版，第一卷第 208 页。参照考斯特的引文，第 17 页、第 136 页及其后）。我们将回应波特·罗亚尔与詹森[①]主义者对待职业的态度，请参阅保罗·赫尼希斯海姆博士的优秀论文《17 世纪法国詹森派的国家与社会学说》(《海德尔堡历史论文集》，1914 年。这是一部较为详尽的论述法国启蒙运动之前的历史的部分章节的单行本）。重点参照第 138 页及其后。

[11] 关于福格家族，他认为“某人终其一生聚敛如此巨额财富是不对的，也是于神不敬的”。显然，这反映了农民对资本的怀疑。同样，他认为投资于债券业务在道德上亦是不端的（《关于高利贷的大布道》，埃尔兰根版，第十章第 109 页），因为这是“一种狡猾的新发明”——因为在他看来这于经济上是不可理喻的；而在现代牧师看来，这有点像边界贸易。

---

① 詹森（Jansen，1585—1638），荷兰天主教反正统派神学家，其学说被称为“詹森主义”，曾被教皇斥为异端。——译者注

[12]H. 列维对这种区别进行了出色的研究（见《英国国民经济史中经济自由主义的基础》，耶拿，1912 年），亦可参照 1653 年克伦威尔军队里的平均主义者反对专利商和贸易公司的请愿（伽德纳的《共和政体》第二卷第 179 页）。另一方面，劳德的专制对于国王与教会共治下的基督教的社会经济组织是有效的，国王企图从中牟取政治与财政垄断的特权。清教徒的斗争正是针对此点。

[13] 我对此点的理解可以由克伦威尔 1650 年向爱尔兰人发出的宣言体现出来，他借此发动了对爱尔兰人的战争，这成为他对克朗麦克诺伊斯爱尔兰（天主教的）神职人员于 1649 年 12 月 4 日和 13 日发布的檄文的回击。其最重要的句子如下："英格兰人有大量资产（指在爱尔兰），其中有不少是他们自己花钱购置的……他们费尽力气从爱尔兰人那里获得了有效租约和大宗股票，然后以自己的钱财和能力建起了房屋和农场。……你们破坏了联盟……当爱尔兰处于完全的和平，当英格兰通过工业、商业和交通的改进而发展，对他们来说，这些财富掌握在英格兰人们手中要比掌握在爱尔兰人手中更为适宜……上帝将与你们同在吗？我坚信不会。"

这一宣言使人想到布尔战争时期英国报章的许多文章，它并非个别现象，因为英格兰人的资本主义利益被视为是战争的正当理由。当然，这种论点也可以很好地用于威尼斯与热那亚各自在东方的势力范围的争端之中（尽管我在此指出了这点，布伦塔诺仍然莫名其妙地反对我的观点（第 142 页引文））。相反，这个文件中有意思的是，克伦威尔把呼唤上帝见证，让爱尔兰人臣服的道德正当性建立在英格兰的资本已经教会爱尔兰人工作这一事实之上，克伦威尔对此深信不疑，任何知道他性格的人都会同意这一点。（卡莱尔的著作中载有这篇“宣言”，伽德纳的《共和国的历史》第一卷第 163 页及其下亦载有“宣言”，并做了分析）。

[14] 在此不便深入展开这个话题。参照注释 [16] 中所引作者的观点。

[15] 对比朱利希尔（Jűlicher）的杰作《耶稣的喻言》第二卷第 108 页和第 636 页及其后中的评论。

[16] 对于此后的情况，首先请参照所引埃格著作中的全部讨论。还有施奈肯伯格的杰作，它即使在今天仍未过时。(《路德宗和归正宗教义之比较》，斯图加特，1855 年）。路塔尔特的《路德的伦理观》第一版第 84 页。这是我所能找到的唯一版本，它未能给出路德伦理观发展的真实图景。可以进一步参照泽贝尔的《教义史》第二卷第 262 页及其后。《新教神学和教会的真正百科全书》中“职业”一条没什么价值，因为它未对此概念及其起源做出科学的分析，而只是对各种问题，如妇女的地位等等，做了各种情绪化的评论。关于路德经济观的文献，我这里只提一下施莫勒的论文《宗教改革时期德国民族经济思想史》，(《国家学说》杂志第十六期上，1860 年）；维克曼的获奖论文（1861 年）和弗兰克 · G. 瓦尔德的论文 (《路德的国家和经济观述评》，《康拉兹论文集》第二十一卷，耶拿，1898 年）。宗教改革周年纪念性文献中，部分

有关路德的文章很不错，但在我看来，它们对这一特定的问题没有明确的帮助。关于路德（及路德派信徒）的社会伦理观，当然要参照特罗尔奇的《社会学说》中的有关部分。

[17]《对〈哥林多前书〉第七章的分析》，1523年埃尔兰根版，第51章第1页。这里路德仍在解释这段中的"上帝面前每一职业一概无碍"的观念，意在强调：（1）某些人为规定应当予以抛弃（如修道士誓约、不同种族之间不得通婚的禁令等等）；（2）将对邻居的传统世俗责任的履行（它本身在上帝面前无关紧要）转变为兄弟之爱的戒律。实际上，这种独特的推理（如第55页、56页）实质上是关注"自然法则"与神圣的正义的关系的双重性问题。

[18]参照《论买卖和高利贷》中的一段，松巴特将其恰切地作为他论证手工业精神（等于传统主义）的格言："因此，你必须首先明确，在这样的商业活动中，你所寻求的不是别的，而只是可观的利益。对此，你不仅必须计算和估量所须耗费的成本，心力，劳动以及存在的风险，而且要确定商品本身会提价还是会降价，以便你能从耗费的这些劳动和心力中获取相应的报酬。"

[19]早在1530年给斯腾伯格的信中，路德就献上了《诗篇》第117篇的注释，尽管其道德水平不高，在斯腾伯格看来地位也不够尊贵，它却是神的安排（埃尔兰根版，第六十卷第282页及其后）。从这封信中（第282页）可以清楚地看到明斯特市骚乱对发展这一观点所产生的决定性影响。参照埃格的引文第150页。

[20]写于1530年的对《诗篇》第111篇第5、第6节（埃尔兰

根版，第六十卷第215—216页。）的分析，开头便是对离世隐居行为的批判。但在这种情况下，“自然法则”（以区别于君主和法官制定的成文法）直接与神的公义一致。它是神的旨意，尤其是包括将人分为若干等级（第215页）。各等级具有平等的价值的观念得到了强调，但这种平等只是在上帝那里才有的。

[21] 如在《论宗教会议和教会》（1539年）和《关于神圣的圣事的简短忏悔》（1545年）两部著作中所教诲的。

[22] 路德的思想背景在多大程度上成为考验基督徒的职业和世俗行为的最重要的观念（它是加尔文主义的核心），可见于《论宗教会议和教会》一书的这段话中（埃尔兰根，1539年版，第二十五章，第376页）：“除了这七个主要标志之外，还可以通过一些更表面的东西来认识神圣的基督教会。如果我们不是好色贪杯之徒，不是狂妄自大、傲慢毁礼、奢侈无度之辈，而是质朴、谦逊、温和的人。”路德认为，这些标志不像其他标志（纯正的教义、祈祷等等）那样正确无误，“因为某些异教徒就是依此行事，并且有时甚至比基督徒还圣洁。”我们会看到，加尔文的立场差别不大，而清教徒则完全两样。无论如何，路德认为基督徒只有在职业中而不是通过职业为上帝服务。（埃格，第117页及以下）另一方面，见证的观念（不过，主要是在虔敬派而非加尔文派那里）在德国神秘主义者那里至少已有一些零散的迹象（参阅泽贝尔的《教义史》第195页所引的苏索的话，还有前面所引陶勒的话），虽然它只是在一种心理意义上被加以理解。

[23] 他最后的观点，在《创世纪》的某些注释中（见前引注释，艾尔斯帕格编）得到了很好的体现。

第四卷第 109 页："他的神圣职责是如此艰巨，绝没有轻易完成之理；相形之下，其他一切则无足轻重。……激烈地与命运抗争者为数甚少。……（第 111 页）我们的问题是怎样从命于上帝……（第 112 页）" 实际上，这完全与托马斯 · 阿奎那的传统主义观点一致（《第二等级的"追求"》第 118 页，第一条）："因此，有一定之规，必须恪守无误的是一个人如何来履行自己的至神，如何在一生中对上帝尽力奉献，其他一切则无关紧要。" 托马斯的"追求超出人生需要的物质利益是罪恶"的观点的基础是，以物质财富为目的的自然法则；而路德的基础是上帝的意志。关于路德的职业与信仰的关系，可参看第七卷第 225 页。（下面的一段拉丁文没有译出——译者注）

[24]《教职》（埃尔兰根版，第十章第 233、235—236 页）一书中写道："上帝召唤人们接受天职。" 他必须等待这种召唤（第 236 页上，甚至变为"命令"了），在天职中，做上帝的仆人。上帝并不喜欢人的成绩，而喜欢人的服从。

[25] 这就解释了，相对于前面所说的虔敬派对女工的影响，为什么现代商人有时坚称今天那些严守路德教的家庭工人（例如在威斯特伐利亚）往往大多用传统观点思维。尽管受高收入的诱惑，尽管连工厂也没进去过，但他们却抵制工作方式的变化，他们在解释时坚称这些琐事在来世毫无用处。很明显，入教和信仰

本身在总体上对人们的行为没有本质性影响。在资本主义初级阶段，影响其发展的正是更为具体的宗教价值观和理想，今天亦复如此，不过程度上略小一些。

[26] 参照陶勒的观点，巴塞尔出版，第 161 页及以后诸页。

[27] 参照上述提及的陶勒颇富激情的布道，和接下去的一段，第 17、18，20 节。

[28] 因为这是目前关于路德的评论的唯一目的，因此，我只限于掇其概要，这自然完全不适用于对路德的影响所做出的总体评价。

[29] 了解平均主义者历史哲学的人，都会幸运地反过来将此归因于种族差异。他们自信是盎格鲁—撒克逊人与生俱有的权利的辩护人，反对征服者威廉及诺曼人的后裔。颇为令人奇怪的是，从没有人坚称平民圆颅党人的脑袋在人体测量的意义上是圆的！

[30] 这尤其是英格兰民族的自豪，是《大宪章》和数次伟大战争的结果。"她看上去像一个英格兰女孩"，人们看到漂亮的外国姑娘时总是如是说，这句在今天非常普遍的话，早在 15 世纪时就有了。

[31] 当然，这些差别也一直存在于英格兰。特别是直至今日，地主阶层依然是"快活的老英格兰"的核心，宗教改革以来的整个时期可以被视为英格兰社会里两种因素的斗争。对此，我同意 M.J. 邦恩（M.J.Bonn）针对舒尔茨·加维尔尼茨（V.Schulze Gaevernitz）关于大英帝国的杰出研究所做的评论（《法兰克福日

报》)。参照 H. 列维在《社会科学和社会政治文献》(46.3)上的文章。

[32] 尽管如此，下述观点在我看来足够清楚了，并且从未更改过，我还是不断地因此受到责难。

第四章　入世苦行主义的宗教基础

[1] 我们不再单独讨论茨温利主义，因为其影响持续时间很短，很快就失去了重要性。阿明尼乌主义教义上的独特之处在于以其严格的形式否定了预定论，并且还否定了入世苦行主义，它作为一种宗教派别仅仅存在于荷兰（和美国）。在本章，我们对它不感兴趣，或者说由于它是荷兰商人贵族的宗教而仅仅具有否定性的兴趣（如下）。其教义与英国国教以及大多数卫理公会教派类似。不过，其埃拉斯都主义[①]的立场（即维护国家在宗教事务上的统治权）在所有完全从政治利益出发的权力机构中都是一样的：英国的长期国会、伊丽莎白、荷兰议会，最突出的是奥尔登巴费尔特。

[2] 关于清教概念的演变，最主要请参见桑福德所著《大叛乱的研究与反思》，第 65 页及以下诸页。我们始终是在通行于 17 世纪的大众语言的意义上使用这个概念的，意指在荷兰和英国具有苦行倾向的宗教运动，而没有教会组织或教义方面的区别，因而包括独立派、公理宗、浸礼派、门诺派和贵格派。

[3] 在对这些问题的讨论中，此点被严重地误解了。特别是松

① Erastianism：埃拉斯都主义，基督教神学名词，谓国家高于教会而有权干预宗教事务的学说，由 16 世纪瑞士医学家、茨温利派神学家埃拉斯都得名。

巴特，布伦塔诺亦是如此，不断地援引这些伦理作者（这些人大多是从我这里听说的）作为行为规则的法典，而全然不管他们之中谁得到了心理上行之有效的宗教约束力的支持。

[4] 我几乎无须强调，由于仅仅涉及教理方面的问题，这项简要考察处处依赖对教会史和教义史文献做出简介陈述，我不觉得它有什么独创之处。自然，我已尽可能地熟悉了宗教改革史的有关材料。但在这一过程中，如果忽视多年来精深而敏锐的神学探索，而不是像绝对必需的那样，由此引导人们深入材料出处，那就真是自以为是了。我真诚地希望该提纲所必需的简约结构没有导致错误的表述，同时也希望我至少没有对事实做出重大误解。当然，对那些熟悉神学文献的人来说，该讨论只有从我们所讨论的问题的角度出发看待整体的意义上，才提供了些许新的东西。由于这个原因，许多极为重要的问题，比如这种苦行主义的理性化特点及其对现代生活的意义，很自然地没有得到神学作者们的强调。

这一方面，通常是社会学方面，自这类研究出现以来，上面提及的 E. 特罗尔奇曾对其进行了系统的研究。他的著作《格哈特和梅兰希顿》，以及在《神学论刊》上发表的大量评论，包含了数篇关于他的杰作的初步研究。限于篇幅，参考文献中并没有列出所用到的全部材料，大部分只是该章节所援引的著作，或是直接有关的材料。这些往往是比较早的作者，我们的问题似乎与他们更为紧密。德国图书馆资金匮乏，这意味着只能依靠从柏林或其他大图书馆的短期借阅，才能获得最重要的原始资料或研究。这种情况包括弗埃特、巴克斯特、悌厄马斯，卫斯理、所有的卫理公会、浸礼宗和贵格派作家，以及很多没有囊括在《宗教改革资料集》中的早期作家。任何全面透彻的研究都必须依靠英、美图书馆。但对下述概要来说，必须（并且可能）满足于德国所能提供的材料。近来在美国有一个特别的倾向，即否认他们自己的宗派渊源，这使得很多大学图书馆提供很少或不提供这类新的文献。这是美国生活普遍世俗化趋势的一个方面，在很短的时间内，它将使传统的民族性分崩离析，并且终将彻底地改变这个国家很多基本制度的意义。现在只有求助于那些小规模的正统教派学校了。

[5] 关于加尔文和加尔文主义，除了坎普舒尔特（Kampschulte）的基本著述外，埃利克·马尔克斯的《科利尼》（*Coligny*，1519—1572，法国海军上将，胡格诺派代表人物）一书中的探讨可以提供最好的资料。坎贝尔在他所著的《荷兰、英国、美国的清教徒》（两卷）一书中，并非一贯坚持批判态度，而且也不无偏见。皮尔逊所著的《论约翰·加尔文》具有强烈的党派性质的反加尔文主义倾向。关于其在荷兰的发展，除了参照马特利以外，还可参阅荷兰的经典作品，重点参照普林斯泰勒所著的《祖国的历史》；《荷兰与加尔文之影响》（1864）；*Le parti anti-révolutionnaire et confessionnel dansl'église des P.B.*（1860）（关于现代荷兰）；此外，福林的《八十年战争的十年》，尤其是内伯所著的《自由的加尔文主义者》；A. 克勒的《尼德兰归正教会》（1856 年），涉及 19 世纪。

关于法国，除了波莱恩兹，现在还有贝尔德所著的《胡格诺派的兴起》。英国方面，除了卡莱尔、麦考利、马森、兰克（虽列最后，却非最次要的），现在占首位的是加德纳和弗斯所著的几种作品。此外，还有泰勒所著的《英格兰宗教生活的回顾》（1854 年），温加登的杰作《英国的宗教革命》。还有 E. 特罗尔奇撰写的关于英国道德家们的文章，登载于《新教神学和教会的真正百科全书》第三版，当然还有他的《社会教育》。另外，还有 E. 伯恩斯坦在《社会主义史》（1895 年，第一期，第 50 页以后）上发表的精彩论文。最佳书目（超过 7000 本书）是德克斯特的著作《近三百年来的教派自治主义》（主要是关于教会组织问题，亦包含其他问题），此书的价值大大超过布莱斯（《新教历史》）、斯基特和另外一些作家。关于苏格兰，主要参见赛克所著的《苏格兰教会》（1844 年），还有关于约翰·诺克斯的文献。关于北美殖民地，最杰出的作品是柯南道尔的《英国人在美洲》。另外还有丹尼尔·卫特·豪的《清教共和国》，以及 J. 布朗的《新英格兰的清教移民先驱及其清教徒后裔》（第三版，雷卫尔）。下面将会列出更多参考书目。

关于教义方面的区别，下面的介绍主要受惠于上面提及的施奈肯伯格的讲座。里敕尔的重要著作《基督关于称义和妥协的教谕》（参考第三版第三卷），将历史方法和价值判断融为一体，体现了作者的显著特点，尽管他逻辑严密，却没有给读者客观的确定性之感。比如，当他与施奈肯伯格的理解发生差异时，我时常怀疑他的正确性，尽管我很少持有自己的观点。另外，他精选了大量宗教思想和宗教情感，将其认定为路德教义，但这似乎常常是根据他自己的先入之见而确定的。路德主义中具有永恒价值的教义正是里敕尔本人所构造的，它只是里敕尔头脑中的路德派，而并非实际上的路德派。书中会大量引用卡尔·穆勒、森柏格以及其他一些著作，无须特别指出。假如说下面恶性增长的注脚让读者和我本人痛苦不堪，之所以如此，主要是为了使非神学读者能够通过相关的思想线索的指示验证这一概述是否正确。

[6] 在接下来的讨论中，我们感兴趣的主要不是这些苦行运动的渊源、先驱或历史，而是考察它们在获得充分发展之后的既定教义。

[7] 就下面的探讨，我这里需要明确指出的是，我们研究的不是加尔文个人的观点，而是加尔文主义，并且研究的是它在 16 世纪末和 17 世纪有过决定性影响的广大地区中所发展成的形式，这些地区同时也是资本主义文化的发源地。就目前而论，我们将完全不考虑德国，因为纯粹的加尔文主义从未在德国的广大地区占据过支配地位。自然，归正宗绝不等同于加尔文宗。

[8] 即使是剑桥大学与坎特伯雷大主教达成一致的关于“英国圣公会信纲”第十七项条款的《宣言》，即所谓 1595 年朗伯斯条款，此条款（与官方版本相反）明确认为永恒的死亡也存在预定，也没有被女王认可。激进分子（如在汉塞德·克诺里的《信纲》中）特意强调关于死亡的明确的预定说（而非仅像温和的教义所持有的那样，承认永恒受罪）。

[9]《威斯特敏斯特信纲》，正式第五版，伦敦，1717。参照《萨伏依宣言》与（美国版）《汉塞尔德·诺利信纲》。关于预定论及胡格诺派教徒的关系，主要参见波莱恩兹第一卷第545页及以下诸页。

[10]关于弥尔顿的神学观点，参见艾巴赫的论文《神学研究与批判》（1879）。马克莱与此有关的文章，发表于山姆奈翻译《基督教教义》之际，在1823年被人们重新发现（突兹尼斯版，185页及以下诸页），该文难免失之肤浅。更为详尽的论述，参见梅森的英文六卷本著作，不过此书多少有些过于图式化，还有斯特恩依据此书所著的德文版《弥尔顿传》。弥尔顿早期便开始摆脱以双重教义为形式的预定说，晚年更是成为了一个完全自由的基督徒。他摆脱了自己所处时代的趋势，就此而言，堪与赛巴斯汀·弗兰克相提并论。不过，弥尔顿注重实际，且过分自信。而弗兰克最显著的是他的批判精神。弥尔顿只是在广义上是清教徒，即他在世俗的理性的生活是遵从神的意志的，这一点后来被加尔文主义者世代相传。弗兰克大概在同样的意义上被称为清教徒。这两个人算是例外，不在我们研究之列。

[11]“这就是最高的信仰；相信上帝的平和是有道理的，尽管他的意志使我们应受惩罚，但他拯救了不幸的人。”这是《论意志的枷锁》（*De servo arbitrio*）中著名的段落。

[12]事实是，不论是路德还是加尔文，二人都在根本上信仰一个双重上帝（参见里敕尔在《虔信派历史》一书中的评论及考斯

特林的《新教神学和教会的真正百科全书》第三版所撰“上帝”词条），一是《新约》中那个亲切而慈爱的天父，这一形象支配了《基督教原理》的最初几卷，二是其背后的作为一位武断的专制君主般的“隐蔽的神”（Deus absconditus）。对路德来说，《新约》中的上帝占据优势，因为他认为形而上学问题是毫无意义而危险的，所以回避了对它的反思；而对加尔文来说，却是超验的上帝成了主导。在加尔文宗的普及发展中，事实上这一观念不可能坚持下来，但取代其位置的不是《新约》中的天父，而是《旧约》中的耶和华。

[13] 参照下述作品：斯克勃的《加尔文主义的预定论》（哈雷版，1897），关于加尔文神学的概述性研究，参见赫伯的《加尔文宗教义》。

[14]《宗教改革资料集》，第七十七卷第 186 页及以下诸页。

[15] 在这里，可以找到与前面对加尔文主义的阐述几乎同样的形式，比如胡恩比克的《实用神学》（乌特勒支，1663）第二段，第一章;《预定论》，该节直接放在《论上帝》一章，这点非常奇特。其《圣经》的基础主要是《以弗所书》第一章。在此，我们没有必要去分析将预定论和上帝天意与个人的责任和自由意志结合起来的各种自相矛盾的尝试。这些尝试早在奥古斯丁最初发展这一教义时就开始了。

[16]“在各种机构、协会或教堂中，无法找到（与上帝）最为深切的同一，这种同一只存在于孤独而隐秘的内心中。”多顿在其

杰作《清教徒与安立甘宗》（第 234 页）一书中如是表达这一基本观点。这种个体精神的深深的孤独感在罗亚尔港的詹森教派中也是一样，他们同样也是预定论者。

[17] “正宗教会（亦即保持着纯粹的教义、仪式和教会纪律的教会）所谴责之人……根本不可能得到拯救；一直受到如此谴责之人不会成为选民。”奥里维安:《恶之真义》，第 222 页。

[18] “人们所说的上帝派其子来拯救世人，但这并非上帝的本意，他只是想帮助一小部分人脱离堕落——我告诉你们，上帝只为选民而死。”（1609 年罗吉附近的布雷克的布道，维登博格特，第二卷第 9 页，参见努恩斯所引作品，第二卷第 232 页）。在《汉塞德·诺利的声明》中，关于基督作用的阐述亦很混乱，普遍认为上帝是不需要工具的。

[19]《世界巫魅的丧失》，关于这一过程，参见我的《世界诸宗教的经济伦理观》一书中其他论述。正如已经指出的，古代希伯来的伦理观念，与其在先知时代之后的发展相比，同时也与密切相关的埃及、巴比伦的伦理观念相比，其独特立场完全是基于这样一个重要事实：拒绝将圣事中的巫术作为拯救之道。

[20] 同样，这种最一以贯之的教义认为，洗礼是明确的宗教仪式所必需，但并非得救之必要。正因如此，严格意义上的苏格兰清教徒和英国独立教信徒能够坚持这样一个原则，即那些明显堕落的人的孩子不应受洗（例如酒鬼的孩子）。1586 年的埃丹宗教会议（The Synod of Edam，第 32 条第 1 款）的建议是，请求洗

礼的成年人，如果尚未成熟到可参与圣餐仪式，则只有在其行为无可指责且这一请求摆脱迷信（sonder superstitie）时，才可为之受洗。

[21] 如多顿前引书所示，这种对所有感官文化的否定态度是清教的最本质性的构成要素。

[22] “个人主义”一词涵盖了能够想象到的绝大多数的异质因素。我希望，此处所引发的思考在接下来的讨论中能得到澄明。就这个词的另一个意义而论，路德主义一直被称为个人主义，因为它没有对生活采取任何苦行主义的规制。而从另一个完全不同的意义上来说，如迪特里希·舍费尔（Dietrich Schäfer）的论文 *Zur Beurteilung des Wormser Konkordats*（载 *Abh.D.Berl.Akad*，1905）称中世纪是一个宣扬个性的时代，因为，这位历史学家眼中的一些重大事件，其中的无理性因素在那时有着今天所不再具有的重大意义。他是正确的，但是他所抨击的人或许也是正确的，因为当他们谈到个性和个人主义时，其所指代的意义大相径庭。雅各布·布克哈特那些睿智的观点，至少在今天多少有些过时了。从历史角度对这些概念进行全面的分析，具有很高的科学价值。当然，如果某些历史学家怀着游戏的冲动去定义个人主义概念，以便自己能把它作为他们所偏爱的任何一个时代的标签，这在科学上就毫无价值了。

[23] 相比后期的天主教教义，尽管没有那么鲜明，不过还是具有类似之处。另一方面，帕斯卡那深沉的悲观主义亦是以预定

论为基础的，它起源于詹森教派，由此而产生的逃离现实的个人主义，绝不等同于官方的天主教立场。参见霍尼希海姆对法国詹森派的研究，在第三章注 10 中曾有提及。

[24] 这同样适合詹森派。

[25] 贝利，《虔信的行为》（德文版，莱比锡，1724），第 187 页。P.J. 施本尔在其《神学沉思》（据第三版，哈勒，1712）一书中也持类似观点。朋友很少为了上帝的荣耀而给你提出忠告，而通常是由于世俗原因（尽管未必是利己主义的）。“他（精明的人）并非不知他人的利害，但对自己的却最是明察在心。他自扫门前雪，并不过问与己无关之事。他见到这里（现实）的虚伪，因此学会了只信赖自己，并且只在免于受到外来损害的时候才会信赖他人”，这就是托马斯 · 亚当斯的哲学（《清教神学家文集》，第 11 页）。贝利（《虔信的行为》，第 176 页）则进一步建议大家，每天早上在走入人流之前，要想象自己是踏进一片充满危险的荒野丛林，要祈祷上帝赐予“审慎与正义的外衣”。这种感觉是所有苦行主义教派的特点，无一例外，而在许多虔信派那里则直接引向一种身在尘世却离群索居的生活。斯潘根贝格在《摩拉维亚人的》《弟兄会信仰观》第 382 页中特别提醒人们注意《耶利米书》17：5 的“倚靠人血肉臂膀的，那人有祸了”这句话。要想理解这种人生态度中很怪异的厌恶世人的心态，亦须注意胡恩比克对“爱敌人”的义务的评论（《实用神学》），第一卷第 882 页）：“总之，我们不要向邻人复仇，而将此事托给降下复仇的上帝，这样我们才是复了

更多的仇……自己多行复仇，因这缘故，上帝则少降复仇。”这与《旧约》中那些成文于巴比伦之囚后的篇章中出现的复仇的转换有些类似，与古代的“以眼还眼、以牙还牙”相比，这是对复仇精神的巧妙强化和提炼。关于邻人爱，参见下注34。

[26] 当然忏悔告解并不只有那一种效果。例如穆特曼在《Z.f. 宗教心理》第一卷第二册第65页的解释，对于告解这一极为复杂的心理问题来说，显得太过简单。

[27] 这一事实对解释加尔文教派的社会组织的心理基础具有尤为重要的意义。它们全都基于精神上个人主义的理性的动机。而个人从未在情感上进入其中。上帝的荣耀以及自我的得救总是停驻在意识阈（threshold of consciousness）之上。即使在今天，这都能作为具有清教历史的民族的社会组织的某些典型特征的说明。

[28] 从根本上讲，这一教义有着反权威的倾向，它使教会或国家为伦理行为或精神得救承担的一切责任都遭到了彻底瓦解而归于无用，这使它一再遭到禁止，例如曾被荷兰总议会所禁。其结果总是会形成一些秘密宗教集会（比如1614年以后）。

[29] 关于班扬，可参照弗劳德在《英国文人》系列中的班扬传记，还有麦考莱的肤浅描述（《杂集》，第二卷第227页）。班扬并不关心对加尔文宗内部的教派的区分，不过他本人是一个严谨的加尔文宗浸礼派信徒。

[30] 依照加尔文主义关于“融入基督的躯体”的思想（加尔文《基督教原理》，第三卷第二章第10节），即加入一个符合神性规

范的教会这一观念，必须获得救赎对于归正宗基督徒的社会性质具有毋庸置疑的重要性，这是一个非常具有吸引力的问题。但是，从我们的观点来看，问题的核心并不在此。这种教义本能够在纯机构性的教会中得到发展，并且，众所周知，这也的确发生过。但是，它自身并不具有一种心理力量以唤醒形成那种团体的决心，也不能影响它们，使其充满加尔文主义所拥有的那种力量。这种形成团体的倾向，更多的是在上帝任命的教会组织以外的世界中完成的。这里，基督徒必须为上帝的荣耀而行动，以此来证明所蒙受的恩宠状态，这种信仰是确定的，而肉体崇拜以及所有依赖于他人的个人关系所遭受的尖锐批判，必然是不易察觉地将这种能量引导到客观（非个人的）活动领域中去。一个验证自己的恩宠状态的基督徒，会严格遵从上帝的目的而行动，这些目的只能是非人格的。在清教徒那里，就像在所有苦行主义伦理那里一样，任何纯粹的情感，即不是以理性为动机的，人与人之间的私人关系，都很容易被怀疑为肉体崇拜。除了已经讲到的，下面的告诫很清楚地说明了友谊的问题："如果对一个人的爱超出了理智所能允许的限度，就是一种非理性的行为，这对一个理性的人来说是不合适的……它经常迷惑人们的心灵，以致妨碍了对上帝的爱。"（巴克斯特，《基督教教规》，第四卷第253页）。我们将不断碰到这种争论。

加尔文主义者沉迷于这样一种观点：上帝创造了这个世界，包括社会秩序，必然期望所有事物都有客观目的性，即应是增加他荣耀的手段；他并不是为肉体而肉体，而是基于他的意志使与肉体有关的事物组织起来。选民那充沛的能量，被预定论的教义释放出来，接着汇入对理性化世界的抗争中。尤其是关于公众的幸福高于任何个人和私人的幸福的思想，显然并不新奇，对清教来说，这种思想来自对肉体崇拜的否定，正如巴克斯特（《基督教指南》第四卷第 262 页）提出的，它完全是后来自由的理性主义的意思，即“多数人的幸福”(多少有些勉强地提到了《新约·罗马书》9：3)。传统的美国人反对履行个人服务，除了民主情感所导致的其他重要因素之外，至少与那一传统有间接关系。同样地，以前身为清教徒的民族对凯撒主义具有相对的免疫力，以及英国人在主观上通常对其伟大政治家持宽容态度，这可以和我们德国自 1878 年以后所积极地和消极地经历过的许多事情相比。一方面，人们极愿意给伟人以应得之物，但另一方面，却弃绝了将伟人偶像化的所有狂热行为，也弃绝了任何人出于感恩必须在政治上服从于他的幼稚想法。信仰权威是有罪的，过度忠诚于那些即使是最圣洁、最完美的人物也同样是有罪的，因为那将妨碍对上帝的服从，唯一可以容许的权威信仰就是对一种非人格权威形式即《圣经》的信仰，关于此点，可参见巴尔斯特:《基督教指南》(第二版，1678）第一章第 56 页。摈弃肉体崇拜所造成的政治后果，以及唯有上帝应该统治的原则（该原则最初只适用于教会，后来却广泛地应用于日常生活），这些都不在本研究之列。

[31] 我们将会经常提到有关教义与实践的心理效果之间的关

系，毋庸赘言，二者并非一回事。

[32] 所用的“社会的”一词，当然没有其现代用法所具有的各种意义，它仅仅意味着在教会、政治或任何其他社会组织中的活动。

[33] “不是为了上帝的荣耀，而是抱着其他目的所做的善事，都是有罪的。”（《汉塞德·诺利忏悔》，第十六章）。

[34] 专门向中国内地传教的英美教会组织“内地会”以及国际基督教宣教联盟的态度充分说明，唯以上帝意志是瞻的生活取向所产生的这种非人格性博爱，在宗教群体生活的领域内究竟意味着什么（参见沃奈克《新教传教士史》第三章第 99 页）。传教士队伍花费巨大，装配精良，如仅在中国就有上千人，以期通过巡回布道，将福音极其精确地传给所有异教徒，因为这是基督的圣命，他的二次降临也要以此为基础。至于这些异教徒是否应该皈依基督教并因而获得拯救，甚至他们是否能理解传教士布道的语言，这些都不重要，可以交给上帝处置，因为只有上帝才能控制这些事情。根据哈德逊·泰勒（参见沃奈克前引作品）的著作，中国有五千万家庭；一千个传教士每人每天可以接触五十个家庭，就是说，用不了三年，他们就可以把福音传给全部中国人。加尔文宗正是以同样的方式实现了它的教会原则。其目的并非是指遵守原则的人们即可得救，那只是上帝的事情（事实上是他们自己的），教会无法通过什么手段对其进行任何干预，而只能增加上帝的荣耀。如此一来，那些热情的传教所赢得的功绩，并非加尔文主义

所带来的，因为它们有着属于不同教派的基础。加尔文本人否定向异教徒派遣传教士的义务，因为教会的进一步发展是建立在跨教派的基础上的。尽管如此，它们显见的思想根源贯穿于整个清教伦理的思想，根据爱自己的邻人的义务可以通过履行上帝的诫命以增加他的荣耀得到完成。邻人以此得到他应得之物，其余的一切则是上帝的事情了。也就是说，人类与其邻人的关系终结了。各种完全不同的环境都暗示了这点。

因此，需要提及这一氛围的遗存，归正宗的慈善事业方面（其中某些方面确应出名），阿姆斯特丹的孤儿们在 20 世纪穿着黑红或红绿两色各占一半的衣裳，那是一种小丑的装束，他们组成游行队伍，一路走到教堂，造成了带有怀旧情感的振奋场面。这不可避免地侮辱了个人和人类的情感，其侮辱程度越甚，也就相应地愈加添了上帝的荣耀。我们在下面会看到，即便在个人私生活的所有细节中亦是如此。自然，所有这些仅仅意味着一种趋势，我们下面还要加以限定。但是作为苦行主义信仰的一个十分重要的倾向，此处还是有必要指出。

[35] 就所有这些方面来说，波尔罗亚隐修会采取的是一种大不相同的伦理立场，因为其具有神秘主义和来世倾向，一定程度上可说是天主教的立场，尽管其伦理观具有预定论的性质（参见霍尼希海姆前引书）。

[36] 洪德斯哈根（*Hundeshagen*）认为，预定论只是神学家们的教义，而非为大众普遍接受的教义，这一观点常被引述。不过，

只有将人民等同于未受过教育的底层大众时，这种观点才算正确，即使如此，其有效性亦是有限的。克勒（前引书）发现，在 19 世纪 40 年代，正是这些大众（即荷兰小资产阶层）受到了预定论的彻底影响。对他们而言，任何否认双重教义的人都是异教徒并被宣判有罪。他本人会被询问什么时候得到（预定论意义上的）重生的。达·科斯塔以及考科的分离受此影响甚深。据泽勒（《神学体系》第 17 页）的研究，克伦威尔本人同样受此教义影响极大，不唯如此，就连他的部队对此教义都十分通晓。此外，多德雷赫特和威斯敏斯特宗教会议的教规曾是最重要的全国性问题。克伦威尔的审判官和驱逐者们只接纳那些相信预定论的人，而巴克斯特（《生活》第一卷第 72 页）尽管在其他方面反对预定论，却认为它对神职人员质量的影响非常重要。那些新教中的虔信派教徒，即英国与荷兰秘密宗教集会的成员，如果说他们不理解这一教义，那根本不可能的，因为正是这一教义推动他们共同追求“得救的确证性”。

当预定论只是作为神学家们的教义时，它究竟具有怎样的意义，完全正统的天主教已对此做了说明。对天主教来说，将其视为具有各种形式的隐秘教义毫不为奇。重要的是，个人有义务将自己视为选民并自我验证的思想被永远否定了。比较天主教教义，例如 A. 凡·威克的《预定论的教义》（科隆，1708 年），帕斯卡的预定论教义究竟在多大程度上是正确的，我们在此无法详查。

亨德沙根不喜欢这一教义，很明显，他的印象主要来自德国。

他的厌恶心理基于纯粹的推论性见解，因而必然导致道德宿命论与反律法主义。泽勒在前引书中早已驳斥过这一观点，这种后果的产生是可能的，自然不能否认。梅兰希顿和卫斯理都对此有所提及。不过二者都将它与情感化的宗教信仰结合在一起，这点非常突出。由于缺乏理性思想的证明，这个结果对他们来说实际上是很自然的。

同样的结果也出现在伊斯兰世界，那是为什么呢？因为伊斯兰教的思想是预先决定论而不是预定论，对命运来说，它只适用于现世而非来世。因此，预定论中信徒需要证明这一最重要的问题，在伊斯兰教中不称其为一个问题。因而只能产生无所畏惧的勇士精神，而无法产生理性的生活，因为没有宗教对他们的许可。见乌尔利希《海德堡神学演讲集》中的《伊斯兰教和基督教中的预定论》。只要上帝的选召及其证据最终仍是落实在具体的个人身上这一观念没有被动摇，那么对预定论的改良，比如巴克斯特的所作所为，就不会在根本上打乱它。最后，也是最重要的，所有（最广义的）清教徒的伟人都是秉持这一教义开始其人生之旅的，他们青年时期的发展都曾受到过预定论那种可怕的严肃性的深刻影响。弥尔顿、巴克斯特还有其后的自由思想家富兰克林都是如此，不过其影响是逐次减弱的。他们后来从这一严格的解释中解放出来的过程，与整个宗教运动的发展方向完全一致。并且所有重大的宗教复兴，至少在荷兰和英国大部，重新采纳了这一教义。

[37] 班扬《天路历程》的基调与它有着惊人的相似。

[38] 即使撇开预定论教义不谈，这一问题对后期路德教的意义要比加尔文宗小得多。这并非因为路德教不太关心自己的灵魂得救，而是因为在路德教会自己所采取的形式中，突出了它作为机构去救赎的性质。个人因而感到自己成了它的庇护对象并依赖于它。问题首先是从路德教内部，并且颇具特色地通过虔信派运动而提出来。"得救的确证性"问题，对于所有的非圣事救赎宗教来说，无论是佛教、耆那教还是别的教派，都是绝对基本的问题，对此千万不可忽视。这是一种纯宗教品格的所有心理驱动力的根源。

[39] 例如在写给布瑟尔（Martin Bucer，1491—1551）的信中就特意说到了这一点，《宗教改革资料集》，第 29、883 页及以下诸页。可再次参照斯克勃，已引作品，第 30 页。

[40]《威斯敏斯特信纲》（第 18 卷第 2 页）也使得到了毋庸置疑的恩宠确定性的上帝选民感到安心，尽管我们竭尽全力却又始终是无用的奴仆，且与邪恶的抗争将持续终生。但即使是特选之人，往往也要进行长期艰苦的奋斗以获得这种确定性，完成指定的义务就会使他意识到这种确定性，对一位真正的信徒的来说，这种确定性是永远不会被彻底剥夺的。

[41] 正统的加尔文宗教义专注于信仰以及在圣事中与上帝合一的意识，只是附带提及"信仰的其他果实"。参见海坡（Heppe）前引书第 425 页。加尔文本人异常坚决地否认善行是在上帝面前获得恩宠的表征，尽管他像路德教徒一样，将善行视为信仰的果

实(《基督教原理》，第三卷第 2、37、38 页)。随着加尔文教义的逐步改良，也同时出现了一个实际的变化，即通过善行来证明信仰，这是苦行主义的特点。像在路德那里一样，真正的教会最初也首先是以教义的纯洁和圣事为标志的。但后来，教规(disciplina)也终于有了与教义与圣事同样的地位。这一演进在海坡的书中有迹可寻(已引作品第 194—195 页)，以及 16 世纪末尼德兰的教会成员所养成的习惯(通过协议表示对教规的服从，以此作为首要前提)中，都能看到这一演变。

[42] 例如，奥列维安的《神与选民间契约的实质》(1585 年)第 257 页；海德格尔，《神学资料》，第二十四卷第 87 页；海坡的其他篇章，《加尔文宗的教义》(1861 年)，第 425 页。

[43] 对此参见施奈肯伯格的文章，已引作品，第 48 页。

[44] 因此，例如在巴克斯特那里，不可饶恕的重罪与可恕的小罪的区别就表现出了真正的天主教含义，前者是不得恩宠的标志，而恩宠只有通过改变人的全部生活才能获得，但后者并非与恩宠毫不相容。

[45] 正如巴克斯特、贝利、塞奇维克和胡恩比克都在不同程度上作如是观。另见施奈肯伯格所给出的事例，前引书第 262 页。

[46] 将恩宠状态视为一种社会身份的观念(有些类似于早期教会中苦行主义者的观点)非常普遍。例见斯克廷胡斯《内心的基督教》(1740 年被荷兰议会查禁)。

[47] 对此，我们将会在巴克斯特的《基督教指南》一书的许多

篇章尤其是结尾部分看到。这种将世俗活动视为一种克服自身道德上自卑感的方法的建议，使人想起帕斯卡将营利的冲动和禁欲行为从心理学上解释成掩饰自我道德卑劣的手段。他认为，对预定说的信仰以及所有关乎肉体的事物都有原罪的信念，只能导致避世隐居，并将默祷视为减轻原罪重负与确信得到获救的唯一手段。前面引用过的保罗·霍尼希海姆博士的论文（他宏大研究中的一部分，希望这一研究能够持续下去）中，他对正统天主教和詹森教派的天职观进行了精辟的分析。在詹森派教徒那里，获救的确定性和世俗活动之间没有任何有联系的迹象。他们的天职观指的是接受个人在生活中所处的位置，在那里，个人不仅像天主教那样由社会秩序加以认可，而且还由个人的良心发出的声音给予认可，这种观念比路德教徒甚至正统的天主教徒更为强烈（霍尼希海姆，同上引，第 139 页及以下诸页）。

[48] 在《给 H. 霍尔茨曼的节日礼物》一书中，有关罗布斯坦的短文描写得非常清晰，该书即以罗布斯坦的观点开始，或许同样可以和下面的做一番比较。这篇短文因过于强烈地强调“得救的确证性”而备受批判。但正是在这一点上，加尔文的神学必须与加尔文宗相区分，神学体系必须与宗教实践的需要相区分。所有影响了大批民众的宗教运动都是由这个问题开始的：“我如何才能确信我的获救？”如上所述，该问题不仅在此起着核心作用，而且在一切宗教历史中，甚至在印度，都起着核心作用。难道还能有其他的开端吗？

[49] 当然无法否认，这一观念直到路德时期后期才获得了充分发展（普瑞托利斯、尼柯莱、麦斯内）。不过此处所指的全部意义在约翰斯・格哈德那里就出现了。因此里敕尔在其《虔信派的历史》第四卷（第二部分第 3 页及以下诸页）中认为，这一概念是作为一种文艺复兴被引入路德教的，或者是吸收了一些天主教的成分。他不否认（第 10 页），在路德和天主教神秘主义者那里同样存在着个人得救的问题，但他相信二者提出的解决之道是截然相反的。我当然无法提出自己的观点。显然，每个人都能清楚地看到，《论基督徒的自由》一书的基调不同于后来的作家们那种与“亲爱的耶稣”（liebe Jesulein）的甜美调情，也不同于陶勒的那种宗教情感。同样，路德的圣餐教义保留神秘主义——巫术成分，当然有着不同于伯恩哈德式的虔诚——所谓“雅歌情感”（song of songs feeling）的——宗教动机，里敕尔一再指出，这种虔诚是和基督的新婚关系的源头。但是，圣餐教义难道不是尤其有利于神秘主义宗教情感的复活吗？而且，如果说神秘主义者的自由完全在于其与世隔绝状态（前引书，第 11 页），也是大谬不然的。尤其是陶勒在一些段落中坚称，思考世俗活动时形成的那种秩序乃是夜间默祷的一个实际结果，比如在失眠时就应该进行夜间祷告。这从宗教心理学的角度来看是非常有趣的。他说：“只有藉此（夜间入睡前与上帝神秘的同一），理智才得以澄明，头脑才得以强化，正是与上帝的真正合一这种内在的戒律，在更加平静而神圣地指引着人的整个白天。如此一来，他的所有工作都会安排得井然有

序。因此，一个人只有为自己的工作做好了准备并且信赖美德，他才能达到这个样子；在他进入尘俗之后，他的工作将是富有美德与神圣的。”（《布道集》，第318页及以下诸页）由此可见——我们又回到了这一点，神秘主义的默祷和对待天职的理性态度并不自相矛盾。只有当宗教具有直截了当的歇斯底里性质时，才会出现截然相反的情况，但是，并非所有的神秘主义者，甚至并非所有的虔信派信徒都会出现这种情况。

[50] 关于这一点，请参见《世界诸宗教的经济伦理》的导论部分。

[51] 在这一假设中，加尔文宗与官方天主教有关联之处。但对于天主教徒来说，由此便产生了告解圣事的必要性，对于归正会教徒来说，则是通过世俗活动获得实际证据的必要性。

[52] 参见贝扎《基于预先拣选的预定论》第133页：“正如我们从真正的善行中获得救赎之恩惠，我们还要从救赎中上升到信仰，这信仰是得自于行动，但行动须持之以恒，而不是随意的，而是有效的天职。从这天职，我们又通过基督而受预定得救之恩惠。这将使我们把活动和义理有效联系在一起，就如同上帝的宝座一样不可动摇。”只有出现被罚入地狱的迹象时才有必要小心谨慎，因为这关系到最终审判的问题。清教首先对此做了区分。可进一步参阅施奈肯伯格的全面论述（其作品已引），当然，他只是引用了有限的一部分文献。在所有的清教文献中，这一方面得到了突出。班扬说：“这里并不是说，你们有信仰吗？——而是说，

你们是实干家还是空谈家?”按照提倡最温和的预定论形式的巴克斯特的说法(《圣徒永恒的安息》第七章),信仰意味着从情感上和实际行动中服从于基督。“先做你能做的,然后你再抱怨上帝拒绝赐给你恩宠——如果你有理由抱怨的话”,这是他对异议者的答复,这些人认为意志是不自由的,而只有上帝才能确保救赎(《清教神学家文集》第四卷第155页)。(教会史学家)富勒(Fuller)的研究局限于一个问题,即实际证据和品行中的恩宠状态的征兆。随便翻阅一下《清教神学家文集》,就会看到大量例证。

因天主教苦行主义作品的影响而皈依清教,这种情况还是很多的。比如巴克斯特就是因为一个耶稣会士所写的一个小册子而皈依。与加尔文本人的教义(《基督教原理》第一章,1536,第一版,第93、113页)相比,这些观念并不是全新的。只有对加尔文本人来说才不会以这种方式获得得救的确证性(第147页)。人们一般都是引用《约翰一书》3:5“你们知道主曾显现,是要除掉人的罪,在他并没有罪”及类似的段落。由此可见,对“有效信仰”的要求并非局限于加尔文宗教徒。浸礼派教徒对于信仰的声明,有关预定论的篇目中,讨论的同样是信仰之果的问题,(“而它——重生——的适当证明表现为悔悟、信仰与生活的更新等神圣结果上”——神学博士J.N.布朗(Brown)的《信仰声明》第七条,《浸礼教会手册》,费城,美国浸礼会出版协会)。同样地,1649年哈勒姆宗教会议正式通过的(受门诺教影响的)小册子传单Oliif-Tacxken,在第一页就提出了这个问题:“何以认识上帝的子民?”“只有这种可见的信仰之果，才能提供某种绝对可靠的标志，以验证信徒的自觉意识，即他们属于得救者的意识。”

[53] 关于这一点对于社会伦理实质内容的重要意义，上面已经给出了一些线索。在此我们关心的不是内容，而是伦理行为的动机。

[54] 显而易见，这种观念肯定促进了《旧约》的希伯来精神对清教的渗透。

[55]《萨伏依宣言》及“纯洁教会”（ecclesia pura）的成员云：他们是“受到有效的神召而成为圣徒，这通过他们的职业和言行明显地可以看出来”。

[56]《善的原则》，查诺克（Charnock）著，收于《清教神学家文集》，第 175 页。

[57] 例如，参照巴克斯特《基督教指南》一书的结论。

[58] 正如塞奇维克所说，皈依就是“准确体现预定论的天命”。贝利宣称，凡是选民，即被神召皈依，而且能够皈依。根据（浸礼派）汉塞尔德·诺利的教义，只有那些蒙上帝召唤信仰上帝的人（这表现在他们的行为中）才是真正的信仰者，而非只是暂时的教徒。

[59] 比如查诺克的《自省》（*Self-examination*），第 183 页，批驳的是天主教的怀疑论。

[60] 该论点不断出现于胡恩比克的《实用神学》一书，如卷一第 160 页；卷二第 70、72、182 页。

[61] 例如《瑞士信纲》(*Helvetic Confession*)第 16 节说:“行善举皆属救赎。”

[62] 可将上述讨论与施奈肯伯格的相参照,第 80 页及以下诸页。

[63] 据说奥古斯丁说过:“即使未被预定,亦应如被预定那样行事。”

[64] 这使人想起歌德的一句话,其含义实质上相同:“人怎样才能认识自己?绝不是靠观察,而要靠行动。努力履行你的责任,你就会知道自己有什么。而什么是你的职责?正是你每天的工作任务。”

[65] 尽管加尔文本人坚持圣徒的品质肯定能表现在外观上(《基督教原理》,卷四第 1、2、7、9 页),但圣徒和罪人之间的分界线却必须隐藏于人类知识所不及之处。我们必须相信,只要上帝的纯正福音还回响在一个按照他的律法加以组织和管理的教会中,那就说明存在着一些上帝的选民,尽管我们并不认识这些人。

[66] 既定的宗教观念产生实际的宗教态度,这是一种逻辑后果,也是一种心理后果,在宗教史上,加尔文宗教派是这方面的众多范例之一。宿命论当然是预定说的唯一逻辑后果。但由于恩宠证据观,其心理后果却恰恰相反。实际上出于同样一类原因,尼采的追随者也断言永恒的轮回这一观念具有一种积极的伦理意义。然而,这种情况涉及的是对未来生活的责任,而这个未来生活并没有通过自觉的连续性线索与能动的个人联系在一起,但对

清教徒来说，却正是“你要做的事”（tua res agitur）。就连胡恩比克（《实用神学》，第一卷，第159页）也用当时的语言充分地分析了预定说和行动之间的关系。上帝的选民因为被上帝选中而摆脱了宿命论，因为他们在对宿命论的否定中证明了自己是“因成为上帝的选民且恪尽职守”（quos ipsa elctio sollicitos redditet diligentes officiorum）。实际的利益阻止了宿命论的逻辑后果的出现（尽管凡事总会有些例外）。

但在另一方面，正如加尔文主义所表明的，一种宗教的思想内容要远比威廉·詹姆斯所愿意承认的重要得多（《宗教经验之种种》，1902，第444页及以下诸页）。宗教形而上学中理性因素的重要意义，特别是在加尔文主义上帝概念的逻辑结构给生活带来巨大影响的经典形式中表现了出来。如果说清教徒的上帝对历史的影响为其之前或之后教派心目中的上帝所不及，那主要应归结于思想的力量所赋予他的种种特质。詹姆斯依据宗教观念对生活的影响而对其意义做出的实用性评估，恰恰又是这位杰出学者的清教家庭思想观念世界的地道产物。这种宗教经验就像所有经验一样自然是非理性的。甚至在其最高且最神秘的形式中，是无与伦比的经验，而且正如詹姆斯所明确表明的，因其绝对的不可传达性而显得不同凡响。它有着特殊的性质，看起来像知识，但却不能通过我们的语言或概念性手段进行充分的再现。任何宗教经验，如果试图对之进行理性化表述，都会丧失部分内涵。概念化程度越高，丧失的就越多。这就是所有理性神学会发生众多悲剧性冲突的原因，17 世纪的浸礼派早已意识到了这点。但是这种非理性因素绝非为宗教经验所独有，乃是（在不同意义和不同程度上）适用于所有经验，但这并不妨碍其具有至为巨大的实践重要性，无论它属于什么特定类型的观念体系，都以其特有的方式引发并塑造直接的宗教经验。因为，在教会对生活发挥巨大影响并且教会内部强烈关注教理重要性的时代，正是从这个源头发展出了各种宗教之间在伦理后果上的绝大多数差别，而表现出巨大实践重要性的正是这些伦理后果。甚至那时的俗人都抱着强烈的教理关切，用今天的标准来衡量，其强烈程度简直不可思议，熟悉历史材料的人都知道这一点。今天我们只能在现代无产阶级的信仰中找到类似的东西，他们相信科学能实现或证明任何东西，这种信仰从根本上有着同样的迷信性质。

[67] 巴克斯特在《圣徒永恒的安息》卷二第 6 页中对这个问题回答道："我们以获救为目的，是唯利是图还是合法的？如果我们就像完成工作期待领工资那样期待获救，那就完全是唯利是图……如果追随基督是为了谋利，那我真的渴望谋利！"然而，大量被认为是正统的加尔文宗教徒却不可避免地堕入了一种粗俗的唯利是图之中。在贝利看来（《虔信的行为》，第 262 页），捐赠是一种逃脱暂时性惩罚的方法。另外一些神学家则极力主张被判罪的人应多行善事，因为他们犯下的罪或许因此而变得稍可忍受，而选民之行善事，是因为上帝有了爱他们的理由，而不仅是无端地爱他们，这种爱有时当然需要报答。辩护者也就善行对获救程

度的意义做了些许让步（施奈肯伯格，已引作品，第 101 页）。

[68] 此处为了显示出其特有的差异，绝对有必要从理想类型的角度进行探讨，从某种意义上说，这样做曲解了历史事实。但考虑到材料的复杂性，若不如此，要想进行清楚的表述则是完全不可能的。我们此处所描述的极其明显的差异，其程度只具有相对性，我们对此将分开讨论。诚然，即便在中世纪，正式的天主教教义自身也已经将生活作为一个整体而建立了系统的神圣化的理想。但确定无疑的是:（1）教会的常规实践，恰恰因为它最有效的纪律手段即告解，而推动了本文所讨论的非系统化生活方式。（2）加尔文宗教徒生活在其中且感到绝对孤独的那种氛围，在根本上说是严苛且冷酷的，中世纪平信徒的天主教（lay-Catholicism）与之绝不相类。

[69] 曾经有人指出过这一因素的绝对而根本的重要性，在《世界诸宗教的经济伦理》有关的论文会变得逐渐清晰。

[70] 从某种程度上说，对路德教徒亦是如此。路德不想取消这一圣事的神秘力量的最后痕迹。

[71] 例如可参照塞奇维克的《悔悟和恩宠的教诲》一书（德文译者为洛希尔，1689）。悔悟的人严格持守一条永恒的规则，以此安排他的全部生活和行为（第 591 页）。他的生活遵从着戒律，机智而小心，并且一丝不苟（第 596 页）。只有整个人身上的持久的变化才能导致这一点（第 852 页），因为它是预定论带来的结果。真正的悔悟总是体现于行为之中（第 361 页）。胡恩比克（同前书，

第一卷、第四卷二章）解释说，单纯的道德善举和精神操练（opera spiritualia）之间的差别就在于，后者是重生的生活带来的结果（同前，第一卷第 160 页）。在他们身上能发现不断的进步，而这种进步只能通过上帝的恩宠所产生的超自然影响下才能实现（第 150 页）。灵魂的获救缘于蒙受上帝的恩宠而带来的整个人的改变（190 页及以下诸页）。所有的新教教派都具有这些思想，当然在天主教的最高理想中也能找到。但其结果只有在清教的入世苦行主义运动中才能出现，并且首先只是在那些情况下它们才能获得充分的心理认可。

[72] 后面这一名称，尤其是在荷兰，得自那些完全以《圣经》榜样作为生活模式的人（富蒂即是如此）。此外，循道宗这个名称也会偶见于 17 世纪的清教徒中。

[73] 因为，正如清教徒传道士所强调的（如《清教神学家文集》中班扬的《法利赛人和税吏》（*the Pharisee and the Publican*），第 126 页），假如——这是不可想象的——人能够独自完成上帝必定会承认为有价值的事情，或者能在任何一段时间内过一种完美的生活，那么任何一桩单独的罪孽都将摧毁一生中在通过行善积德而积累起来的一切。因此，清教不像天主教那样几乎以余额计算法的账目来思考问题，这个比喻甚至普遍存在于古代，而是从整个生活所面临的恩宠或堕落的明确取舍来考虑问题的。要了解银行账户的观念，参见下注 [102]。

[74] 其中存在着单纯地靠善行得救与教养之间的区别，他们

都是班扬笔下与自作聪明的“老世故”先生一起生活在道德城中的伙伴们。

[75] 查诺克:《自省》(《清教神学家文集》,第 172 页):“反省与认识自我是具有理性的人的独特长处。”其注脚为:“我思故我在,这是新哲学的第一原则。”

[76] 现在还不宜探讨邓斯·司各脱的神学与某些苦行主义新教思想的关系。它从来就没得到正式认可,充其量是被默许,有时亦被禁止。后来的虔信派对亚里士多德哲学表示明确的反感,路德派同样如此,不过意义有所不同;加尔文派亦是如此,表现为对天主教的有意识对抗(参阅《基督教原理》第二卷,第七章第 4 页;第四卷,第十七章第 24 页)。正如卡尔(Kahl)所说,“意志第一”是所有这些运动所共有的通例。

[77] 因此,比如天主教《教会词典》(*Church Lexicon*)关于“苦行主义”的条目中,完全按照它所具有的最高的历史表现对其进行定义。在泽贝格所编的《新教神学和教会的真正百科全书》中亦是如此。为了研究之便,我们必须以我们的方式使用概念。我很清楚,这个概念可以按照通常的做法以另外的方式给出更为广义的或者狭义的定义。

[78] 在英国诗人塞缪尔·巴特勒(1612—1680)的著名诗作《休迪布拉斯》(第一歌,18,19)中,清教徒被比作赤脚的方济各会教徒。热那亚共和国驻英格兰大使费耶斯基(Fieschi)在一份报告中声称,克伦威尔的军队就是一群僧侣。

[79] 在论及专注来世的修行苦行主义和积极的现世苦行主义的密切关联时（此处我明确地坚持此点），我很惊讶地发现布伦塔诺竟然会援引僧侣们苦行主义的劳作和对这种劳作的忠告来反对我的观点（已引作品，第 134 页及以下诸页）。他针对我而发的整个“附言”在这一点上达到了顶点。但是不言而喻，那种连续性是我整个论点的根本前提：宗教改革从修道院里接过了理性的基督教苦行主义及其条理性习惯，使之为现世的积极生活服务。请参照下面的讨论，我的观点没有改变。

[80] 可参见尼尔（Neal）的《清教徒史》和克罗斯的《英国浸礼派》二书中所援引的清教狂热分子经受的种种磨难的报告。

[81] 桑福德，已引书，（在他之前和之后还有很多人）在清教中找到了“矜持”这一理想的起源。对此亦可参照詹姆斯·布莱斯（James Bryce）在他所著《美利坚联邦》卷二中对美国大学的评论。苦行主义的自我控制原则也使清教成为现代军事纪律的原形之一（关于奥兰治的莫里斯（1567—1625）是现代军队组织的创始人的说法，参看罗拉夫:《普鲁士年鉴》，1903，第三卷第 255 页）。克伦威尔的铁骑军手握上膛的手枪，急速地向敌人进攻却一枪不发，他们占了保王党的上风，靠的不是狂热的激情，而是冷静的自我控制。这就使得他们的首领总能很好地控制这支部队。另一方面，保王党人骑士的猛烈攻击却总以溃不成军而告终。参看费尔思:《克伦威尔的军队》。

[82] 尤其要注意参考温德班特（Windellband）《论意志的自

由》，第 77 页及以下诸页。

[83] 只是并非如此纯粹。默祷虽然有时也有唯情论的因素，但往往是和这些理性因素结合起来的。不过默祷本身亦是有条理地被加以规范的。

[84] 按照理查德·巴克斯特的观点，任何有悖于上帝指定的行动标准的动机都是有罪的。这不仅是指那些包含了罪的激情，而且还包括所有愚笨而放纵的感情。它们败坏了人的行为，并且由于关乎肉体，就阻碍了我们将一切行动和感情理性地指向上帝，这样便侮辱了他。请参照关于怒之罪的论述（《基督教指南》，第二版，1698，第 285、287 页所引陶勒的话）；关于焦虑之罪，前引书，第一卷第 287 页，如果过分强调我们的胃口成了“吃的规则或标准”，那就成了偶像崇拜（前引书，第一卷第 310、316 页及其他各处），关于这一点的强调特别突出。在这种论述中，到处提到《旧约·箴言》和普鲁塔克的《论灵魂的安宁》，也常常提到中世纪的苦行主义作家的著作，如圣贝尔纳（St.Bernard）、波那文图拉（Bonaventura）和其他一些人。与“谁不爱酒、女人与歌”形成鲜明对照的是把一切感官愉悦——只要这些愉悦不符合身体保健——都视为偶像崇拜，如果符合，就是被允许的（例如在此限制之内的运动以及其他娱乐活动）。参见下面的（第五章）进一步论证。请注意，此处和其他地方提到的材料既非教义，亦非教喻式作品，而是从实际的牧师经验中来的，这样可以给出一幅其影响力走向的可靠画面。

[85] 如果有人在这段讨论中读出了隐而不显地关于宗教的这种或那种形式的任何评价的话，我会对此感到遗憾。因为我们在这里并没有探讨此点，它只涉及某些事情造成的影响问题，从纯宗教的角度来看，这些事情或许是偶然的，但对实际行为来说却非常重要。

[86] 关于这一点，请着重参看 E. 特罗尔奇的《英国道德家》（*Moralisten englische*）一文，见《新教神学和教会的真正百科全书》第三版。

[87] 一些非常明确的宗教思想和事态，貌似历史上的偶然事件，它们的影响程度在下述事实中异常明显地表现了出来：起源于新教的虔信派别中有人偶尔会对缺少修道院的状况直接表示遗憾，同时，法国主张共产共食的神学家拉巴迪（Jean de Labadie，1610—1674）等人的共产主义式的实验只是隐修生活的一个替代物。

[88] 甚至早在宗教改革时期的几本信纲中就是如此。尽管里敕尔（《虔信主义》第一卷第 258 页及以下诸页）认为后来的发展乃是宗教改革观念的退化，但他并不否认，例如《高卢信纲》25、26，《比利时信纲》29，《第二瑞士信纲》17 中，都是以明确的经验特性来定义真正的归正会的，而且对于这个真正的教会来说，信徒如果缺乏道德活动的特性，就不会被视为信徒。（参见前注[42]）

[89] “愿上帝保佑我们不属于多数派”（托马斯·亚当斯，《清

教神学家文集》，第 138 页）。

[90] 长子继承权（brithright）的观念在历史上极为重要，在英国获得了重要的肯定。“头生儿会被记录于天国……因为头生儿不会被废除继承权，而且记录在册的名字将永不磨灭，因此他们肯定会得到永恒的生命”（托马斯·亚当斯，《清教神学家文集》，第 14 页）。

[91] 路德教会强调悔罪的悲伤，与苦行主义的加尔文精神格格不入，这种格格不入不是在理论上，而明确地是在实践上。因为它对加尔文主义没有任何伦理价值，对被罚入地狱之人也没有什么帮助，相反，对于那些确定自己是选民的人来说，他们身上的罪，只要他们愿意承认，只是发展过程中退步的症状。他们不是悔改所犯之罪而是表现出憎恶，并力图通过体现上帝之荣耀的活动克服所犯之罪。参照豪（克伦威尔的随军牧师，1656—1658）在《论人与上帝的敌对关系及论上帝与人的调和》（《清教神学家文集》第 237 页）的解释：“肉欲的心是与上帝作对的，因此，心——不仅是思辨的心，还有实用与能动的心——必须更新。”第 246 页：“和解必须开始于（1）深信……你以前对上帝的敌视……我已经疏离了上帝……（2）（第 251 页）对极端不义以及由此而来的邪恶有一个清楚敏锐的理解。”这里所憎恨的是罪恶，而不是罪人。但是早在雷娜塔公爵夫人（Leonore 之母）致加尔文的著名的信中就能看出，憎恶的目标开始转向了人，她在信中说道，如果她确信她的父亲和丈夫属于被罚入地狱之人，她就会憎恨他们。

同时，这个例子也可作为前述内容（第 104—106 页）的一个实例，说明了个人是如何摆脱对自然情感依赖这一羁绊的。预定论应对此负责。

[92]“只有那些能证明自己是获得新生或圣洁的人，才应该为可见的教会所接受，或者算是合格的成员，欠缺这一点的地方，便丧失了一个教会最本质的东西。”这个原则由克伦威尔时期牛津大学副校长欧文提出（《宗教教会起源研究》），他是一位独立派加尔文宗教徒。可进一步参见以下论文。

[93] 见下文。

[94]《日内瓦的天主教》，第 149 页。贝利：《虔信的行动》，第 125 页：“在生活中，我们应该将摩西视为唯一权威。”

[95]“这条教规在加尔文宗教徒看来就是一个理想的行为准则。但它却使路德教徒深受折磨，因为这对他们来说是不可企及的。”在路德宗的教义问答中，教规置于开头，以期唤起必要的谦恭。在归正宗的教义问答中，教规一般在福音书之后。加尔文宗教徒指责路德教徒“实质上不愿意变得圣洁”（莫勒语），而路德教徒则指责加尔文宗教徒成为了“被教规奴役的、丧失自由的奴隶”，还指责他们狂妄自大。

[96]《大叛乱的研究和反思》第 9 页及以下诸页。

[97] 其中尤以《雅歌》值得注意。而在大多数情况下都被清教徒简单地忽略了，其东方式的情欲曾影响了某些宗教类型的发展，比如说圣贝尔纳的宗教。

[98] 关于这种自省的必要性的论述，参看查诺克的布道，前面已经提及；关于《哥林多后书》第八章第五节，《清教神学家文集》第 161 页及以下诸页。

[99] 大多数神学道德家都称赞这些教派。例如巴克斯特《基督教指南》第二卷第 77 页及以下诸页亦是如此，但他并不讳言其中的危险。

[100] 道德记录簿当然也在其他各地广为流传，都没有着重将其作为一个专门的手段去认识得救或被罚入地狱的永恒天命，而且它也没有使得这种计算的周密性成为至关重要的心理约束力。

[101] 这是和其他表面类似的态度的重大区别。

[102] 巴克斯特（《圣徒永恒的安息》第七章）解释上帝的不可见性时说，正如人们可以互相通信与一位看不见的外国人做赚钱的生意，所以也可能通过与看不见的上帝做一笔神圣的交易而获得一颗无价的珍珠。这些商业上的比喻，而非早先的道德家和路德宗所习惯用的法庭的比喻，体现了十足的清教特点。这实际上是让人们购买自己的救赎。可进而参照下面另一段布道文："我们常以聪明人的出价来估算一件事物的价值，他了解这件事物，虽然并不需要它。基督，上帝的智慧，献出他自己，他珍贵的血，来救赎众人的灵魂。他知道那些灵魂的究竟，他并不需要他们。"（马修·亨利《灵魂的价值》见《清教神学家文集》第 313 页）

[103] 与此相对，路德本人说过："行动之前就哭泣，痛苦就会超过所有的成就。"

[104] 这一点同样异常清楚地体现于路德主义伦理学理论的发展中。对此参见霍尼克 *Studien zur altprotestantischen Kthik*（柏林，1902），以及 E. 特罗尔奇的一篇指导性的评论。路德教义的方法与早期正统的加尔文宗教义在形式上常常很是接近，但宗教背景之间的差异也非常明显。梅兰希顿将悔悟的思想置于最重要的地位，以期在道德和信仰之间建立一种联系。通过教规而产生的悔悟必须先于信仰，但善行必须跟随其后，否则它就不是真正称义的信仰——这几乎成为一个清教的公式。梅兰希顿承认在尘世能够获得某种程度的完美。他事实上在最初宣扬上帝给人称义是为了使人能行善事，而在不断增长着的完美中至少具有一些相对的祝福，这是信仰所能带给这个世界的东西。后来的路德教神学家也坚称善行是信仰的必然结果，信仰导致了一种新的外在生活，这也正是新教布道者所说的。善行究竟包含着什么问题，梅兰希顿，尤其是后来的路德宗，越来越多地引用教规给以回答。路德的原始教义中只保留了采用于《圣经》的较小程度的严肃态度，尤其是《旧约》中的特殊准则。《十诫》作为自然道德中最重要的思想的法典，仍然是人类行动的基本准则。但在其合法的有效性与越来越突出地强调为称义的信仰的重要性之间，并没有固定的联系，因为这个信仰（参看上文）和加尔文主义的信仰在心理特征上有着本质的区别。

早期真正的路德宗的观点不得不被一个自视为救赎机构的教会所离弃，而另一个却没有被找到。因为害怕丧失其教义基础（因信称义），他们尤其不可能接受将行为的禁欲理性化作为个人的道德任务。因为没有什么动机给予验证的观念以这种意义，就像它在加尔文主义中通过预定论所获得的那样。此外，对圣礼的巫术式解释，因为缺乏这一信条，尤其是缺乏与再生的关联（至少在其开始与洗礼的关系是这样），必然会妨碍系统的道德规范的发展。由于它削弱了自然状态与恩宠状态的差异，尤其是和路德对原罪的大肆强调结合起来的时候。同样重要的是完全从法庭角度对称义行为的解释，即假定上帝的判决可能会由于受到罪人皈依后的某些独特的悔悟行为的影响而改变，而这正是梅兰希顿强调得越来越多的因素。他的教义越来越重视悔悟，其全部发展是和他所宣称的意志自由紧密关联的，这构成路德宗行为的非条理化特性的主要决定因素。

针对特定罪恶的特定恩宠行为，而非圣徒的贵族精神的发展，造成了他们自我获救的确定性，这是一般的路德教徒获救的必然形式，对忏悔的保留已经证明了此点。因此，它既不能撇开教规而发展出一套道德规范，也不能依据教规而发展出理性的苦行主义；而只能继续将教规视为一种与信仰相近却并非有机组成部分的理想，此外，由于提示了通过善行而获救，从而避免了严格依赖圣经，因此教规在内容上仍是不确定的、模糊的，更是非系统的，正如特罗尔奇对其伦理学理论的解读："仅仅是一大堆开头，从来没有完全具体化过。""所传授的是一些具体的、不定的和互不相关的格言"，没有成功地"形成一个清晰而连贯的行为体系"。

而是沿着路德本人（参见上文）所走过的足迹，形成的基本上只是对大小事情的依从。德国人对外来文化的顺从，他们对国籍的速度改变，皆招致众多非议，很明显，除了民族历史上某些政治环境的影响，要部分归结于这种影响，它仍在影响着我们生活的方方面面。对文化的主观同化能力仍然很弱，这是由于它主要是通过被动地吸收以权威手段给出的东西的方式进行的缘故。

[105] 关于这些细节，参见托鲁克（Tholuck）的漫谈之作《理性主义的早期历史》。

[106] 对于穆罕默德的预定论（或者说预先决定论）教义所造成的全然不同的结果及其个中原因，参看 F. 马尔里希（F.Ullrich）的神学论文《伊斯兰的预先决定论》（海德堡，1912）。关于和詹森派的差异情况，参看 P. 霍尼希海姆，前引书。

[107] 参看此集中后面的论文（此处英译者没有译出）。

[108] 里敕尔，《虔信派的历史》，第一卷第 152 页，试图以下述几点区别拉巴第时期以前（仅以取证于尼德兰的事例为基础）的虔信派信徒：（1）他们组织秘密集会；（2）他们以一种“与新教所关心的得救方式相反的方式”，主张“肉体的存在微不足道”的教义；（3）以一种非加尔文主义的方式寻求“在与主耶稣的温情关系中确证恩宠”。对这一早期阶段来说，最后一条标准只适用于他所讨论的事例之一。肉体微不足道的观念本身即是加尔文宗精神的真正产物，并且只有当它导致了实际的离世绝俗，它才与标准的新教形成对立。最后，（尤以传授教义为目的而召集的）秘密集会

在某种程度上是由多德雷赫特宗教会议本身所确立的。对于里敕尔先前的讨论中所分析的虔信派标准，值得重视的是：（1）生活中的全部外在事务更为精确地依从《圣经》的字面意思，就像吉斯波特·弗埃特一度强烈要求的那样；（2）不把称义和与上帝的和解看作目的本身，而仅仅视为达至圣洁的苦行主义生活的手段，这或许可见于洛登斯丁的著作，梅兰希顿也暗示过（如上，注104）；（3）高度评价忏罪，将其视为真正重生的标志，如W.提灵克所最早宣扬的；（4）当未得重生的人分享圣餐时，应即退出（对此我们将在另一场合谈到）。与之相关联的是还可能形成了一些复兴先知预言——即由俗人甚至妇女解释《圣经》——的秘密宗教集会。这已超出了由多德雷赫特教规所设定的界限了。

凡此种种，便导致了违背乃至大大违背宗教改革运动领导人的教义和实践。但是，相比没有包括在里敕尔的讨论之中的运动，尤其是英国的清教徒运动，除第3条之外，它们不过是继续了存在于这一宗教的整个发展路线中的一些趋势。里敕尔的论述的客观性因为以下事实而打了折扣：这位鼎鼎大名的学者任由他对教会——或者更为准确的说法是对宗教政策——的个人态度掺和进了对那个方向上的任何发展所做的解释，并且由于他反感所有的独特的苦行主义的宗教形式，因而统统将其解释为朝向天主教的倒退。其实，和天主教一样，早期的新教也是有教无类的。但这并没有阻止天主教会摈弃詹森派所采取的严酷的入世苦行主义；就像虔信派摈弃17世纪那种奇特的天主教的寂静主义一样。从我们的特殊观点看，只有当对尘世的恐惧与日俱增，导致逃离日常的经济生活，并且形成禁欲的——共产主义式的宗教团体（拉巴迪）时，虔信主义才不是在程度上而是在本质上不同于加尔文主义。或者，按当时人们对那些极端的虔敬派教徒的看法，他们是被蓄意引导着忽视世俗责任以专心默祷。当默祷开始呈现出里敕尔称之为贝尔纳主义的性质时，自然就会特别频繁地发生这种情况。因为那种性质包含着圣贝尔纳对《圣经·雅歌》的解释：一种带有隐秘的唯情论宗教形式，其寻求的"神秘的合一"带有一种秘传式的性色彩。即便只从宗教心理学的角度来看，包括弗埃特那样的人所表现的苦行主义形式，毫无疑问也是与加尔文主义全然不同的。然而，里敕尔到处尝试把这种寂静主义和虔信派的苦行主义关联起来，从而将后者置于同样的指控之下。为此，他指出了他在虔信派文献中所能找到的所有引自天主教神秘主义或苦行主义的话。但是英国和荷兰的道德家和神学家在引证贝尔纳、波拿文都拉和肯普滕的托马斯（Thomas à Kempis）时，却完全不受怀疑。所有的新教教会与天主教在过去的关系非常复杂，并且根据他们所强调的观点来看，不管哪一个似乎都与天主教或其某些方面有着最密切的关联。

[109] 莫特（Mirbt）在其《新教神学和教会的真正百科全书》第三版关于"虔信派"的解释性文章中，把虔信派的起源视为施本尔的一次纯粹个人的宗教体验，而将其新教的先辈们完全置于一旁，这多少有些不大可能。作为对虔信派的介绍，古斯塔夫·弗

雷塔克在《德国历史的画卷》一书中的描写仍然值得一读。关于英国虔信派的起源的同时代文献，参见 W. 怀特克《虔信派的最初教规原理》(1570 年)。

[110] 众所周知，这种态度可能使虔信派成为宗教宽容观念背后的主要力量之一。在此，我们可以就此主题插说几句。在西方，如果我们忽略不计启蒙运动那种从未产生过重大实际影响的人文主义的冷漠态度，那么宗教宽容的历史渊源可在下面的主要源头中找到:(1) 纯粹政治的权宜考虑 (类型：奥兰治的威廉)。(2) 重商主义 (阿姆斯特丹市的情况尤其明显，而且对众多城市、地主和接受各教派成员以促进经济发展的统治者来说也是典型的)。(3) 加尔文宗的激进派。对国家来说。预定论从根本上使其不可能通过不宽容的手段来真正促进宗教的发展。因此，国家不可能拯救任何一个灵魂。只有上帝的荣耀这一观念才能使教会得以宣称其有权帮助镇压异端。这样，越是强调传教士以及所有参加圣餐者必须是上帝的选民的资格，国家对神职人员任命的干预就变得越不可容忍。因为牧师的职位常常作为有俸圣职授予那些上过大学的人，仅仅由于他们受过神学训练，而他们本人却可能是未获重生的人。通常而言，任何来自握有政治权力的人对宗教团体事务的干预都会遭到憎恨，因为他们的行为可能常常不得人心。归正宗的虔信派强化了这一趋势，因为他们越来越不再看重教义的正统性，并且逐渐瓦解了“教会之外无救赎”(extra ecclesiam nulla salus) 的原则。加尔文曾认为，把那些被罚入地狱者置于教

会的神圣监督之下是唯一合乎上帝的荣耀的手段；在新英格兰，曾有过成立由已被证明是圣徒的人组成的贵族阶级的教会的尝试。然而，即使是激进的独立派教徒也否定世俗的或任何等级制的权力插手干涉得救的证据，因为这种证据只在个别的宗教派别中才是可能的。上帝的荣耀要求被罚入地狱者受教会教规惩治的观念逐渐被另一种观念所取代，这种观念从开始就已出现，并逐渐变得更为突出，即与一个被上帝摈弃的人共同参加圣餐仪式是对上帝荣耀的侮辱。这就必然导致唯意志论，因为它把只具有重生观念的宗教团体引向信徒的教会。加尔文宗的浸礼派就极为重视沿着这条思想路线得出的逻辑结果，而上帝嘉许的瘦子圣徒国会的那位领袖（指克伦威尔）就属于这一教派。克伦威尔的军队坚持良心自由，圣徒国会甚至提出过政教分离的主张，因为其成员均为地道的虔信派教徒，因此具有实在的宗教基础。（4）浸礼宗各教派，我们会在后面进行讨论这些教派，它们从一开始就最为强烈而坚定地主张这样一个原则，即只有那些个人获得重生的人才能被吸纳进入教会。因此他们否定任何将教会视为一种机构的观念和任何世俗权力的干预。这里同样是出于明确的宗教原因而提倡无条件的宽容。

第一个站出来主张绝对宽容和政教分离的人很可能是约翰·布朗（John Browne），他几乎比浸礼派早一代，比罗杰·威廉姆斯（Roger Williams）早两代。在这个意义上的第一份教会团体的宣言，似乎是1612年或1613年英国浸礼派在阿姆斯特丹的决议："行政官不得插手宗教或良心事宜……因为基督才是教会和良心的国王和立法者。"第一份宣称良心自由是一种权利、国家应当明确予以保护的教会正式文件，可能是1644年的《浸礼宗特选派（Particular Baptists）信纲》第44条款。

我们再次强调一下，有人时不时地提出这种宗教宽容有利于资本主义的发展，这种说法自然完全错误。宗教宽容既非现代特有，亦非西方特有，它长期支配着中国、印度、希腊化时期近东的各大帝国、罗马帝国、穆罕默德的诸帝国，其程度只受政治利益的限制（它至今仍构成其限制），在16和17世纪，世界各地都没有得到过宗教宽容。此外，在清教占统治地位的地区，例如，处于政治和经济扩张时期的荷兰和泽兰（Zeeland），或信奉清教的新、老英格兰，宗教宽容程度是最弱的。在宗教改革之前和之后，宗教不宽容曾是西方的一个独特特点，如同萨珊帝国（Sassanian Empire，226—650年）所具有的特点一样。同样，宗教不宽容在某些特殊时期也盛行于中国、日本和印度，尽管主要是出于政治原因。因此，宗教宽容本身肯定与资本主义毫无关系。真正的问题是，谁会由此而得益？关于信徒教会的结果，我们将在下文中深入探讨。

[111] 这一观念在克伦威尔的审判官对它的实际应用中得到了阐明，其工作是审查传教士职位候选人。他们不仅试图弄清候选人的神学知识，而且还要掌握其主观恩宠状态。亦可参见下文。

[112] 虔信派对亚里士多德哲学与古典哲学普遍质疑构成其

特点之一，这在加尔文本人身上已有所暗示（参见《基督教原理》第二卷第二章第 4 页；第三卷第二十三章第 5 页；第四卷第十七章第 24 页），路德早年亦同样对其表示质疑，但后来由于人文主义的影响（尤其是梅兰希顿的影响）和为了护教的目的而急需“炮弹”的缘故而改变了态度。得救所必需的一切都包含在《圣经》里，即使对那些未受过教育的人也是显而易见的。《威斯敏斯特信纲》（第一章第七条）所宣扬的这种观点，当然和整个新教传统是一致的。

[113] 官方教会反对这一点，例如 1648 年苏格兰长老会的那份教义问答缩写本第七节就表明了异议。非家族的成员被禁止参与该家族的祈祷，因为那被认为是干涉独有的祈祷权利。像任何有可能产生出教派的苦行主义运动一样，虔信主义因为关心祷告的影响力而倾向于放松个人与家庭牧首制的联系。

[114] 此处，我们有充分的理由有意忽略这些宗教现象的心理学（在这个词的技术意义上）层面，甚至对心理学术语也尽量避而不谈。心理学，包括精神病学，已经稳固地确立下来的结果，目前还远不能帮助我们历史地研究这些问题，因为它们会使历史判断带上偏见。使用心理学术语只会形成一种诱惑，把原本可以直接理解，有时甚至是琐碎的现象隐藏在陌生词语的面纱之后，从而给人一种具有科学的精确度的错误印象，不幸的是，兰普里希特即是这种典型。关于用心理学概念阐释某些大型的历史现象的更为严肃的尝试，参见 W. 海尔帕赫的《歇斯底里的心理学基础》

第七章，还有他的《神经质和文化》。在我看来，即便这位多面的作家，也受到了兰普里希特某些理论的有害影响，我在此不能详细说明。与早期的著作相比，兰普里希特那些对虔信派梗概性的研究完全毫无价值（参见其《德国历史》第七卷），任何对那些著作略有所闻的人都知道这一点。

[115] 斯考汀胡斯《内心的基督教》的追随者们即是如此。在宗教史上，这可以追溯到《以赛亚书》和《诗篇》第 22 篇中关于上帝仆人的诗句。

[116] 这间或出现于荷兰虔信派中，后来又受到了斯宾诺莎的影响。

[117] 拉巴迪、梯尔斯蒂根等等。

[118] 这点或许在他（施本尔）抵制政府以职权控制宗教集会时表现得最为清楚，在他看来，只有在宗教集会陷入混乱或被滥用的情况下政府才能行使职权，因为这关系到基督徒的一项根本权利，而这项权利是由使徒权威所保证的（《神学沉思》第二卷第 81 页以下）。原则上说，这恰恰是清教徒在个人与权威的关系以及个人权利的有效程度等问题上的立场，而这些个人权利乃是依照神律（ex jure divino）得来，因此是不可剥夺的。这个以及本文提及的另一个异端观点，都没有逃过里敕尔的眼睛（《虔信派》第二卷第 115、157 页）。尽管他对自然权利的观点提出的实用主义（更不用说是庸俗的）批评是多么不合乎历史，我们还是非常感激这一观点，一如感激个人自由范围内的一切，而这个范围内的一

切甚至连最极端的反动分子也会珍视的。我们自然完全赞成里敕尔的观点：这两种情况与施本尔的路德主义立场不存在有机联系。

施本尔著名的“虔诚渴求”（pia desideria）之说曾为秘密宗教集会（虔信派的“collegia”，即独立自主不受政府规制的集会）本身提供了理论基础，那些秘密集会实际上就是他建立起来的，实质上与英国的预言发布会（prophesyings）非常接近，后者最初在拉斯科的约翰所建立的“伦敦圣经学习班”（1547）所为，后来成为所有反抗教会权威的清教形式的常规特征。最后，他为自己抛弃日内瓦教会教规这一著名立场提供的事实依据是，教规的天然执行者，第三等级（经济状况：世俗基督徒）甚至都不是路德教会组织的一部分。另一方面，在关于开除教籍的争论中，由君主任命的宗教法院平信徒成员被承认为第三等级的代表，这一点与路德教的关联不是很大。

[119] 最早出现于路德宗范围之内的“虔信主义”这一名称本身就表明，在当时人看来，其特征就是出于虔信而条理性地行事。

[120] 当然，应当承认，尽管这种动机主要是加尔文宗的，但也并不尽然。在一些最古老的路德教会机构中也异常频繁地出现过。

[121] 在《希伯来书》第五章第十三、十四节的意义上。参照施本尔《神学沉思》第一卷第 306 页。

[122] 除贝利和巴克斯特（参见《神学沉思》第三卷第六章 1；1，47；3，6）以外，施本尔非常喜欢托马斯·厄·肯培，更喜欢

陶勒——尽管他不能完全理解陶勒（上引著作，第三卷第61页第一条）。关于后者对陶勒的详细讨论，参见上引著作第一卷第1页第七条。在他看来，路德的观点是直接源自陶勒的。

[123] 参见里敕尔上引著作，第二卷第113页。他不接受后来的虔信派（以及路德）的忏悔是真正皈依的唯一值得依赖的标志（《神学沉思》第三卷第476页）。关于神圣化是对于宽恕的信仰中的感恩之果这一典型的路德教观念，参见里敕尔在上引著作第115页注释2中引用的篇章。关于“得救的确证性”，可见《神学沉思》第一卷第324页：“真正的信仰并不是通过情感而获知的，而是通过其果实而通晓的。”（对上帝的爱和顺从）亦可见于《神学沉思》第一卷第335页及以下：“他们因为牵挂确保得救与恩宠而焦虑，就此而言，最好还是信赖我们的书，即路德宗的著作，而非英国人的著作。”但是，就净化的本质而言，他与英国人的观点并无二致。

[124]A.H. 弗兰克推荐的宗教记事本是有关此点的外在表征。条理性地实践与保持美德，被认为可以促进美德，分隔善恶。这是弗兰克的著作《论基督的完善性》中的基本主题。

[125] 虔信派这种理性的天命信仰与正统的天命解释之间的区别，典型地表现在哈雷的虔信派教徒与正统的路德徒洛舍尔的那场著名的论战中。洛舍尔在他的《真正的提摩太书》（*Timotheus Verinus*）中甚至将人类行为所达成的一切都与天命的旨意进行了对比。另一方面，弗兰克向来认为，如果可能要发生的事情一瞬

间忽然变得清楚明了，这就是静待裁决的结果，应被视为“上帝的暗示”，它与贵格会的心理非常类似，符合通常的苦行主义的观念，即理性的方法是更便于接近上帝的途径。亲岑道夫确实在一次最为重要的决定中以抽签的形式决定了他的宗教团体的命运，但仍与弗兰克的天命信仰的形式差异巨大。施本尔在其《神学沉思》（第一卷第 314 页）中，参考陶勒描述了基督徒的顺从，认为人们应该服从神意，而不应基于个人的责任心越过神意草率行事，这本质上是弗兰克的立场。与清教相比，其有效性实质上被虔信派寻求此世宁静的趋势所大大削弱，这一点随处清晰可见。1904 年，一位重要的浸礼派教徒（下文将要谈到的 G. 怀特的一次演讲）在阐述其教派伦理纲要时针锋相对地说，“正直第一，而后方得安宁”（《浸礼宗手册》1904 年版，第 271 页）。

[126]《布道准备》，第四卷第 271 页。

[127] 里敕尔的批评特别针对这一反复出现的观点。参见弗兰克关于这一学说的著作，上面已经提及。（见前注 124）

[128] 它也发生于英国那些并不拥护预定论的虔信派教徒中，如克伦威尔的私人牧师古德温（Thomas Goodwin，1600—1680）。关于他及其他人，参照赫伯《归正会内的虔信派史》（莱顿，1879），即使有了里敕尔那本权威著述，这本书对英国，有时对尼德兰都是必不可少的。甚至在 19 世纪的尼德兰，克勒会被问及他重生的确切时间（《尼德兰归正会》）。

[129] 因而，他们力图抵制路德的恩宠可复原性这一教义的模

糊结果（特别是十分常见的临终皈依）。

[130] 以反对相应的，必须了解皈依的日期和时刻，以之作为恩宠真实性的不可或缺的标识。参见施本尔《神学沉思》第二卷第六章，第一节第 197 页。他对忏悔知之甚少，就像梅兰希顿对路德的“良心的恐惧”（terrores conscientiae）知之甚少一样。

[131] 当然，与此同时，全体教牧人员所做出的反权威的解释（代表了整个苦行主义的特点）起了一定作用。牧师偶尔会被劝告推迟赦罪，直至得到真正忏悔的证明，对此，如同里敕尔所恰切指出的，它在原则上是加尔文主义的做法。

[132] 就我们的研究目的所涉及的实质要点，可以非常容易地在普利特所著《亲岑道夫的神学》（三卷本，哥达，1869）一书，第一卷第 325、345、381、412、429、433、444、448 页；第二卷第 372、381、385、409 页；第三卷第 131、167、176 页上看到。亦可参照伯恩·贝克《亲岑道夫及其基督教》（莱比锡，1900）卷三第三章。

[133] “未在基督的血中洗礼、继而在圣灵的神性中彻底改变的宗教，我们都不承认为弟兄。除了传授纯洁的《圣经》，其成员像上帝之子那样按箴言圣洁地生活，我们不承认任何可见的（即有形的）基督的教会。” 诚然，最后一句话出自路德的教理问答缩写本，不过，正如里敕尔所指出的，在路德那里，它是用来回答“上帝之名如何变得神圣”这一问题的，而在这里，却用来划定圣徒教会的界线。

[134] 确实，他仅把《奥格斯堡信纲》视为路德宗基督教信仰的一份适当的文献，如果用他令人作呕的术语——所谓“伤口的脓血”（Wundbrühe），将之泼在上面的话，读他的书就是一种忏悔行为，因为他的语言枯燥而低劣，甚至比 F.T. 菲舍尔（在他与慕尼黑基督松脂派的论辩中）那种骇人听闻的说法——“基督松节油”——还要差劲。

[135] 参见普利特上引著作，第一卷第 346 页。对“善行对获救是否必需”这一问题，普利特上引著作第一卷第 381 页的回答更具决定意义。它“并非得救所必需，而且还是有害的；但是得救之后却极有必要，一个不行善事的人并没有真正得救”。因而，善行在这里也不是获救的原因，而是辨别是否已得救的唯一手段。

[136] 例如用漫画讽刺基督徒的自由，里敕尔对此给予了猛烈的抨击，上引著作，第三章第 381 页。

[137] 尤其是更加强调救赎教义中的报应性惩罚的观念，在美国诸教派拒绝了他的布道尝试后，他将这一观念当作了净化方法的基础。此后，他又强调保持率真和谦恭顺从的德行是摩拉维亚弟兄会苦行主义的目的，从而与他自己的教派的苦行主义倾向形成了鲜明的对比，后者的倾向非常类似清教。

[138] 不过，这有其限度。仅仅由于这个原因，如果像普里希特所做的那样，试图把亲岑道夫的宗教置于社会心理的进化阶段中去，那就错了。然而，进一步说，下述事实对他的整个宗教态度的影响无出其右，即他是一位实质上具有封建立场的伯爵。此

外，从社会心理学的角度看，其情感之纤细与感伤颓废的骑士精神契合无间。如果社会心理学想在它与西欧理性主义的差异之间搜寻出什么蛛丝马迹，那么极有可能会在德国东部的家长制传统中找到。

[139] 这在亲岑道夫与迪佩尔（Dippel）的论战中表现得非常明显，正如在他死后，1764 年的宗教会议的教义显示出了作为救赎机构的摩拉维亚弟兄会的特征一样。见里敕尔的批评（上引著作第三卷第 443 页及其后诸页）。

[140] 例如，参照第 151、153、160 页诸段。显然，即使存在真正的忏悔和恕罪，也未必会产生净化，尤其是在第 311 页的字句上更能读出这点，并且它不符合加尔文宗（和归正宗）的救赎论观点，而与路德教的救赎观是一致的。

[141] 参照亲岑道夫的观点，见普利特上引著作第二卷第 345 页引文。类似的观点亦见于施潘根贝格《忠实的观念》第 325 页。

[142] 例如亲岑道夫对《马太福音》第二十章第 28 行的评论，见普利特上引著作，卷三第 131 页的引文："当我看到一个上帝赋予他伟大天赋的人时，我便欣欣然并乐于利用这天赋。但当我注意到他对自己的天赋并未感到心满意足，而是希望它更进一步发展时，我认为这是他败亡之始了。"换句话说，亲岑道夫否认（尤其是他在 1743 年与约翰·卫斯理的对话中）神圣的状态会有任何发展，因为他将其与称义视为同样的东西，发现它只存在于和基督的情感关系中（普利特，卷一第 413 页）。对神性的占有替代了

成为上帝工具的感觉，这是神秘主义，而不是苦行主义（在下面的论文导言中将要谈到的意义上）（此处没有译出——英译者注）。如同已经指出的，一种当下的世俗心态自然也是清教徒真正追寻的东西。但对他来说，被他解释为“得救的确证性”的那种心态就是一种能动的工具的感觉。

[143] 不过，这一点正是因为那种神秘主义倾向而未能得到一以贯之的道德辩护。路德认为，履行天职中的神性崇拜是恪尽职守的决定性原因，亲岑道夫反对这种观点。在他看来，这实际上回到了“救世主的忠实奴仆的地位”的观点（普利特，第二卷第411页）。

[144] 他的格言“一个理智的人必然是有信仰的，一个有信仰的人必然是理智的”广为人知。参见他的《苏格拉底》（1725年版）d.i.Aufrichtige Anzeige verschiedener nicht sowohl unbekannter als vielmehr in Abfall geratener Hauptwahrheiten，而且，他青睐诸如贝尔（Pierre Bayle，1647—1706）一类的作家。

[145] 众所周知，新教苦行主义的明显倾向是以数学为基础的理性化的经验主义，不过此处不能展开分析。关于科学沿着数学理性化的精确研究的道路而发展，及其哲学动机，与培根的观点的对照，参见文德尔班《哲学史》第305—307页，尤其是第305页上的评述，他恰恰否定了将现代自然科学理解为物质和技术利益的产物的观点。当然，这其中存在着极其重要的关系，不过这些关系要复杂得多。可进而参见文德尔班的《新哲学》第一卷第

40 页及以下诸页。对于新教苦行主义的态度，其关键要点是（或许在施本尔的《神学沉思》第一卷第 232 页上表述得最为清楚），正如基督徒的身份可以通过其信仰果实而认出，对上帝及其意图的知识只能通过对其造物的知识而获得。所有清教、浸礼派或虔信派基督教最青睐的科学是物理学，其次是运用类似的研究方法的其他自然科学，尤其是数学。人们希望从对自然的神圣法则的经验知识上升到对世界本质的把握，而由于神启的不完整性（加尔文宗的观点），它永远无法借助哲学的玄思而获得。17 世纪的经验主义是苦行主义在自然中寻求上帝的方式。它似乎引人接近上帝，而哲学玄思却使人远离上帝。特别是施本尔认为亚里士多德哲学是基督教传统中危害最甚的元素，其他任何哲学都比它好，尤其是柏拉图哲学(《神学沉思》第三卷第六节，Dist.2，第 13 条）。进而参照下面一段很有特点的话："我们没有听到任何赞成笛卡儿的说法（他根本没有研读过他），虽然我们一直在翘首以待。其所说的主将唤醒人类，从真正的哲学角度来看，没有人会赞成它的立足点，然而，大多数理性的专家并不知道这一理论。"施本尔《神学沉思》卷二第五节第 2 条。这一苦行主义新教的态度对教育发展的意义，尤其是对技术教育发展的意义，是众所周知的。结合这种盲信（fides implicita）的态度，他们提供了一种教学法的方式。

[146] "那是这样一类人，他们以如下四种主要途径寻求自己的幸福:（1）自甘卑下，遭人蔑视与贬低;（2）忽略他们在为上帝

服务时所不需要的一切;（3）要么一无所有，要么散尽所得;（4）作为领受工资的工人，不是为了工资而工作，而是蒙召为上帝和邻人工作。”(《宗教演讲》第二卷第 180 页；普利特，上引著作，第一卷第 445 页。）不是所有人都能或可以成为使徒，只有那些蒙召的人才可以。但是，根据亲岑道夫本人的忏悔（普利特，上引著作，第一卷第 449 页），仍然存在一些困难，因为基督的“登山宝训”形式上是适用于所有人的。显然，这种不拘一格的普适性仁爱与早期浸礼派的理想具有类似之处。

[147] 即便在路德宗的后期，其对宗教的情感强化作用也绝非毫不知悉。毋宁说，在这种情况下，苦行主义的成分——路德宗教徒所怀疑的靠善行而得救的这种生活方式——才是根本区别之所在。

[148] 施本尔在《神学沉思》第一卷第 324 页中说，一种健康的恐惧是比确定性更好的恩宠标识。当然，我们在清教徒作家那里也可以发现反对虚假错误确证性的强烈警告；但至少就预定论影响确定的宗教实践而言，总是发挥反向的作用。

[149] 在任何地方，忏悔的心理作用都是缓解个人对其行为的责任感，这就是为何人们要寻求忏悔的原因，并且它还削弱了苦行主义所要求的严格一贯性。

[150] 同时，即使在虔信派信仰的形式中，纯政治的因素究竟起到何等重要的作用，里敕尔在对符腾堡虔信派的研究中已经做了说明。

[151] 参见亲岑道夫的论述（上引，注 146）。

[152] 当然，就其纯正的形式而言，加尔文宗也是家长制宗教。例如，通过巴克斯特的自传可以很清楚地看到他的行动的成功与基德明斯特包工制性质的工业活动中所取得的成功即可说明这一点。参见引自《清教神学家文集》第 38 页的篇章：“镇子上的人们都依靠基德明斯特镇毛纺织业为生。当他们站在织机前，他们可以在面前摊开一本书，或者是互相启蒙……”不过，以虔信派为基础的家长制，和以加尔文宗尤其是以浸礼教伦理为基础的家长制之间存在着区别。这一问题只能在另一个地方进行讨论。

[153]《辩护与调和的原则》第三版，第一卷第 598 页。腓特烈・威廉一世将虔信主义称为有闲阶级的宗教，这种说法用在他自己身上要比用在施本尔和弗兰克的虔信主义身上更为贴切。就连这个国王也非常清楚他为什么要宣布宗教宽容，向虔信派敞开了他的王国的大门。

[154] 作为循道宗介绍性的读物，由卢福斯为《新教神学和教会的真正百科全书》撰写的《循道宗》这篇杰作尤为出众。此外，雅可比（尤其是其《循道宗手册》）、科尔德、容格斯特和骚赛的著作也都非常有用。关于卫斯理的著作，泰尔曼的《约翰・卫斯理的生平和时代》一书非常流行。关于循道宗的历史，伊利诺伊州埃文斯通的西北大学图书馆是最好的图书馆之一。古典清教与循道宗之间的关联之一就是依撒・瓦茨的宗教诗。瓦茨是豪的一位朋友，豪是奥立佛・克伦威尔与理查德・克伦威尔的牧师，据说

怀特菲尔德也曾问道于他。（参见斯基茨前引书，第 254—255 页）

[155] 除了卫斯理个人的影响以外，这种相似性在历史上一方面是由于预定论的衰落，另一方面是由于“因信称义”说在循道宗创始人那里的强力复兴，尤其是受到了它独特的传教方式的推动，这就使得中世纪某些关于复活的传教方式以一种修正了的形态重新出现，并同虔信派的一些形式联系了起来。这的确不属于普遍的主观主义的发展路线，因为在这方面，它所支持的不仅仅是虔信主义，而且还有中世纪的伯尔纳会（Bernardine religion，即白衣修士会）。

[156] 卫斯理本人也偶尔会以这种方式形容循道宗信仰的作用。它与亲岑道夫“幸福”（Glückseligkeit）一词的关系非常明显。

[157] 参见沃森《卫斯理传》德文版第 331 页。

[158] 约 · 施奈肯伯格《关于新教诸流派学说概念的讲义》，洪德斯哈根编著（法兰克福，1863 年）第 147 页。

[159] 怀特菲尔德（预定论团体领袖，在他死后该团体由于缺乏组织而解体）从根本上反对卫斯理关于完善的教义，认为事实上它只是对加尔文宗真正的神恩证据论的权宜之计。

[160] 施奈肯伯格，前引书，第 145 页。对于和卢福斯的差异，参见上书。这两种后果对所有类似的宗教现象都具有典型性。

[161] 在 1770 年的会议上即是如此。1774 年的第一次会议就已经认识到，《圣经》的语言对加尔文派与唯信仰论来说“相差无几”。由于二者是如此蒙昧不明，因此，只要作为实践准则的《圣

经》的有效性得到支持，就不容易通过教义将二者区分开来。

[162] 循道宗的教义认为存在着因清白而完善的可能性，因而与摩拉维亚教派信徒区别开来，而亲岑道夫尤为反对这一点。另一方面，卫斯理认为摩拉维亚弟兄会教义中的情感因素即是神秘主义，并把路德对戒律的解释污蔑为亵渎上帝。这就表明了路德教与一切理性的宗教行为之间存在着一道障碍。

[163] 约翰·卫斯理强调了这样一个事实，即除循道宗教徒外，无论什么地方，不管是贵格会、长老会还是高教会教徒，都会信奉个教理，但就是不信循道宗的教义。关于这些内容，请参照斯基茨《1688—1851 年英格兰自由教会史》一书中的概述。

[164] 参照德克斯特《公理主义》第 455 页以下诸页。

[165] 自然，这种狂热会对理性产生干扰。此外，相比虔信派相对温和的特质，循道宗情感主义的病态特征往往非常明显，这种病态特征连同纯粹的历史原因和程序的铺排张扬，在循道宗传播甚广的地方，就会使苦行主义得到更进一步的渗透。只要找一位神经病学家，他就能确定这一点。

[166] 卢福斯着重强调了（参见上书第 750 页）：循道宗与其他苦行主义团体之间的区别就在于它出现于英国启蒙运动之后。他还将之与 19 世纪前三十年的虔信派在德国的复兴进行了比较。不过，根据里敕尔的说法（见《辩护与调和的原则》第一章，第 568 页以下诸页），循道宗与亲岑道夫的虔信派保持着同样的形式，而与施本尔和弗兰克眼中的形式不同，它自身已经是对启蒙运动

的一种反动。不过，至少就接受亲岑道夫的影响程度而言，循道宗的这种反动过程与摩拉维亚弟兄会是完全不同的。

[167] 不过，就像约翰·卫斯理（见以下第 175 页）所表明的那样，它与其他苦行主义教派经历了同样的发展道路，产生同样的后果。

[168] 正如我们所见，这也是清教苦行主义道德观一贯的温和形式，而如果人们希望以流行的方式将这些宗教观念解释为资本主义制度的唯一体现或反映，其结果只能适得其反。

[169] 在浸礼派诸支派中，只有所谓的“普救派”才倒退回到旧时的运动。我们已经指出，“特选派”即加尔文派教徒，他们原则上将教会成员局限于已获重生的信徒，或者至少亲身取得了信仰的信徒，因此这些人原则上始终是自愿者，并且是任何国教的反对者。无疑，在克伦威尔时期，他们在实践上并非坚持如一。无论是特选派还是普救派，尽管它们作为浸礼派传统的承载者都非常重要，但却不值得我们在此对其教义进行特殊分析。尽管贵格会在形式上是乔治·福克斯及其会员活动的新平台，不过它本质上无疑仍是浸礼会传统的继续。对以上诸教派的历史及其同浸礼会和门诺派之间关系的最好的介绍性著作是罗伯特·巴克利的《英联邦宗教社团的内部生活》(1876)。关于浸礼会的历史，较好的著作有 H.M. 德克斯特的《约翰·史密斯：一个浸礼会信徒的真实故事》，由他本人及其同代人口述，波士顿，1881（另外还有 J.C. 莱昂在《浸礼会季刊》1883 年第一期中的文章）；J. 默克的《英

格兰西部长老会和一般浸礼会历史》，伦敦，1835；A.H. 纽曼的《美国浸礼教会历史》，纽约，1894（《美国教会历史丛书》第二卷）；维德的《浸礼派简史》，伦敦，1897；E.B. 巴克斯的《再洗礼教的兴衰》，纽约，1902；G. 劳瑞莫尔的《历史中的浸礼会》，1902；J.A. 塞斯的《浸礼会系统考察》，路德出版集团，1902。更多的资料还可见：《浸礼会手册》（伦敦，1896）；《浸礼会指南》，（巴黎，1891—1893）；《浸礼会季刊》和《宗教藏书》（1900）。

关于浸礼派的文献资料，最好的图书馆应是纽约州立科尔盖特学院图书馆。对于贵格会的历史文献，伦敦德文希尔学院的藏书被认为是最好的（我没能看到）。正统派的官方现代报刊是由琼斯教授编辑的《美国公谊会》；关于贵格会的历史，罗恩瑞的著作堪称最佳。另外还有：路福斯·B. 琼斯所编的《乔治·福克斯自传》，费城，1903；阿尔顿·C. 托马斯所著的《美国公谊会历史》，费城，1895；爱德华·克罗比所著的《贵格会信仰的社会之维》，伦敦，1899。还可参考大量详实优秀的传记文献。

[170] 卡尔·穆勒所著《教会史》（*Karl Müller, Kirchengeschichte*）的诸价值之一是给予表面上并不显赫、实则非同小可的浸礼宗运动以应有的地位。浸礼宗运动所遭受的教会无情的迫害要比任何教派都多，因为它希望成为真正具有“浸礼”意义的派别。甚至在经历了五代人之后，由于相关的末世论实验在德国明斯特市的彻底失败（指 1534 年 2 月激进的再洗礼派在明斯特市发动的叛乱），使得浸礼会在世人面前信誉尽失。而且，由于长期受到压制而被

赶入地下状态，以至于在它出现很久之后其宗教教义才得到连贯的阐述。因此，假如他们一贯坚持这些原则，其神学色彩就会更加突出，因为这些原则本身反对将对上帝信仰视为科学以进行专门的发展。早期的职业神学家对此感到大为不快，甚至在浸礼会时代亦是如此，它并没有给他们留下什么印象。但是更多近代的神学家也采取了同样的态度。在里敕尔的《虔信派》第一卷第 22 页中，再施洗者非但没有得到适当的对待，反而受到了歧视性待遇。人们喜欢从神学资产阶级的立场来谈论问题。尽管康涅利斯的杰作(《教会暴乱史》)在几十年前就已经面世，但却于事无补。

此处，里敕尔亦从他的立场出发，在各处看到的都是向天主教的倒退。他怀疑方济各传统的激进派别所产生的直接影响。尽管有几个事例能够证明这一点，但这些线索非常有限。首先，历史事实或许是：无论何地，只要世人的入世苦行主义形成秘密集会的组织，正统的天主教会就会抱之以极度怀疑的态度，并试图在外部世界建立规章制度对其加以限制，或者将其作为第二等的苦行主义纳入现有秩序并加以控制。当这种企图失败时，它感到了主观主义的苦行主义道德实践可能会导致否定权威和成为异端的危险，就像伊丽莎白时期的教会基于同样的理由，对半虔信派信徒宣解《圣经》的秘密集会所感到的危险一样，尽管这些信徒已经无可置疑地信奉了国教。斯图亚特王室在其《游艺条例》的布告中传达了这种感觉。大量异教运动的历史，例如卑微者(Humiliati)、贝居安会女修士(Beguines)以及圣方济各的命运都证明这一点。托钵修会的修士们的布道，尤其是方济各会的布道，为加尔文——浸礼新教的入世苦行主义道德做了大量准备。但是西方修道院的苦行主义与新教苦行主义行为之间所具有的层层关联，在刚才的分析中是基于这样一个事实，即所有重要的因素对所有以《圣经》基督教为基础的苦行主义都必然是共有的，我们必须不断强调这种关联对于我们独特的问题的重要性。再者，任何苦行主义，不管其信仰是什么，都需要某种可靠方法去克制肉欲。

对于下面的纲要，需要进一步指出的是，其简明扼要是由这样一个事实决定的，即浸礼会伦理对本研究所讨论的主要问题——资产阶级天职观的宗教背景的发展来说，其意义十分有限，它对此不能提供任何新的东西。目前还不能触及这些运动所涉及的更为重要的社会方面的问题。对于早期浸礼运动的历史，我们只能从我们的问题的角度出发，列举一些后来对于我们所关心的教派的发展具有重要作用的东西，这些教派有浸礼会、贵格会，还会顺便提及门诺派。

[171] 见前注 [92]。

[172] 对于它们的起源和变更，参见 A. 里敕尔所著《论文选集》第 69 页以下诸页。

[173] 自然，浸礼会教徒总是拒绝接受教派的称号。他们在《以弗所书》第五章第 27 节的意义上成立了他们的教会。但用我们的术语来说，他们之所以形成教派，并不只是因为他们缺乏与国家之间的所有联系。贵格会信徒（巴克利）甚至将早期基督教中

国家与教会之间的联系视为一种理想，因为他们和许多虔信派教徒一样，认为只有十字架下的教会才具有不容置疑的纯洁性。但是，加尔文宗信徒是退而求其次，被迫赞同政教分离，或者服从不信基督的国家，或者服从十字架；而在相同环境下，即使天主教会也会有类似表现。它们并不是一个教派，因为入会实际上是通过全体会众与希望入会者之间的契约而达成的。在荷兰新教团体形式上正是如此（最初的政治形势导致的结果），它与早期的教会法规是一致的。（见霍夫曼:《尼德兰宗教改革的教会宪法》，莱比锡，1902）

相反，这是由于这种宗教团体只能自发地组成教派，而不能强制性地成为教会，如果它不愿意吸收灵魂未得再生的人并因此与早期的基督教理想分离。对浸礼教团体来说，这正是它们的教会观的本质，而对加尔文宗而言却是历史的偶然。诚然，后者亦是被建立信徒教会这一非常明确的宗教动机所驱遣，我们已经指出了这点。关于教会与教派之间的区别，参见下面的论文。我这里所采用的教派概念，我认为康坦布斯卡在《新教神学和教会的真正百科全书》“教派”一条中也同时独立地使用了这一概念。特罗尔奇在他的《基督教教会和教派的社会学说》一书中也接受了这个概念并进行了详细的讨论。亦可参见《世界诸宗教的经济伦理观》一书的导论。

[174] 由于它是一个明确无误的标志，我们已在以上引用康涅利斯的著作中清楚地揭示了这一标志对于历史上保护教会组织所

具有的十足重要的意义。

[175] 在门诺派关于称义的教义中，与它有某些相近之处，对此我们这里无须考虑。

[176] 这个观点或许是探讨诸如基督道成肉身及基督与圣母马利亚的关系等等问题的宗教兴趣的基础，它常常作为仅有的纯教理内容，在最早期的浸礼会文献中占据极其突兀的位置（例如，康涅利斯上述著作中所记载的信纲，见第二卷附录；对此参见K. 穆勒所著《教会史》第二卷第一章第 330 页）。归正宗与路德宗（所谓“属性相通”教义中）在基督学上的区别，似乎都建基于同样的宗教关切之上。

[177] 这尤其体现于最初的一个严格禁令上，即甚至也不能与被逐出教会的人进行日常交往。就连加尔文宗对此也做了大幅度让步，他们原则上认为世俗事务不会被精神上的谴责所影响。参见下文。

[178] 众所周知，贵格会信徒在一些看起来很琐碎的外表上也应用这一原则（拒绝脱帽、下跪、鞠躬或使用正规称呼）。这种基本思想在某种程度上已是所有苦行主义的典型特征。因此，真正的苦行主义总是与权威形成对抗，这在加尔文宗中表现于只有基督才能统治教会的原则上。在虔信派中，人们或许会想起施本尔曾经试图为就任圣职须具备的资格寻找一个与《圣经》精神相一致的理由。不过天主教的苦行主义则由于宣誓服从教会的权威而打破了这一趋势，并以苦行主义的语言来解释这种服从。新教苦行

主义推翻了这个原则，成为受新教影响的各民族所具有的当代民主特征的历史基础，这是此类民族与受罗马精神影响的民族之间的区别。它也是对美国人不受尊重的部分历史背景，这种情况可能有时令人气恼，有时又会让人觉得新鲜。

[179] 毫无疑问，浸礼派信徒从一开始确实只是基本上遵守《新约》，但并没有在相同程度上遵守《旧约》。《登山宝训》尤其受到重视，成为所有教派的社会伦理的纲领。

[180] 即便施文克菲尔特也把履行表面的圣礼看成一种形式，但是一般浸礼会和圣餐派严格坚持洗礼和圣餐，门诺派还额外坚持濯足。另一方面，对于预定论者来说，轻视甚至可以说是怀疑除圣餐之外的——实际上可说是所有的——圣事，其作用非同小可。参看下文。

[181] 对此，浸礼会各教派，尤其是贵格会参考了加尔文在《基督教原理》卷三第 2 页中的声明，那里实际上能够看到有关浸礼会教义的十分清楚无误的建议（参见巴克利《为真正的基督神性辩护》第四版，伦敦，1701 年；感谢爱德华·伯恩斯坦的帮助，使我得以利用此书）。上帝显示给牧首、先知和使徒的福音与他们书写下来作为福音组成部分的圣书之间的久远的差异，尽管与浸礼宗的启示观念没有历史的联系，但却密切相关。机械的神启观以及使用这种观点的加尔文宗的严格的圣经约束（bibliocracy），是其在 16 世纪朝着同一方面发展的结果，就像发轫于浸礼会的贵格派“内心之光”的教义是朝着完全相反的方向发展一样。在这

里，此类尖锐的分化部分亦是持久争论的产物。

[182] 为了反对否定三位一体的“索齐尼派”（Socinianism）的某些倾向，这得到了突出的强调。自然理性对上帝的一切都一无所知（巴克利，上引著作第 102 页）。这意味着自然法则在新教中其他地方所扮演的角色发生了变化。原则上不应存在普遍法则和道德规范，因为对每个个体来说，大家所具有的职业千差万别，都是上帝通过他的良心给他的启示。我们所应做的，不是自然理性的一般意义的善行，而是书写在我们心中并通过我们的良心而获悉的上帝的意志（巴克利，第 73、76 页）。道德的非理性源于被夸大了的神性与肉体之间的反差，它体现于贵格派伦理观的下述基本信条中：“如果一个人的所作所为违背了他的信仰，尽管他的信仰可能是错的，尽管他做的事对别人来说可能是合法的，他也绝不会被上帝接受。”（巴克利，第 487 页）当然，实际上人们不可能赞成这点。例如，“所有基督徒都承认的永恒的道德法规”，对巴克利来说就是宽容的极限。实际上，当代人认为他们的伦理观除了具有某些自身特点，与新教中的虔信派非常类似。施本尔多次指出，“教会中所有好的东西都被猜想为属于贵格会的”。因此，施本尔似乎很羡慕贵格会的这种声望。（《神学沉思》第三卷第六章第一节）。拒绝根据《圣经》的某个段落进行宣誓，表明了真正从《圣经》解放出来并没有取得多大成功。“将心比心，善待他人”，许多贵格派教徒将此视为整个基督教伦理的精髓，我们在此并不关心该原则的社会伦理意义。

[183] 巴克利之所以论证假定这种可能的必要性，是因为如果没有它，“圣徒们就永远不会知道这样一个地方，在其中，他们能够摆脱猜疑和绝望，而这是最为荒谬的”。显然，“得救的确证性”同样依赖于它，巴克利对此做出了论证。（上引著作，第 20 页）

[184] 因而，在加尔文宗和贵格会的生活理性化方面存在类型上的区别。但是，当巴克利对此做了系统阐述，说贵格会认为“灵”对于灵魂就像作用于尸体一样，而加尔文宗最具特性的原则是“理性和灵乃是一体”（《基督教指南》第二卷第 76 页）之后，对他那个时代来说，这种形式上的区别就再也没有什么意义了。

[185] 在《新教神学和教会的真正百科全书》中，克莱默（Cramer）精心写成的“门诺”与“门诺派”两个词条亦是如此，尤其是在第 604 页。不管这些文章写得多么华丽，还是存在问题，同一百科全书中的“浸礼会”一条论述得不够深入，并且部分内容完全错误。例如，这位作者不知道《汉斯德 · 诺利协会期刊》（*Publication of the Hanserd Konlly's Society*），而该期刊对把握浸礼会历史是不可或缺的。

[186] 因而巴克利（上引著作，第 404 页）解释道，人类的吃喝、营利是自然活动而非精神活动，从事此类活动或许不用获得上帝的特殊恩准。这种解释是为了回应一个典型的反对意见，即如果没有圣灵的特别示意，人们不能祈祷，也不能耕作，这正是贵格会所教导的。当然，即使在现代贵格会会议的决议中，有时也会出现这样的建议，即要求人们在赚够财富之后退出商业活动，

也就是为了远离尘世的喧嚣，从而能够全身心地奉献给上帝的王国，这样的建议很有意义。当然，同样的观点间或出现于其他派别里面，其中包括加尔文宗。它揭露了这样一个事实，即这些运动所接受的资产阶级实用伦理观，是把最初脱离尘世的苦行主义又应用于尘世。

[187] 凡勃伦（Veblen）在他富有启发性的著作《商业企业理论》（*The Theory of Business Enterprise*）中，认为这句格言仅仅属于早期资本主义。但是，像当今工业巨头那样的经济超人始终存在，这些人无法用善恶进行评价，不过这句话对广大下层商人来说还是正确的。

[188] 这里，我们特意再次提请大家注意爱德华·伯恩施坦（上引著作）的精彩评论，对于考茨基有关浸礼会运动高屋建瓴的论述以及他总体上算是异端性质的共产主义理论的概括，我们将在另外的场合进行讨论。

[189] 比如托马斯·亚当斯说过“在市民行为中最好如同多数人；在宗教行为上最好如同最善者”（《清教神学家文集》第 138 页）。这句话言在意外，其含义要比字面上的更为深远。其意谓，清教徒的正直是形式主义的法定义务，正如具有清教历史的民族喜欢将“正直”称为本民族的美德，但它与德语民族的“诚实”大为不同。从教育学角度对该主题所做的不错的评论，可见于《普鲁士年鉴》第 112 卷（1903）第 226 页。清教伦理的形式主义反过来又是这种伦理观与戒律之间关系的产物。

[190] 下文（指《新教教派与资本主义精神》）有对于此点的一些讨论。

[191] 这是苦行主义的新教信徒而非天主教的少数派具有重要的经济影响作用的原因。

[192] 教义基础之间的差异与至关重要的获取神恩的确证关切相互连接、救济而论，在于基督教的总体历史特性，在此无法讨论这一问题。

[193] 巴克莱说，“上帝既已将我们集合为同一国”（上引著作，第 357 页），我曾在宾夕法尼亚州费城附近的哈弗福德学院（Haverford College）听过一个贵格会教徒的布道，他着重强调了应在单独的意义上对圣徒做出解释。

第五章　苦行主义与资本主义精神

[1] 参看多顿著作《清教与安立甘派》，其中关于巴克斯特性格的描述允称精彩。杰肯（Jenkyn）编撰的《清教神学家文集》中有一篇对巴克斯特诸多断篇所写的导论，这篇导论还说得过去，其中介绍了巴克斯特放弃对双重预定论忠实信仰之后的神学思想。巴克斯特尝试将普遍救赎与个体拣选两种理论结合起来，结果却不能使任何人满意。对我们来说，重要的只是他在当时曾实际信奉个体拣选理论，亦即信奉了对于预定论伦理来说最为重要的一点。另外重要的一点是，巴克斯特弱化了救赎观中审判的观点，此与浸洗派有些类似。

[2] 托马斯·亚当斯、约翰·豪、马修·亨利、J. 詹韦、斯图亚特·查诺克、巴克斯特、班扬等人的小册子及布道文，收集在十卷本的《清教神学家文集》（伦敦，1845—1848），尽管其编选常有随意之处。贝利、塞奇维克和胡恩比克著作的版本情况，前文已经说明。

[3] 我们最好还是把富蒂（Voet）及欧洲大陆上世俗苦行主义的其他代表人物也包括进去。布伦塔诺（Brentano）的观点是错误的，他认为世俗苦行主义的整体发展纯粹是盎格鲁—撒克逊式的。我之所以做出如是选择，其主要动因（尽管并不排除其

他原因）是希望在世俗苦行主义快要转向功利主义之前，尽可能全面地呈现出17世纪下半叶苦行主义的风貌。通过传记文献来描绘出苦行主义新教的生活样式——特别是在德国比较不为人所知的贵格派的事情，对我来说是一项非常具有吸引力的课题，但限于本文只是概论性质，只能忍痛割爱。

[4] 我们也许可以采用吉斯伯特·富蒂的著作、胡格诺特宗教会议的议事录，或荷兰浸礼派的文献。遗憾的是，松巴特和布伦塔诺只采用了巴克斯特思想中的伊比奥尼派部分，这一点我自己也曾予以重点强调过，也无疑就使我不得不面对巴克斯特理论中羞怯、落后的资本主义特征。但是，（1）为了准确使用这些资料，就必须对整体文献有一个彻底的了解才行，而且，（2）不要忽略这样一个事实，即尽管其教义有反对拜金主义的成分，但是这一苦行主义的宗教精神还是导致了经济理性的诞生，正如它在隐修社团中所起到的苦行作用一样，因为它为最重要的一点，也就是为苦行理性主义的根本动机提供了助长的动力，这也是我试图去阐述的。此处讨论的正是这一事实，而且也是全文的要点。

[5] 类似的讨论也见之于加尔文的著述之中，他肯定不是中产阶级财富的倡导、拥护者（参看加尔文对威尼斯和安特卫普两座城市的尖刻抨击，《反异教大全》第三卷，第140、308页）。

[6]《圣徒永恒的安息》第十章、十二章。试比较贝利（《虔信的行为》第182页）或者马修·亨利（《灵魂的价值》，见《清

教神学家文集》第319页)。“那些急切追求俗世财富的人，蔑视他们的灵魂，并非因为灵魂被忽视且肉体居于优先，而是因为灵魂被用在这些追求上。”(《诗篇》127：2)。同一页里，还有关于浪费时间的罪恶特别是在娱乐上浪费时间的罪恶的论述，下面我们将引述。类似的观点几乎在英国—荷兰清教主义所有的文献都可以找得到，例如胡恩比克猛烈抨击贪婪的著作(同上引，第4章、10章)就可以参考。这位作家也受到多愁善感的虔信派的影响。他赞美心灵的平静，认为这样远比尘世的喧嚣更能令上帝喜悦，这一点也可以参看。还有贝利，在提到经文中著名的那一段话时曾有着这样的评价，“富人不易得救”(同上引，第182页)。卫理公会的教理问答中也警告说，不要“在尘世间聚积财富”。对于虔信派而言，这一点也是非常显而易见的，贵格派亦然。试比较巴克利(前引，第517页)，“……因此，要警惕这样的诱惑，勿将天职视为致富之道”。

[7] 不仅财富本身，还有对财富的冲动追求(或者诸如此类)，都受到了同样严肃而猛烈的谴责。1574年，南部荷兰宗教会议答复某一质疑时就宣称，放贷者不得参与圣餐，尽管这一行当是得到法律认可的；1598年，代芬特尔(Deventer)地方宗教会议(第24条)将这一条扩展至放贷者的雇员亦不得参与圣餐。1606年，霍林赫姆(Gorinchem)宗教会议则为高利贷者的妻室规定了苛刻的带有侮辱性的圣餐准入条件。到了后来的1644年和1657年，人们还就是否准予从事金融业的伦巴第人参

加圣餐礼的问题争论不休（这一点很不利于布伦塔诺的观点，他是以自己的天主教祖先作为例证以做开脱的，尽管外国商人和银行家在欧亚世界已经存在上千年的时间了）。吉斯伯特·富蒂（Disp.Theol.，IV，1667，de usuris，第665页）仍旧想要把这一阶层（伦巴第人和意大利皮埃蒙特人）排斥在外。胡格诺派宗教会议同样如此。这一类型的资本主义阶层并不是我们这里关心的那种哲学或者行为类型的代表。即便和古代或中世纪相比，他们也不是什么新生事物。

[8] 更为详细的阐述见《圣徒永恒的安息》第十章：凡试图歇息在上帝所赐财产的庇护下，上帝甚至在其有生之年便会予以惩罚。自满自足地享受已经获得的财富几乎总是道德堕落的标志。如果我们拥有了尘世间所能拥有的每一样东西，难道就是我们所希望得到的全部？想要完全满足愿望，在世上是无法实现的，因为上帝的意志让它注定如此。

[9]《基督教指南》第一卷第375—376页。“因为行动，上帝支持我们以及我们的行为；工作既是能力的自然目的，也是道德目的……。只有行动才能服务并荣耀上帝……。公共利益或多数人的利益比我们自己的利益更为重要。”此处有一连接点，即从上帝意志转向后期自由主义理论的纯粹功利观点。关于功利主义的宗教根源，可参看下文及第四章第145条注释。

[10] 关于缄默的戒条最早开始于《圣经》中的恐吓，即任何无价值、无意义的话都会受到惩罚，特别是从克吕尼修士们以

降，缄默一直是克己自制教育特别有利的苦行方法。巴克斯特曾不厌其烦地讲述过，说不必要的话语是一种罪过，他的这一性格特点已由桑福德指出来了（同前引，第 90 页及以下诸页）。

同时代人感觉清教徒有深刻的忧郁、孤僻的特点，这是他们压抑“自然状态”之自发性的结果，对轻率粗心的话语的指责也是为这一目的服务的。美国作家华盛顿·欧文（1783—1859）曾将部分原因归结为资本主义精于筹划的精神，部分则是政治自由的结果，因为政治上的自由必然会促进责任感的提升。不过需要注意的是，这种说法并不适合于拉丁民族。英国人的情况可能是:（1）清教主义使其信徒创造一种自由的制度，能使苦行精神成为世俗的势力;（2）它把资本主义精于筹划、工于计算的精神（松巴特称之为“精通算术”）从一种单纯的经济手段转变成了普遍的行为准则，而这正是资本主义的精髓所在。

[11] 同前引，第一卷第 111 页。

[12] 同前引，第一卷第 383 页以下。

[13] 关于时光宝贵的论述，参见巴克利前引书，第 14 页。

[14] 参见巴克斯特前引书，第一卷第 79 页。“保持对时间的高度敬仰，每天都小心不要虚掷光阴，珍惜它甚于珍惜你的金银珠宝。无意义的消遣娱乐，装饰打扮，宴会享受，无聊闲聊，无益交往，嗜睡，如果其中有任何一种诱惑了你，就会使你失去宝贵时光，因此你要加强警惕。”“那些浪费时间的人就是在鄙视他们自己的灵魂”（马修·亨利:《灵魂的价值》，见《清教

神学家文集》第 315 页）。这里，新教苦行主义步的是前人后尘。我们习惯于认为时间不够用是现代人的特征，如歌德在《漫游时代》中就用时钟每隔一刻钟鸣响来刻画资本主义的飞速发展。松巴特在其《近代资本主义》一书中也持有这种看法。但我们决不应忘记，最早在日常生活里认真计算时间的人（在中世纪）是修道士，教堂按时敲钟首先是为了满足他们修行的需要。

[15] 比较巴克斯特关于天职的论述（前引书，第一卷第 108 页以下诸页），特别是下面一段："问：难道我不应该抛弃尘世而只是思考我的拯救问题？答：你可以抛弃精神生活上的障碍，所有这些世俗的忧虑与操劳都是多余的、没有必要的。但是你不能抛弃所有的体力工作和脑力劳动，借此你可以为公共利益服务。作为教会和英联邦国家的一名成员，每个人须为教会和英联邦之利益竭尽最大努力地工作。忽视这些而声称：我愿意祈祷、沉思，那就好比你的仆人拒绝他最繁重的任务，却转而拈取一些较小、容易的工作。上帝已经以这样或那样的方式向你发布圣诫，为自己每日的面包而劳动，不可像寄生虫那样只靠他人的血汗谋生。"上帝对亚当的训诫，"用你额头的汗"，还有保罗的宣言，"不劳动者不得食"，这些言论巴克斯特也曾引用。众所周知，贵格派信徒中即便是最富有的人，也要让他们的儿子去学习某种职业，其原因是伦理性的，而并不是像阿尔贝蒂所说那样是出自实用性目的。

[16] 在这一观点上，虔信派因为其情感特点而采取了一种

不同的看法。施本尔以路德宗的典型风格强调在某种职业内劳动即是敬奉上帝（见《神学思考集》，第三卷第 445 页），尽管如此，他又坚持认为，职业活动中的焦虑烦躁会使人远离上帝，这一观点明显区别于清教教义。

[17] 同前引，第一卷第 242 页。“那些在职业中懒怠者，也必然没有时间履行其神圣义务。”因此又有观点认为，城市作为中产阶级理性职业活动之所在地，也是苦行道德之所在地。因此巴克斯特曾这样说及他的基德明斯特地毯手工编织机的工人信徒：“他们经常往返于伦敦，并与商人们有不断的社会交往，这都大大促进了他们的礼貌与虔诚……”（《清教神学家文集》，第 38 页）。首都邻近地区可以促进道德提升，这种观点会使现代神职人员感到惊讶，至少在德国是如此。但是虔信派也倾向于这一观念。施本尔在谈及他的一位年青同事时这样写道：“在城市的大量人群之中，多数人是堕落的，但尽管如此，仍有许多人完成善行，而在乡村，即便找遍整个社区，经常会发现很难找到任何善行”（《神学思考集》，第一卷第 66 页、第 303 页）。换句话说，农民一点也不适合理性苦行行为。虔信派对农民伦理的颂扬还是新近的事情。而关于苦行主义与社会阶层这一问题的意义及相关类似论述，在这里我们不拟深入探讨了。

[18] 可以举下列章节为例（前引书，第 336 页以下诸页）：“当你未能从事最直接服务上帝的事业的时候，那就在你合法的职业事务之中竭尽全力。”“在你的职业中勤奋工作。”“谋求一种

职业，除侍奉上帝的时间之外，你可以找到自己的用武之地”。

[19] 关于劳动及其尊严的特别伦理价值，并非始于基督教，甚至也不是为它所独有。哈纳克最近又着重强调了这一点。

[20] 类似的看法也见之于虔信派教义（施本尔:《神学思辨》，第三卷第 429—430 页）。典型的虔信派观点是：人在堕落后不能不从事某种职业，尽忠职守有助于消除人自私的意欲。矻劳于职业乃是爱邻人的表征，感激神恩的义务（这是一种路德教观念），所以，倘若谁只是勉强为之，那么上帝定会深感不悦（同前书，第三卷第 272 页）。以此，基督徒“作为尘世之人亦应恪尽厥职、不辞辛劳”（同上，第三卷第 278 页）。很明显，这种看法不像清教观点那样激进。

[21] 这一极其重要的区别在本笃会隐修规则制定后便明显地暴露出来，不过，只有进行相当广泛的研究才可阐明这一区别的含义。

[22] 按照巴克斯特的说法，“严肃庄重地生育子女”便是性交的目的。持有类似看法的还有施本尔，同时他也认可了路德宗信徒在这个问题上的粗鄙态度，即性交可以避免不道德的行为，这类行为如果没有性交是不可避免的，性交起到了辅助减免的作用。伴随性交而生起的强烈淫欲却是一种罪恶，即便是在婚姻中也是这样。如施本尔认为这种强烈的淫欲正是堕落的结果，是从一种自然、神圣序列转变成某种不可避免地伴随有邪恶感觉的东西，因此应该为之感到羞惭。而在诸多不同虔信

派团体的观念中，基督徒婚姻的最高形式是保持童贞，次一级则是只为了生育儿女而性交，再次一级的则是纯粹是为了性爱或者外在的原因而性交，这从道德角度看无异于非法同居。在这些低级别的婚姻中，纯粹为了经济原因的婚姻比建立在性欲基础上的婚姻更可取（因为前者毕竟是以理性动机作为婚姻理由的）。在这里我们可以忽略守望村摩拉维亚信徒们的婚姻理论及其实践。理性主义哲学（克里斯蒂安·沃尔夫，1679—1754）采取的是这样一种苦行主义理论，性欲及其满足的婚姻形式，可以作为一种达到某一目的的手段，而不应该被当作一种自身目的。

在富兰克林时代，开始了向纯粹以健康为指向的实用主义婚姻观的转变。富兰克林的伦理观点接近现代医生，即把纯洁理解为在效果上有益于健康的有限制的性交，大家都知道，这些医生甚至对应该如何完成性交提供了一些理论上的劝告。一旦这些事情成了纯粹理性思考的对象，各处都会有上述观念上的改良。通常情况下，清教徒和健康理性性交主张者总是背道而驰的，但在这个问题上他们难得地完全互相理解了。在一次演讲中，一位保健性交易——这是一个如何对妓院和妓女进行管理的问题——的热情拥护者，为婚外性交的道德合法性问题提出辩护（这种婚外性交在健康之实用性上看起来还不错），他所援引的例证竟是浮士德和玛格丽特的艳史。将玛格丽特视为妓女，将人类摇摆不定的强烈性欲与出自卫生目的进行的性交混为一谈，这都完全符合清教徒的立场。与之相类似的还有一种典型的专家意见，这些意见偶尔会被一些非常著名的医生提出来，他们认为，像性节制这类问题，已经深入触及了人性和社会微妙难言的领域，应该专门由医生（作为专家）在讨论会上加以处理。对清教徒来说，这类专家过去是道德学家，现在则是医生；他们都声称有能力处理这些对我们似乎有些高深莫测的问题，其做法恰好相反，但自信有能力处理这些问题的立场却是一样的。

但是也正是因为清教徒的过分拘谨、规矩的态度，其强大的理想主义才能够获得了毋庸置疑的成就，仅在单纯卫生意义上，从种族保存的角度来说也是如此，而现代性卫生学因为其在被迫采取的措施上缺乏前瞻性，故而处在毁灭其所有成功基础的危险之中。清教教义影响下的人们对两性关系采取了一种理性主义的解释，这样就将某种高雅的品质、精神和道德的因素渗透进了婚姻关系之中，造成与婚姻相关的彬彬有礼、对女人献殷勤的骑士风范大为流行，就和父权制下那种过分的、虚伪的爱情（Brodem）形成了鲜明的对比，而后者是典型德国人的特征，即便是在知识精英阶层依然如此，当然关于这个问题，我们有必要留在本文之外再加以讨论。浸礼派在妇女解放中起到了一定的作用；保护妇女良心的自由，把普遍神职观念扩展至妇女，这些都在妇女解放中都起到了冲击父权观念的破冰作用。

[23] 巴克斯特一再重复这些话。这句话出自《圣经》《箴言》22:29，这一点我们已从富兰克林那里了解到了，还有《箴言》31:16 以下对劳动的赞美。参见巴克斯特前引书第一卷第 377 页、第 382 页以下。

[24] 在这一点上甚至亲岑道夫也说过："人劳动不仅仅是为了生存，但生存却是为了劳动，如果无活可做，人就会痛苦或是要睡着了"（见普利特前引书，第一卷第 428 页）。

[25] 摩门教徒的一个信条也是（在若干引语后）以这些语句作为结束的："好逸恶劳的懒蛋不能成为基督徒并得救，他注定了要被一笔勾销、逐出教堂。"不过，摩门教主要还是表现在那种夸张的苦修，那是一种建立在修道院与工厂之间调和折衷方案，它将个体置于劳动或被清除的两难选择间，这当然是与其宗教热忱相关联的，而且只有通过这种宗教热忱，才给这一教派带来令人惊异的经济上的成就。

[26] 巴克斯特（前引书，第一卷第 380 页）对它的表征仔细分析过了。懒惰、懈怠之所以是一种不可饶恕的罪恶，是因为它们会积重难返。懒惰、懈怠甚至被巴克斯特认为是"神恩的毁灭者"（同前书，第 279—280 页）。就是说，它们与有条理的人生背道而驰。

[27] 参阅本书第三章第 5 条注释。

[28] 见巴克斯特前引书，第一卷第 108 页及以下诸页。特别引人注目的是下面的段落："问：那么财富可否使我们免于劳

作？答：财富可使你免去做一些肮脏、污秽的工作，而去从事更有益于他人的工作，但你必得劳作……和最穷苦者一样。”另见该书第367页：“尽管他们（富人）没有外在匮乏之虞而被逼迫去劳动，但他们同样必须服从上帝……上帝已严格命令所有人都要如此（劳动）”，见第四章第47条注释。

[29] 同样的观点也见之于施本尔前引书，第三卷第338页。他因为这个理由反对过早退休，认为这是违背道德的。关于获取利息问题，很多人持反对意见，认为享受利息会导致懒惰，施本尔驳斥了这一观点，他强调说，任何靠利息为生的人，仍旧有责任遵从上帝的诫命而劳动。

[30] 包括虔信派。无论什么时候，每当涉及与职业更换相关的问题时，施本尔都坚持认为：一个人一旦开始从事某种职业，就有义务服从天命，坚守并默认这项天职。

[31] 印度教中，以选择适意的转世机会为借口，其教义中的道德约束力就形成了因循保守的经济传统，这是一种非常惊人的力量，支配了印度人的全部行为，我在《世界诸宗教的经济伦理》一书中已阐述过这个问题了。这是一个绝佳案例，通过它可以看出，单纯宗教理论及其教徒某种行为类型之间的差异，而这种行为类型是以该宗教为基础创造出来的一种心理约束力量的产物。印度教信徒只有严格按照传统习惯，完成他出生所属种姓的义务，才能在轮回等级中有所进步。对宗教事务中因循守旧的教派而言，这是所能想象出来的力量最强大的宗教依

据。事实上，印度人的伦理观在这方面与清教伦理始终有天壤之别，恰如在另一方面（印度人种姓结构的传统主义）与希伯来人截然相反是一样的。

[32] 见巴克斯特前引书，第一卷第 377 页。

[33] 但这并不意味着，历史上清教徒的观点是从后者派生出来的。相反，它是真正的加尔文宗信徒思想观念的一种阐述，他们认为，世界的秩序及其和谐是为上帝的光荣服务的。后来发生的实用主义的转向，即由此转变成为经济秩序与和谐是为大多数人的利益、公共福利等服务的思想，其实是一种必然结果，因为对该信念进行任何一种另外的解释，都会导致产生对众生中高贵优等者的崇拜思想，或者至少导致产生不为上帝的光荣尽责，而是以人类文化目标服务的思想。但是上帝的意志，就像它表现在（第四章第 34 条注释）经济秩序的合乎目的性的安排之中一样，毕竟也只能在这些问题内寻找归宿，只能在社会福利、在非个人性的益处中得到体现。由此可见，正如已经指出的，功利主义产生于博爱的非个人性质，还有清教徒除了“荣耀上帝的神圣”之外，拒绝对此世的所有颂扬、赞美。

肉身崇拜与增进上帝光荣不相一致，因此都是绝对的邪恶，这样的一种思想观念又是如何支配、主导了苦行主义新教教义的，可在下面的事实中清楚地显现出来，即施本尔甚至都心存犹疑，是否要不顾众多反对而继续使用“坚贞者”这一称号。虽然他并不曾受到过民主思想的洗礼。最后他只好以这样的想法来安慰自己：在《圣经》中，甚至使徒们也用“大人”的称号来称呼罗马执政官菲斯都。与该问题相关联的政治意义，此处不拟讨论。

[34]“反复无常的人在自己家中也会被当作陌生人”，托马斯·亚当斯如是说(《清教神学家文集》，第77页)。

[35]在这一点上，请特别参考乔治·福克斯在《教友文库》(W. & T.Evans编，费城，1837年，第一卷第77页)中的评述。

[36]至关重要的是，这种宗教伦理不能被认为就是当时经济状况的反映。甚至还不如说，各个行业的专门化，中世纪的意大利远比当时的英格兰更为发达。

[37]因为，正如清教文献经常指出来的，上帝从未命令“爱邻居甚于爱自己”，而只是要求爱邻如爱己。所以，自我尊重也是一种义务。例如，如果有人比他的邻居更能使他的财产发挥较好的作用，更能增进上帝的光荣，他就无须遵从与邻人共享财产的胞爱义务。

[38]施本尔也接近这种观点。但是，甚至在应不应该由商人身份(对道德而言，它被视为一种特别危险的职业)转向神学这一问题，他都有些犹豫不决，而且总的来说还是反对的(前引书，第三卷第435、443页；第一卷第524页)。顺便提一句，在频繁答复同一问题(更换职业的可允许性)时，施本尔的观点难免有些偏激，这也表明对于《哥林多前书》第七章的不同解释会引发差别多么显明的实践问题。

[39] 在虔信派中至少在欧洲大陆重要的虔信派教徒的著述里，我们看不到这些思想。施本尔的看法摇摆不定于路德宗信徒（获利以满足人的需要）与重商主义者的意见之间，后者认为私人获利对商业繁荣是有利的（前引书，第三卷第 330、332 页；第一卷第 418 页："烟草种植使金钱流入这个国家，这样是有益的，因此不是邪恶的。"另参看第三卷第 426—427 页、第 429、434 页），但是他并没有忘记指出：贵格派信徒与门诺派信徒的例子已经表明，个人完全能既赚钱又仍保持虔诚；实际上，正如我们在后文所要指出的，高额利润甚至可能就是虔诚正直的直接结果（前引书，第 435 页）。

[40] 巴克斯特的这些观点并不是他所处经济环境的反映。恰好相反，他的自传表明，他在家乡传教事业的成功部分归因于基德明斯特的商人并不是那么富足，而只是衣食无忧而已，技工们也如同其雇主一样刚够勉强糊口。"接受福音喜讯的只有穷人。"托马斯·亚当斯在谈及财富、利润追求时评论说："他（有识之士）知道……金钱可以使一个人变得富有，却绝不会使人变得更慈善虔诚，因此他宁可带着虔诚的良心入睡，也不愿伴着一个鼓鼓囊囊的钱袋……因此，他只求获得一个诚实人所能挣得的财富。"（《清教神学家文集》，LI）。但是，既然他的确期望获得如此多的财富，这也就意味着每一种通过正当、诚实的方式得到的财富都是正当的。

[41] 巴克斯特就是这样认为的（前引书，第一卷第十一章第

9节第24段；第一卷第2、378页)。在《箴言》23：4："勿为致富而徒致疲劳"的含义是"勿将满足世俗目的的财富当作终极目的"。可憎的不是占有财富本身，而是封建贵族、领主形式的利用占有财富（参见前引书，第一卷第380页关于"贵族中的放浪形骸者"的评论）。弥尔顿首次在《为英国人民申辩》中提出他的著名理论：仅有中产阶级才会坚持道德。这里的中产阶级显然意指与封建贵族对立的资产阶级，从他关于奢侈与穷困都不利于美德的陈述中可以证明这一点。

[42] 这是极为重要的。我们不妨再次附带说明那个概括性的评述：很自然地，我们并不太关注神学道德家在其伦理理论中所显现的观念思想，而是信仰者生活中发挥实际作用的道德，也就是说，经济伦理中的宗教背景是如何影响道德实践的。在天主教特别是耶稣会的决疑文献中，人们可以偶尔阅读到这些讨论，例如关于获取利息是否正当的问题（我们在这里不拟涉及），听起来甚至显得更为宽松或宽容。清教徒一直以来常常遭遇的指责是，他们的伦理观念与耶稣会士并无本质上的差别。正如加尔文宗教徒经常援引天主教伦理学家的言论，其所引述的范围不仅有托马斯·阿奎那、贝尔纳、波纳文都拉等人，还包括了同时代的天主教作家，天主教决疑论者也很关注异端教派的伦理观念。这里我们不可能讨论所有这一切问题。

对于普通信徒的苦行生活，宗教有其限制约束的作用与力量，但除了这一确定无疑的事实之外，各教派间都有着根本上的不同，甚至在理论上也是如此。在天主教内，不拘泥于宗教教条及形式的自由主义观念，只是一些特别不严谨的伦理理论的产物，并未得到教会当局的批准与支持，而且还受到了非常认真、严谨的教徒的反对。在另外一方面，新教的职业观念却有效地呼唤起了最真诚、庄重的狂热者，使这些人以其苦行主义为资本主义的获取财富服务。在某些条件下或许仅为天主教所允许的事情，在新教那里就变成完全合乎道德的善行。这两种伦理学的根本差异，最终由詹森派的抗争和教皇的《克雷芒通谕》（1713 年）体现了出来，这在道德实践上具有非常重要的意义，即便现在仍是如此。

[43] 上面的引文之后接着是下面一段话："你可以用一种最能带来成功及合法致富的方式劳动。你必须增进自己的才干。"还有一种直接将天堂王国的财富追求与人在世俗职业中的成功追求相提并论的言论，见詹韦《尘世之上的天国》(《清教神学家文集》第 275 页）。

[44] 即便是在路德宗的"维腾贝格堡克利斯多夫公爵的忏悔"中，也对"守贫誓愿"持反对态度，这份忏悔文件是呈交"特伦托大公会议"的。身处贫困者应承受贫困，但发誓永远守贫则无异于是在发誓要长病不起或永担恶名。

[45] 巴克斯特的著作与《克利斯多夫公爵的忏悔》中都有这种思想。进一步的比较如"……流浪的游民行踪不定，完全以乞讨为生"等说法（托马斯·亚当斯，《清教神学家文集》第 259

页）。加尔文甚至严格禁止乞讨行为，荷兰宗教会议发起运动以取消乞讨执照的发放。在斯图亚特王朝时代，尤其是查理一世统治下的劳德政府时期，系统地发展了关于国家贫困救济和为失业者提供工作的原则，而这时清教徒提出的口号则是“施舍并非慈善”（这是笛福晚期著名作品的标题）。在17世纪临近末尾时，他们开始推行专为失业者而设的强制性贫民习艺所体制（比较参看伦纳德：《英国早期济贫史》，剑桥，1900；还有H.列维：《英国国民经济史中经济自由主义的基础》，耶拿，1912，第69页以下）。

[46] 大不列颠及爱尔兰浸礼联会（Baptist Union of Great Britain and Ireland）主席G.怀特1903年在伦敦向代表大会发表就职演说时（《浸礼会手册》，1904，第104页）强调指出：“在我们清教徒的名单上，最出类拔萃的人物就是那些实务家，他们相信，宗教应当充满在整个人生之中。”

[47] 这一点也标志着苦行主义与所有封建制度观念的显著区别。对后者而言，只有（政治或社会上的）新贵的子孙才能享有收获新贵成果的公认地位（在西班牙语里，贵族“Hidalgo”即“富家之子”（filius de aliquo）的意思，“aliquo”指的是通过继承得到的财产）。随着美国人民族性格的急剧变化及快速欧化，这些差异现在已经迅速淡出了历史，即便如此，与封建观念明显对立的资产阶级态度仍不时地在这个国家显露出来，认为应当把事业上的成功与收获视为个人心智的成就，并不尊重靠继

承得来的财富。而另一方面，在欧洲（如詹姆斯·布莱斯曾经说过的那样），实际上几乎每一种社会荣誉现在都可以用金钱买到，只要买者自身不亲自出面参与其财产的必然易手（信托制等等的形成）即可。关于对血统贵族制的抨击，可参照托马斯·亚当斯的论述，见《清教神学家文集》第 216 页。

[48] 此有实例为证，比如“家庭派”（Familists，16、17 世纪流行于欧洲的秘密教派，号召所有热爱真理的人不分民族和宗教一律团结起来，参加和平团契，即爱的家庭，不再争执教义，融于基督的身体之中）的创立者亨德里克·尼克莱斯（Hendrik Nicklaes），他就是一位商人（巴克利：《英联邦宗教社团的内部生活》第 34 页）。

[49] 举例来说，在胡恩比克也明确坚持这种看法，因为《马太福音》V.5 和《提摩太前书》IV.8 对圣徒提出了纯粹世俗的允诺（前引书，第一卷第 193 页），一切都是上帝神圣旨意的运作，但在特殊情况下上帝会给予特殊关照（同上引，第 192 页）：“与其他人等相比，上帝的子民能得到神意的特别眷顾”。紧接着的讨论便是，如何能够知道交上一次好运不是源于“普惠的天意”，而是来自上帝的特殊关照。贝利（前引书，第 191 页）也把世俗劳动的成功解释成神圣旨意。兴旺发达乃虔诚信徒生活的常常可以见到的回报，这在贵格派教徒的著作中是很普通的一种说法，例如直到 1848 年还有人提到这种说法，见《基督教劝世文选》，伦敦，第 6 版，1851，第 209 页，公谊会总会出版）。我

们还会回到与贵格派伦理有关的讨论中。

[50] 托马斯・亚当斯对雅各与以扫之间的争吵所进行的分析，也许可以视为清教徒对始祖们的言行特别关注的一种例证，这同样也是清教信徒人生观的特点（《清教神学家文集》，第 235 页）：“他（以扫）所干的蠢事可以这样找到理由，即过低地估计了长子继承权的价值”（这一段文字对于长子继承权思想的发展也是非常重要的，越到后世越是重要），“他会如此满不在乎地将长子继承权转让出去，而其条件竟然只是一碗蔬菜汤”。但是紧跟着他借口受骗而拒不承认这笔买卖时，那就是一种背信弃义了。换句话说，以扫是“狡猾的猎人，田野间的农夫”，是一个没有理性的人，一个残暴粗野的野蛮人；而雅各则是“一个居住在帐篷中的朴实的人”，代表“蒙受神恩”的人。

克勒（前引书）发现，荷兰的农民普遍意识到了自己身为清教徒与犹太教之间的这种内在关联。这甚至体现在罗斯福的名著中。但在另一方面，清教徒完全意识到了其与希伯来伦理之间在具体行动事务上的差别，普林对犹太人所做的攻击（针对克伦威尔的宗教宽容提议）就清楚地表明了这一点。参考下面的第 58 条注释。

[51]《论农民的信仰及其社会道德》，图林斯根乡村牧师著，第二版，1890，第 16 页。该书所描绘的农民都是典型的路德宗教会的信徒。大体而言，每当这位杰出的作家谈及农民的宗教问题时，我都一次又一次地在页边写下“路德教的”的眉批。

[52] 例如可参照里敕尔的《虔信主义》一书里所摘录的段落（第二卷第 158 页）。施木尔反对更换职业，赞成追求财富，其立论的部分根据便在《西拉书》中的篇章之内。参见《神学思考》第三卷第 426 页。

[53] 尽管如此，可以确定的是，贝利曾建议过要阅读次经，而且他偶尔也引用次经中的一些说法，尽管他不会经常这样做。我现在记不得他是否引用过《西拉书》了（尽管其引用也许只是出于偶然）。

[54] 外在生活的成功降临到明显遭受到谴责的人身上，加尔文宗信徒（例如胡恩比克）就会这样安慰自己：上帝允许他们获得成功，是为了让他们变得更加冷酷无情，并使他们的厄运与末日审判更为确定。这在基督教是一个很棘手的理论问题。

[55] 我们不能对此相关问题再加以深入讨论。我们这里感兴趣的只是清教正义观的形式主义特点。关于《旧约》伦理对于“自然法”的意义，特罗尔奇在其《社会学》中有较多论述。

[56]《圣经》伦理规范的混合特征，按照巴克斯特的论述（《基督教指南》第三卷第 173 页），只有在如下情形下才有作用：（1）只是自然法的一个摹本，（2）具有“普遍性与永恒性的明确特点”。

[57] 例如多顿（论及班扬时）所言，同前引书，第 30 页。

[58] 本文中提及的这一点，在《世界诸宗教的经济伦理》中有更多的探讨。例如第二条诫命（“不可制造与敬拜偶像”）就对

犹太人性格的形成有着巨大影响，使得犹太民族具有理性、厌恶感官文化，这里不拟进行分析。但是应注意以下这件颇有特征性的事情：美国教育联合会是一个旨在推进犹太移民美国化的组织，其工作颇具规模且获得了惊人的成功，该组织的一位领导人告诉我，他们开展各种形式的艺术与社会教育工作，其首要目的之一便是把犹太移民从第二诫命中解放出来。以色列人禁止以任何拟人形式描绘上帝，这与清教的禁止肉身崇拜观念有稍微差别，但实际上并无二致。

清教道德观的一些基本特征无疑与《塔木德》的犹太教有关，例如《塔木德》（见 Würsche，Babyl 之《塔木德经》，第二卷第 34 页）中云，相比律法没有要求的善行而言，履行义务的善行更为高尚，将蒙上帝更多的回报。换句话说，并非出于爱心而履行义务，要比感情用事的仁慈在道德上更为崇高。清教伦理观念在本质上接受了这一立场。实际上康德的思想也与之十分接近，部分原因是他的苏格兰血统以及他成长过程中受到的虔信派的强大影响。尽管我们在这里不能讨论这一主题，但不妨指出，他的许多表达模式与苦行主义新教的观念有着非常密切的关系。然而，《塔木德》中的伦理观念又深刻浸透着东方传统主义的思想。“R. 塔朱姆对本 · 查利莱说，‘切勿更改习俗’”（《革马拉对密西拿》VI 第一卷第 86 页，NO.93，in Wünsche，这里说的是日工的生活标准问题）。这种顺从仅有一种例外，就是处理和外人的关系时。

另外，与犹太人的无条件履行所有诫命相比，以合法性为根据的清教观念显然为积极行动提供了更强烈的动机。获得成功表明正受到上帝的祝福，犹太教对这种观念当然并非一无所知。但是，清教与犹太教在宗教与伦理意义上有着根本性的不同，由于犹太教采用了双重伦理观念，也就阻碍了清教与犹太教在最重要的一点上出现相似结论的可能性。允许对外人采取的行为却被严格禁止用到兄弟身上。也正是因为这个原因，犹太教信徒绝不可能像清教信徒那样在这一领域上获得成功，即像清教信徒那样把上帝没有命令去做而只是容忍去做的信条当作一种宗教价值与动机符号，从而发展出有条理的行为来。松巴特在《犹太人与经济理论》一书中对整个问题的论述可谓错误多多。参看上面提到的我的有关论文，关于其细节，这里没有地方展开讨论。

另一方面，可能初听起来会令人感到有些奇怪，但犹太教的道德规范仍保留着非常浓厚的因循守旧的传统主义色彩。基督教形式的恩宠与得救观念以其独特方式包含了新的发展可能性的种子，随着它的影响，犹太人对待世界的内在态度也发生了巨大变化，对此我们同样不想在此深入论述。关于《旧约》的合法性问题，可参看里敕尔《辩护与调和的基督教理论人》第二卷第265页。

在英格兰清教徒的心目中，他们那个时代的犹太人是这样一种类型的资本主义代表人物：他们卷入战乱纷争、政府契约、国家垄断、投机活动、王室的建设工程和财政计划之中，而这些都是清教信徒所严加谴责的。事实上，如果加上一些限定性条件，两者之间的差别或者可概括为：犹太人的资本主义是投机性的帕利亚—资本主义，反之，清教徒的资本主义则是资产阶级式的劳工组织。

[59] 按巴克斯特的说法，《圣经》的真理归根到底源于“信神的与不信神的惊人的差异”，重生者与他人有着绝对的差别，还有上帝对于其选民有着非常特殊的照顾，这一点也是明显的（这当然可以体现为种种诱惑），见《基督教指南》第一卷第165页）。

[60] 这种人生态度的特征，只要阅读一下班扬的著作，他有时候想要贴近路德《论基督徒的自由》的基调（例见《论律法与基督徒》，见《清教神学家文集》第254页），但班扬在拐弯抹角地认同法利赛人和税吏的寓言（见班扬的布道文《法利赛人与税吏》，前引书，第100页）。法利赛人为何应受谴责？因为他未能真正遵循上帝的诫命，显然是个仅仅注重外在细节和礼仪的褊狭之徒（第107页），尤为重要的是，还因为他自命不凡，同时又像贵格派信徒一样滥用上帝的名义，说是上帝让他有此功德。他以一种罪恶的方式吹嘘这种功德（第126页），因而含蓄地质疑了上帝的预定论（第139页）。因此，他的祈祷实际是一种肉体的偶像崇拜，此乃罪之因。另一方面，税吏的诚实忏悔则表明，他已经获得了精神上的新生，因为“正派诚实地服罪，

必会坚信蒙恩的可能性”（第 209 页），典型的清教信徒就是这样缓解了路德宗那样的罪感。

[61] 收录于加德纳（Samuel Rawson Gardiner，1829—1902）的《宪章文献》中。可将这一反专制的苦行主义和路易十六对波尔罗亚尔隐修会和詹森派教徒的迫害相比较。

[62] 在这方面，加尔文本人的观点显然没有这么极端，至少在看待比较优雅的贵族式生活享受时的态度是这样的。唯一的限制是《圣经》。无论是谁，只要能够遵守《圣经》且问心无愧者，就不必心怀焦虑地监督自己对生活享受的所有冲动。《基督教原理》第十章的讨论（其言云，“即使并非必需的享乐，我们也不必坚辞不受”），本身就很有可能为某种极不检点的行为敞开了大门。另一方面，对于后来的信徒来说，除了越来越渴望得救的确证性以外，还有一个极为重要的环境因素：在“战斗教会”时代，小资产阶级成为了加尔文主义伦理观的主要代表。我们将在另一场合谈到这一点。

[63] 托马斯·亚当斯（《清教神学家文集》第 3 页）曾在其布道中提及“命运三女神”（“但‘爱’是她们中最伟大的”），一开始就说，甚而特洛伊王子帕里斯也向爱神阿芙洛狄忒奉献了金苹果。

[64] 小说及其类似的东西是不能阅读的；那是“浪费时间”（巴克斯特:《基督教指南》第一卷第 51 页）。众所周知，伊丽莎白王朝之后，抒情诗、民间音乐还有戏剧在英国衰败下去。在

绘画艺术方面，清教徒似乎并未受到多少压迫。但是非常令人吃惊的是，在开端看起来似乎很有希望的英国音乐（在音乐史上，英格兰部分绝不是无足轻重的）同样很快衰败下去，乃至沦落到绝对音乐真空的地步，我们发现，这成了以后甚至今天盎格鲁—撒克逊人的典型特征。在美国，除了一些黑人教堂为吸引会众而聘请的专业歌手（波士顿的三一教堂 1904 年一年就为此支付了八千美金）之外，还可以听到一声部的群体合唱，对德国人的耳朵来说，这简直就不能容忍（荷兰也存在部分相似的情况）。

[65] 同样的事情也发生在荷兰，正如宗教会议的报告所表明的那样（参见《雷塔曼集》中关于五月花柱舞的判决，第六章第 78、139 页）。

[66]“《旧约》的复兴”和某些敌视艺术之美的基督徒态度的虔信主义取向，归根到底可以追溯至《以赛亚书》与《诗篇》第 22 篇，这肯定助长了在更大程度上把某种可能的艺术对象加以丑化，同时，清教徒反对肉体偶像崇拜的态度好像也起了部分作用。不过，一深入到细节问题，每一样东西似乎又都难以确定了。在罗马教会中，完全不同的蛊惑人心的动机，导致了外表相类似的效果，但尽管如此，它的艺术效果却也是截然不同的。站在伦勃朗《扫罗与大卫》（现存莫里斯宫）面前，人们似乎可以直接体会到清教情感的强烈感染。卡尔·纽曼的《伦勃朗传》一书对荷兰的文化影响问题给予了精彩的分析，关于苦行

主义新教在何种程度上给艺术带来了积极的建设性的影响，对现在的我们来说，这本书或许已经提供我们所需要知道的一切内容。

[67] 加尔文教派伦理渗入这个国家实际生活的程度相对而言比较小。造成此种情形的原因非常复杂，这里我们不拟深入研讨。早在 17 世纪初，苦行精神便开始在荷兰弱化（1608 年逃亡到荷兰的英国公理会信徒焦虑不安地发现，那里的人们对安息日缺乏尊重），但是这种弱化在执政腓特烈·亨利（1584—1647）时期尤为明显。总的来说，荷兰清教礼仪和教义比起英国来，扩张势力要小得多。原因部分在于政治体系（各城镇、省份坚持自主原则的松散联盟），还有军事力量过于弱小（独立战争很快打起来，大部分还是靠着阿姆斯特丹的金钱与雇佣兵。英国传教士提及荷兰军队时，用巴比伦塔的混乱语言来形容）。这样，宗教战争的负担在很大程度上被转移到他人身上，而与此同时，荷兰的部分政治权力也丧失掉了。另一方面，克伦威尔的军队尽管其中一部分是征召来的，却觉得自己是国民军。可以肯定地说，最能说明英国这支军队特点的是，它后来在其纲领中放弃了征召措施，因为只有当士兵意识到自己是在一种神圣事业中，为上帝的光荣而战斗，而不是受命于某位君主的白云苍狗、变幻不定的奇思怪想时，他才有了投入战斗的正当理由。英国军队的构造，按照传统德国观念而言，是不具备道德素质的，但在历史上却起源于非常崇高的道德动机，其士兵所

取得的成就是从来没有打过败仗。只是在王政复辟之后，它才被用于服务于王室利益的。

荷兰的“平民军”（schutterijen）在“八十年战争”期间（1568—1648）是加尔文教派的同盟军，这场战争发生在多德雷赫特宗教会议十几年之后，但这些荷兰人至少在哈尔斯的绘画中是看不出有什么苦行主义气息的。宗教会议对他们行为的抗议、非难时常发生。“Deftigkeit”（刻板、倨傲）这一荷兰词语，混杂着资产阶级的理性正直观与贵族意识的等级观念。荷兰教堂长椅的座位是按等级排列的，这表明直到今天荷兰的宗教仍然具有贵族化的特点。城镇经济迟滞阻碍着工业的发展，它的繁荣兴旺几乎完全依赖流亡者，因此其兴盛只能是零星的。尽管如此，加尔文宗与虔信派的世俗苦行主义仍然发挥着重要的影响，其影响方向也和其他地方相同。而且，正如格罗顿·封·普林斯特勒所言的，强制性地进行苦行意义的节约，也是这种影响的表现，在下文引用第87条注释的片段中还会有说明。

而且，在加尔文宗的荷兰几乎完全找不到“纯文学”（belles lettres）的存在，这当然不是偶然的，这一点参见比斯肯·许埃特(C.Busken-Huet，1826—1886)的《伦勃朗时代的荷兰》一书。荷兰宗教对于苦行主义强制节俭的重要意义，甚至早在18世纪阿尔贝图斯·哈勒（Albertus Haller，1708—1777）的著作中就清楚地说明了。关于荷兰对待艺术之态度的典型特征及其动机，可参考比较康斯坦丁·惠更斯（Constantijn Huygens，1596—

1687）的自传性评述（写于1629—1631年，见*Oud Holland*，1891）。前面提到的普林斯特勒（Prinsterer）的著作《荷兰与加尔文的影响》（1864）对我们的问题提供不出什么有价值的内容。位于美洲的新荷兰殖民地是一个由庄园主和预付了资金的商人组成的半封建性质的移居地，不像新英格兰，它很难说服平民百姓到那里去定居。

[68] 我们可以回忆起，清教徒的城镇政府曾经关闭了位于埃文河畔的斯特拉福剧院，那还是莎士比亚活着并居住在那里安度晚年的时候。莎士比亚憎恶并鄙视清教信徒，这种态度显现在每一个场合。直至1777年，伯明翰市仍然拒绝给剧院颁发营业执照，因为剧院会使人变得懒散，因此对贸易是不适宜的。（亚斯理:《伯明翰的贸易和商业》，1913年）

[69] 在这里它仍然有着决定性的重要性，即对清教徒而言，或者是上帝的意志，或者是尘世的虚荣，两者只能选择一样。因此，对他来说就不能存在着无所谓的态度。正如我们已经指出的，加尔文本人在这方面的观点是不一样的。只要最终没有让灵魂成为尘世欲望的奴隶，一个人吃的、穿的等等就是无关紧要的事情了。从尘世间获得自由，就应该像耶稣会士所标示的那样，对一切都漠然置之，而这种漠然置之的态度，在加尔文看来，则是对于任何尘世间提供的东西，都抱持一种平淡无奇、绝不贪求的态度（《基督教原理》原版，第409页及以下诸页）。

[70] 在这一点上，贵格派信徒的态度是非常著名的。但是在 17 世纪初期，曾经有一场轩然大波，震动了被流放到阿姆斯特丹的虔诚信徒们长达十年之久，起因是一位教士的妻子的衣帽过于时尚了（在德克斯特的《近三百年来的公理会教派》中有生动的描述）。桑福德（上引著作）指出，眼下流行的男式发型都是那种引人发笑的清教徒圆颅党人式的，而同样可笑的（从目前看）还有，男式清教徒服装至少大体上与今天的男式服装基本相同。

[71] 关于这一点，请再参看凡勃伦（Veblen）的《商业企业理论》。

[72] 我们一再回到这一态度上来。它解释了如下的一段话："你为自己、孩子和朋友所花费的每一便士，都要符合上帝的任命，都要服务并取悦于上帝。要仔细地看护着，要不然那个偷窃成性的肉欲自我，会什么都不给上帝留下的。"（巴克斯特，前引书，第一卷第 108 页）。这是决定的一点；为个人目的花费，也就是逃避为上帝的荣耀效力。

[73] 人们肯定会习惯性地回忆起（多顿，前引）克伦威尔使拉斐尔的素描和曼特尼亚的《恺撒的胜利》免遭毁灭，而查理二世却试图出售它们。而且，复辟王朝时期的社会对英国民族文学明显很冷淡，甚至有一种敌视的态度。事实上，凡尔赛的影响在各地的宫廷里都是无处不在的。这种不利于人们自发享受日常生活乐趣的气氛，对于偏激类型的清教徒以及受过正规清

教教育的人们的精神都会产生影响，限于篇幅，本文不能对此影响做出细致的分析。华盛顿·欧文(《布雷斯布里奇田庄》)使用日常英语的表达方式做了如下概括:“它（他说的是政治自由，我们则认为是清教主义）显得很少有别致花哨的臆想，但是却有着较强的想象创造力量”。只要想一想苏格兰人在大不列颠科学、文学、技术发明还有商业生活中的地位，欧文所说尽管有些狭隘，但却接近真相。在这里我们不想谈论清教主义对技术和应用科学发展的重要意义。两者的关系本身总可以显现在日常生活之中。例如贵格派信徒，他们所允许的娱乐活动（按照巴克利的说法）仅仅包括：访友、读史、数学和物理实验、园艺、商业及其他世态百相的讨论等等。其原因我们已经在上面指出来了。

[74] 在卡尔·纽曼的《伦勃朗传》中已有非常精细的分析，可以把它与以上这段评述做整体上的比较。

[75] 上面那段所引用的巴克斯特的话就是这样的。第一卷第 108 页及以下诸页。

[76] 比较对哈钦森上校的那段著名的描写（它常被引用，例如在桑福德的著作中，前引，第 53 页），这段描写见之于其遗孀给他写的传记。文章在描绘了他所有彬彬有礼的美德，令人愉快、高兴的性格之后，接着便写道:“他的打扮真是太整洁、利落了，他的服装有种上流社会的时髦感觉，而且在这上面他有很好的鉴赏力。但是他很早就不再穿戴任何贵重的衣物了。”正如巴克斯特在玛丽·汉默的葬礼上的演说中所描绘的那样，

受过教育且具有良好教养的女性清教信徒，有着非常相似的观念，但是她们在两件事情上用度总是显得不够：（1）时间，（2）用于炫耀和娱乐的费用（《清教神学家文集》第533页）。

[77] 在很多其他的例子中，我特别想到了一个制造商，他在商业风险投资上获得了不寻常的成功，到了晚年极为富有。为了治疗令人烦恼的消化紊乱症，医生开药方让他每天吃几只牡蛎，他虽然舍不得，但还是极不情愿地照办了。但他一生中出于慈善目的有相当大的捐赠，而且在一定程度上堪称乐善好施，皆可视作苦行主义感情的余风，这种把自己享用财富看作在道义上的思想是要受到谴责的，这无论如何与贪婪没有丝毫的关系。

[78] 工场和办公室的分离，以及普通商务区与私人住宅区的分离，公司与姓氏的分离，商业资本与私人财富的分离，从而使事业成为“corpus mysticum”（神秘体）（至少就法人财产而言）都可以追溯到这一方向上来。关于这一点，请参考我的《中世纪的商业社会》（《社会和经济历史文论集》，第312页及以下诸页）。

[79] 松巴特在他的《资本主义》（第一版）中已经清楚地指出这一典型现象。但必须注意的是，财富的积累源于两种非常不同的心理因素。其中之一可以追溯到混沌模糊的古代，表现为基金、家庭财富和信托财产，而更纯粹、清晰的表现则是那种渴望成为重要人物的感觉，这种感觉随着物质财富之巨大重

载而来；首要的任务是保证商号的延续，即便牺牲大多数孩子的个人兴趣也在所不惜。在这种情况下，和创造一种理想生活的愿望相比较，死亡问题已经不算什么了，这样他要维持家庭的荣耀（splendor familiae），发扬光大商号创始人的个人品格，可以说，这基本上都是个人主义的动机。这不是我们这里讨论的资产阶级的主题。苦行主义有座右铭云，“获取你应获取的”，而按照积极资本主义的理解则是“抛弃你应抛弃的”。在其纯粹而简单的非理性之中，这是一种必须执行的命令。对于清教信徒而言，其人生基调中只有上帝的荣耀，只有人自身的职责，而没有人的虚荣；今天则只有对自己职业的责任心。我们可以举出一个案例来加以证明，这一案例有着极大的因果关系，可以让一些人感到满意，我们也许记起美国一些百万富翁的理论来，他们的百万家财是不会留给孩子的，这样他的孩子就不会被剥夺良好的道德，此种良好的道德是必须为自己生存而工作、挣钱才能锻炼出来的。当然，这种观念如今只是一种理论上的肥皂泡了。

[80] 这一点，正如应当反复强调的那样，是最终的决定性的宗教动机（还有纯粹的折磨肉体的苦行式禁欲要求）。这在贵格会教徒中特别明显。

[81] 巴克斯特（《圣徒永恒的安息》第 12 页）否决了这一点，理由与耶稣会教徒们的完全相同：肉体应该拥有它所需要的，否则人就会成为它的奴隶。

[82] 这一理想尤其清楚地体现在贵格会的初期发展阶段中。魏因加腾（Weingarten）在其《英国革命教会》一书中以重点篇幅阐述了这一点。巴克对此也有详尽的论述（上引著作，第 519 页以下至第 533 页）。应该防微杜渐的是：（1）世俗虚荣心，也就是一切卖弄摆阔、轻浮无聊的举动，还有使用的一些东西没有任何实用目的，或者一些仅仅以稀为贵的物品（即为了虚荣的缘故而显摆出来）。（2）任何对财富的不谨慎的使用，例如过分铺张浪费一些财物，而这些财物超过了真正的生活和未来所必要供给，花销在了一些并不急需的东西上面。贵格派教徒，可以说，是活生生的边际效用法则。一点也不错，“对创造物的适度使用”是得到允许的，在不导致虚荣心萌发的前提下，也要特别注意物品的质量和耐用性。关于这些内容，请比较参考 1846 年出版的《给有教养的读者》第 216 页及以下诸页。尤其是有关贵格会教徒关于生活舒适和稳固之探讨方面，请比较参考施潘根贝格的《讲座》第 96 页及以下诸页。

[83] 韦伯改编自歌德《浮士德》。

[84] 我们前面已经提到过，在这里不准备讨论这些宗教运动中的阶级关系问题（参看《世界诸宗教的经济伦理》的论文）。但是，为了认识——例如我们这里屡屡提到的——巴克斯特并不仅仅是作为他那个时代的一个资产阶级分子来看待事物，那么只须回想以下事实就足够了：甚至连巴克斯特都认为，在职业的宗教价值次序中，首先是学术性的职业，然后是农夫，其

次是船员、布商、书商和裁缝等等。另外，他大概还（足够典型地）认为船员这一行当至少应当包括船东和渔夫。在这方面，犹太法典《塔木德》中的若干细节就属于一个不同的类别了。例如比较一下《巴比伦塔木德》第二卷第20、21页拉比·伊利莎（Eleasar）的警句即可知道，尽管并非没有引起争论或遭到质疑，它们实际上是主张商业比农业好的。其间还可以参看第二卷第68页论明智的资本投资方案：三分之一投资于土地，三分之一投资于商业，三分之一留作现款。

有些人认为，如果没有做出经济上的（或者唯物主义的，遗憾的是直到今天仍然这样称呼）的解释，那么任何因果关系的说明都是不充分的，对于这样的人，我要说，经济发展对宗教观念的命运带来的影响的确非常重要，我将在后面试图说明，在我们所指的情况下两者互相适应的过程是如何发生的。但是，一些宗教观念自身绝不可能简单地从经济环境中派生出来。毫无疑问，它们本身便是塑造民族性格的最强有力的因素，并且内含着一种发展规律和一种完全是它们自身的强制性的力量。此外，最重要的差别在于，即便非宗教因素起到了部分作用，但正如路德主义和加尔文主义那样，也是由政治环境而非经济环境造成的结果。

[85] 这也正是爱德华·伯恩施坦所要表达的意思，他在上面提到过的论文中（第625、681页）说“苦行主义是一种资产阶级道德”。他的讨论第一次提到了这些重要关系。但这种关系的

背景比他想象的还要广泛得多。因为这一关系不仅涉及资本的积累，而且还包括了苦行主义对整个经济生活的理性化所起的作用。

在美洲殖民地，清教徒的北部与南部状况的差别，已经由多伊尔做了清晰、明白的说明，由于有苦行主义强制性的节约措施，所以在北部寻求投资的资本总是现成的。

[86] 见多伊尔《英国人在美洲》第二卷第一章。在殖民地建立后的第一代新英格兰人那里就出现了钢铁厂（1643 年），为供应市场而开办的纺织业（1659 年），而且手工业得到了快速发展，从纯经济角度来看，的确令人震惊。这与南方还有享有完全道德自由的、非加尔文主义的罗得岛的情况形成了鲜明的对比。在那里，尽管有良好的港口，总督及其委员会在 1686 年的报告中却说“贸易上的最大障碍是我们中间缺少商人和拥有可观财产的人”（阿诺德《罗得岛的历史》第 490 页）。事实上，几乎毋庸置疑的是，清教信徒缩减消费开支的观念得到了实践，强制性地使人们将节约下的款项不断地用于再投资，可以说，清教徒的观念起到了一定的作用。另外还有教规的作用，这里不拟讨论。

[87] 但是，这些圈子在荷兰迅速消失了，比斯肯・许埃特（上引著作第二卷之第三、四章）的讨论表明了这一点。而格罗恩・冯・布林斯特罗（《现今祖国的历史手册》第三版，第 254 页第 303 条注释）说，“荷兰人卖的很多，消费却很保守（De

Nederlanders Verkoopen Veel en Verbruiken Wenig)"。甚至是在"威斯特伐利亚和约"之后仍是如此。

[88] 在英格兰，举例来说，一位保皇党贵族提交过一份请愿书（兰克的《英国历史》第四卷第197页曾加以引用），他是在查理二世进驻伦敦后提交的，主张在法律上禁止资产阶级资本购买地产，而应强迫这些资本用于贸易。荷兰执政阶层通过购买地产，将自己作为一种社会阶层与城市中的资产阶级贵族区分开来。见弗瑞恩《荷兰八十年战争》（*Tien jaren uit den Tachtigjarigen Oorlog*）中引用的1652年的申诉，说这些执政者已经变成地主而不再是商人了。可以肯定的是，这些圈子里的人实际上从来都不是严格意义上的加尔文教派的信徒。在17世纪后半叶，大批荷兰中产阶级争先恐后地争夺贵族阶层成员资格及贵族头衔，这一众所周知的事实本身就表明，至少对这一时期的英国与荷兰环境对比需要谨慎对待。就这种情况而言，是世袭财富冲垮了苦行主义精神。

[89] 资产阶级资本轰轰烈烈的购买英国地产的运动，造成了英国农业繁荣兴旺的一个伟大时期。

[90] 甚至直到21世纪，信奉安立甘宗的房东或地主还经常拒绝将房屋或土地租赁给不遵奉英国国教的新教信徒使用。现在这两个教会信徒的人数大致接近，而在早期，不从英国国教的新教信徒总是少数派。

[91]H. 列维（见《社会科学和社会政治文献》中的文章第46

节第 605 页）非常恰当地注释说，根据英国人众多性格特征所表现出来的天性就可以看出，如果说英国人与其他民族有什么区别的话，那就是更不容易接受苦行主义的伦理和中产阶级的道德。热诚而毫无拘束地享受生活，这在过去和现在都是他们的根本性格特点之一。在清教苦行主义占据主导地位的时期，这种苦行主义的力量最显著的表现就是以惊人的成效将信徒们的这种无拘无束的性格置于教规的强力约束之下。

[92] 这一对比不断出现在多伊尔的描述之中。在清教信徒对待一切事物的态度当中，宗教动机总是起着很重要的作用（当然不总是唯一重要的作用）。（维斯洛普管辖下的）殖民地倾向于允许缙绅，甚至上流社会的世袭贵族家族在马萨诸塞定居，唯一的条件是他们必须拥护教会。由于教会戒规的原因，这个殖民地一直处于封闭状态。新罕布什尔和缅因的殖民地是由信奉英国安立甘宗的大商人建立的，他们筹划开垦了大型的养殖农场。他们和清教徒之间几乎没有什么社会交往。早在 1632 年就有人抱怨新英格兰人的唯利是图（参看维登《新英格兰经济和社会史》第一卷第 125 页）。

[93] 配第（《政治算术》）也提到了这一点，而且那个时期的文献都无一例外地把清教各教派——浸礼会、贵格派、门诺信徒等说成部分属于无产业阶层，部分又属于小资产阶层，并把他们与大商人贵族和金融投机家相对比。但是西方资本主义的特征恰恰源于这个小资产阶层，而不是来自大金融巨头、垄断

资本家、政府承包商、王室承包商、殖民地企业家、发起人等等：中产阶级建立在私有财产基础之上的产业工人劳动的组织（参看安文《16、17世纪的产业工人组织》，1914年，伦敦，第196页及以下诸页）。甚至那个时代的人们就已经完全看出了这个差异，请参看1641年出版的帕克《清教徒讲稿》，其中还重点比较了廷臣和发起人的不同。

[94] 参看1902年费城出版的夏卜利斯（Sharpless）《贵格会的治理实验》。此书从18世纪特别是独立战争时期的宾夕法尼亚政治的角度考察了这一点。

[95] 绍斯在《卫斯理的一生》第二十九章中曾引用过（美国第二版，第二卷，第308页）。这份参考资料，我原来并不知道，感谢亚斯理（Ashley）教授的来信（1913年）才让我获得了这份资料。为此我又和恩斯特·特罗尔奇通信，他已经采用了此书中的资料。

[96] 可以推荐给今天那些自认为在这些事务上见闻非常广博的人读一读，这些人自认为比苦行运动的领袖人物和同时代的人们知道得更多。正如我们所看到的，这些领袖人物非常清楚地知道自己正在干什么以及面临着怎样的危险。我的某些批评者如此轻浮地质疑这些无可争议的事实，而且是迄今为止从未有人提出质疑的，这种行径实在是不可原谅。我所做的一切就是再更细心一些去弄清楚这些宗教领袖与同时代人的潜在动机。在17世纪，没有人会怀疑这些关系的存在（参较曼利《对

百分之六高利贷之考察》，1669年，第137页)。除了已经非常着重提到的近代作家之外，诗人如海涅、济慈，历史学家如麦考利、卡宁汉、罗杰斯，随笔作家如马修·阿诺德等人，也都认为这些关系是十分明显的。在最新的著作中，则有亚斯理的《伯明翰的工业与商业》(1913)。他在通信中也表达了与我完全一致的意见。关于整个问题，可以参照上面注释第91条已经提到过的H.列维的论文。

[97] 韦伯自己的加重号。

[98] 确切地说，对于古典主义时期的清教徒明显也是一样的，这一点在班扬笔下的“财迷先生”的话中表达得更为清楚明白，他主张说：人可以为了发财而信仰宗教，比如为了吸引顾客。因为，信教就是信教，原因则无关紧要(见道克尼兹版第114页)。

[99] 笛福是一个热诚的不从国教的新教信徒。

[100] 施本尔也是如此(《神学思虑》第426、429、432页及以下诸页)。施本尔认为，商人的职业中充满诱惑和种种意想不到的危险，尽管如此，在回答某个问题时他还是说：“我很高兴地看到，只要牵扯到生意，我亲爱的朋友便不再迟疑、顾忌，而是把它当作生活的一种艺术来对待，它是一门艺术，能给人类带来许多益处，也能使上帝的意愿通过仁爱得以实现。”在其他篇章中经过重商主义者的辩解，这一论点被更充分地证明是正确的。施本尔有时候又从纯粹路德宗的语气出发，指出发财

的欲望是主要的危险，因此应该严厉地加以谴责，他的观点出自《新约·提摩太书》第六、八、九章，并引证了《西拉书》中的内容（见前文）。但在另一方面，他又回到前面的论点上来，提到一些在商业上获得成功的教派成员一样过着正直的生活（见第 39 条注释），或者对施本尔来讲，财富作为勤奋工作的一种结果，也并不是那么要不得的。但是由于路德宗的影响，他的立场不如巴克斯特那样始终如一。

[101] 巴克斯特（前引著作第二卷第 16 页）警告大家，不要雇佣那些“笨拙的、呆头呆脑的、反应迟钝的、过于放荡的和懒惰的人”做雇员；他建议雇用那些虔诚信奉上帝的人，不仅因为不虔诚信奉上帝的雇员仅仅在雇主看着时才会干活，更重要的是，“一个真正虔诚信奉上帝的雇员，将在对上帝的顺从中为你完成所有的业务，就如同上帝亲自命令他去做的一样”。在其他方面，其他人则倾向于“不把它当作良心上多么了不起的大事”。但是在巴克斯特看来，判定工作人员道德高尚与否的依据，不在于外在宣称自己有宗教信仰，而是“完成其职责的良心”。这里，上帝的利益与雇主的利益有着异常的和谐。施本尔虽然在别处极力主张要多用时间来思考上帝，但他显然也认为（《神学思虑》第三卷第 272 页），工人们必须满足于最低限度的空闲时间（甚至在星期天也是如此）。英国作家已经非常准确地把新教移民称作熟练劳动者的先驱。同样的证据也见之于 H. 利维的著作《英国国民经济史中经济自由主义的基础》第 53 页。

[102] 只有少数人能够获得到预定救赎，这是一种不公平，同样地，凭借公正的上帝的力量，已经在命运中注定了财富就应该这样分配，这也是一种不公平。这两种不公平之间存在着非常明显的相似性，却非常明显地被忽略掉了。可以参看胡恩比克前引著作，第一卷，第 153 页。此外对巴克斯特而言，贫困常常是懒惰的罪恶表现，巴克斯特前引著作，第一卷，第 380 页。

[103] 托马斯 · 亚当斯(《清教神学家文集》第 158 页)认为，上帝之所以让我们当中的这么多人处在贫困之中，是因为上帝知道这些人经受不住财富带来的诱惑之考验。因为财富很容易使人们退失掉宗教信仰。

[104] 见前面第 45 条注释，以及那里提到的 H. 利维的研究。所有这样的研究都着重指出了同样的现象(比如曼利为胡格诺派教徒的研究)。

[105] 同样的事在英格兰也并非绝无仅有。例如虔信派信徒，在威廉 ·劳(William Law，1686—1761)的《严肃的召唤》(1728)一书中就有鼓吹贫困、朴素还有独树一帜的与世俗隔绝的论调。

[106] 巴克斯特刚到基德明斯特市社区的时候，当地绝对是一个道德败坏、放荡淫逸的地方，巴克斯特在这里的活动取得了成功，这在牧师布道历史上是无与伦比的。巴克斯特的成功同时也是一种典型案例，即说明了苦行主义怎样教导大众去劳动，或用马克思的话来说就是如何教育大众去生产剩余价值，

从而使得他们第一次完全有可能在资本主义劳动关系中（如包出制工业、纺织业等）受到雇用。这种因果关系是很广泛的。从巴克斯特自己的观点来看，他之所以愿意为资本主义生产进行告诫、指示工作，乃是出自宗教与道德方面的关切。从资本主义发展的角度来看，正是这些宗教、道德的关切促进了资本主义精神的发展。

[107] 而且，人们也许会提出疑问，中世纪手工艺人在其创造中的那点乐趣，能够在多大程度上可以有效地作为一种心理动力，这种乐趣通常被认为是非常具有吸引力的。不过毫无疑问的是，这一命题（即把雇主的商业活动也解释为一种天职）中还是有一些东西的。不论在什么情况下，苦行主义确实剥夺了劳动中所有属于世间趣味的吸引力，而如今，资本主义又把苦行主义超越世俗的那种吸引力给彻底毁掉了，在这种情况下，人们还想要获得这种劳动的乐趣，恐怕只有等到下辈子了。天职中的劳动，就是上帝的意愿。如今劳动却具有非人格性、无人情味的特点，从个人角度来看，是缺乏乐趣和意义的，尽管如此，宗教依然还是为之进行辩护的。资本主义在其发展时期，很需要那种为良心的缘故可以接受经济剥削的现成劳工。在今天，资本主义已经拥有了社会的控制权，且处于负责的地位，它也就有能够迫使人们去劳动，不再需要什么超越性的支持力量了。

[108] 配第：《政治算术全集》，赫尔主编，第一卷第 262 页。

[109] 关于这些冲突和发展的论述，参看上文引述过的 H. 利维的著作。公众舆论对于垄断者表现出了极为强烈的敌视态度，这成了当时英格兰的特色。从历史上说，之所以形成垄断，源于同王室争夺权力的政治斗争——长期国会把垄断者排除在国会之外，同时兼有清教的伦理动机，而且在 17 世纪，小资产阶级还有中等规模的资本家为自身利益起而反对金融大资本家。1652 年 8 月 2 日的“军队宣言”，还有 1653 年 1 月 28 日“平均派访愿书”，除了要求取消货物税、关税、间接税之外，还要求对各等级都实行单一税制，尤其要求自由贸易，也就是取消国内与国际的垄断壁垒，认为那是对人的天赋权利的一种侵犯。

[110] 参考 H. 利维的《英国国民经济中经济自由主义的基础》，第 51 页及以下诸页。

[111] 至于其他一些因素，这里尚未追溯其宗教根源，特别是“诚实即是最佳策略”的观念（见富兰克林关于信誉的讨论），也是有清教根源的，这一点可在稍有不同的背景下得到证明（见下面的文章）。在这里我仅能——承蒙爱德华 · 伯恩施坦的提醒——引述 J.A. 朗特里（Rowntree）《贵格派，过去与现在》（第 95—96 页）中的评述：“教友们的崇高精神誓言与处理俗务时的机敏老练并行不悖，这是一种偶然的巧合还是一种必然的结果呢？真正的虔诚可以保证一个商人的正直品格，并培养他谨慎小心、未雨绸缪的习惯，要知道，在商界，要想成功获得地位及信誉，这些品德习惯都是重要的东西，也是稳定地积累财富

必不可少的东西，这样，信仰上的虔诚就有助于一个人在商界获得成功了。”（见下文）。17 世纪，“像胡格诺派信徒一样诚实”（Honest as a Huguenot）是一句家喻户晓的谚语，作为一种美德，就像荷兰人对法律的尊敬一样著名，在这一点上，W. 坦普尔爵士（Sir William Temple，1628—1699）就非常钦佩荷兰人，一个世纪之后，英国人尽管跟欧洲大陆民族相比并没有经过这种伦理教育，仍具有此种尊敬法律的美德。

[112] 比尔乔夫斯基（Bielschowsky）在《歌德》第二卷第十八章中做了很好的分析。温德尔班德（Windelband）在其《德国哲学的全盛时期》(《新哲学史》第二卷）的结尾处表达了相似的看法。

[113]《圣徒永恒的安息》第十二章。

[114]“难道那老头儿年收入七万五千美元还不能心满意足、休息休息吗？不！店铺正面还要加宽到四百英尺。为什么？那才能胜过每一样东西，他说。晚上他妻子和女儿一起读书的时候，他就想去睡觉了。星期天，他每五分钟就看一次表，好看看这一天什么时候过完——多么琐碎庸碌的一生！”俄亥俄州一个城市有位大干货商，他的女婿（从德国移民过来）用这样的话表达他对岳父的看法。毫无疑问，在老头儿看来这种看法完全是不可理喻的，是德国人缺乏活力的表现。

[115] 单凭这句评论（自从布伦塔诺批评以来就没有改变过）或许已经显示出他（前引著作）认为思想独立自主的重要性，这

一点我从未怀疑过。人文主义也不单纯是理性主义，这一观点最近由勃林斯基（Borinski）《慕尼黑科学院论文集》（1919 年）中又一次得到重点强调。

[116]V. 比洛 1916 年在佛莱堡做了题为“宗教改革的原因”的学术讲演并没有涉及这个问题，而是泛泛地提到了宗教改革的问题，特别谈论了马丁·路德。对于这里所要加以处理的问题，特别是从这项研究引发出来的争论，我或许将推荐赫墨林克（Hermelink）的著作《宗教改革与反改革》作为决定性的定论，尽管它主要是谈论其他问题的。

[117] 确凿无疑的是，以上概论仅仅是慎重地讨论宗教观念对物质文化产生影响时的各种关系。由此可能很容易引出一种常规解释，从逻辑上把现代文化的所有特征都归结到新教理性主义那里。但这类事情或许留给那些业余人士去做会更好一些，他们总是相信群体思维有一致性，可以还原成一个单一的公式。对此我仅仅可以做出这样的评论，在我们前面所研究的资本主义发展过程中，无论在什么地方，宗教影响都部分地决定了资本主义的发展，其中有阻碍的影响，也有促进的影响。这些影响属于哪一类，只能另起一章讨论了。而且，受这本期刊（此文最初发表在《社会科学文献与社会政治文献》上）的篇幅限制，再考虑到该问题是否适宜在这个地方讨论，所以上文中概述的那个更为宽泛的问题是否有论述的必要，也就很难确定了。而且，像本文讨论的问题，很有可能不得不写成大部头的著作才

可以，同时还要依赖别人（神学家和历史学家）的著作来扩充材料，对此我没有强烈的兴趣（这些句子我保持原样）。

关于宗教改革运动之前的早期资本主义时期理想与现实的紧张关系，请参见斯特利德（Strieder）《资本主义组织方式史研究文集》（1914，第二卷）（也是与上文已经提及并为松巴特所引用过的凯勒那部著作唱反调的）。

[118] 我想，这个句子以及前面接着的说法和注释，已经足以防止这项研究想要达到的目的遭到任何误解，无须再添加什么内容了。我没有依照前面的方案与计划紧跟着往下写，之所以如此，部分原因是出于意外情况，尤其是特罗尔奇的《基督教教会和教派的社会学说》一书的出现，这本书所处理的许多问题是我必须调查研究的，但我不是一名神学家，也就无法按照特罗尔奇的方法去展开研究；另一部分原因则是为了改变本项研究的隔离状况，使之与整个文化发展联系起来看，因此我已经做出决定，首先就宗教和社会的历史的总体关系做一些比较研究。这些研究论文马上就出版了。在此之前，我只安排了一篇短文，为的是澄清上文中所使用过的各种教派概念，同时说明清教的教会观念对于现代资本主义精神所具有的重要意义。

译后记

马克斯·韦伯的这本《新教伦理与资本主义精神》，在20年前有彭强、黄晓京翻译的简本，和于晓、陈维刚等人翻译的全本，2006年陕西师大出版社又出版了后者的所谓“修订版”。20年间，“韦伯热”在中国持续升温，这两个版本可谓功不可没。

马克斯·韦伯的思想精深博大，其著作也有艰涩难懂的一面，加上又是帕森斯的转译，翻译起来自然比一般学术著作困难。上述两个版本的翻译并不尽如人意，专用名词错讹较多，因为“硬译”而造成的不通不懂之处也所在多有，马克斯·韦伯作为社会学大师的睿智与博学，对人情事理的洞察与明达，语言的机敏与灵秀，就这样被转译文字的粗疏与荒芜，掩盖得只剩下片段零碎的闪光了，这不能不说是一件很可惜的事情。我们在翻译过程中，也颇能体会前辈当年劳心劳力的苦衷，只希望能在原来翻译基础上稍有进步，庶几不辜负近半年来的“苦行”。

司马迁《报任安书》有云，“究天人之际，通古今之变，成一家之言”，这是治学的最高境界，《新教伦理与资本主义精神》有足以当之者。本书处理的主题是基督新教伦理与资本主义精神之间的关系，前者是上帝新的“言说”（天），后者是人类历史上最大的一次思潮变革，一次最大的思想范式转变（人）。天人之际，最为幽邈难测，探究其间关系，舍马克斯·韦伯这等天才其谁哉！

一切都起源于500年前的“宗教改革”。公元1400—1600年间，特别是1520年之后，“传统基督教整个结构中的几乎每个部分，都受到了批评性的审查”，原来的信仰、实践机制，或者遭到彻底破坏，或者被打倒重建。于是出现了基督新教，一种新的信仰、实践机制。基督教信仰的核心问题是：“我蒙恩得救了吗？”新教摧毁了原来的常规遵奉结构——含有神秘法术的仪式被取消，靠善事圣工得救的道路被堵死，甚至“忏悔”也被告知毫无用处……在这片废墟之上，加尔文宗的预定论突兀地站立在信仰的天空之下。预定论告诉了信徒一个非常明确的答案，但对于“我是否蒙恩得救”的问题，又什么答案也没有提供，“它是把信仰问题的全部责任，都转压在个体肩膀上了”，信徒必须自己找寻得救的证据与答案，“自己创造出自己已得到救赎的确证”。这就给人的世俗生活带来了两大变革。

一是“神圣”与“世俗”之间的转换。新教之前很多“神圣性”的东西，如神秘主义、隐修制度、独身主义等等，都变得不那么伟大崇高了，有的甚至遭到了唾弃；与此同时，原来很多“世俗化”

的东西，如日常工作、婚姻、父母、政府等，都在信仰价值上得到了承认，具有了某些“神圣化”的因素，这是一种基督教秩序向世俗秩序的转换，也是神圣价值向世俗价值的转换。在这一转换过程中，天职（the Calling）就具有了非同寻常的意义，“圣徒就是履行其职责的人”，任何人在世俗行业中也能荣耀上帝，也能找到蒙恩的证明，例如1684年英国一位牧师宣称，“商人以其职业侍奉上帝，并要竭其所能去发展这一事业”。所有诚实的工作都是在履行上帝的职责，甚至“清扫房间的工人也如同在遵行上帝的旨令，他须忠于职守，干好工作”。这样经过加尔文宗教义的置换，俗世中的职业变成了荣耀上帝的手段，发财致富也不再是一种罪恶。但散发着神圣气息的“Calling”，始终是一种救赎的“召唤”，赚钱不是为了奢侈享受，而是要荣耀上帝，为了证明自己正受到上帝的恩宠。这些苦行的信徒，就会把剩余资本投入再生产领域，而自己的行为还是要时刻检点，以期符合圣徒的标准。这无论是从心理上，还是制度、资产准备上，对于资本主义精神的发展是至关重要的。

第二则是开启了日常生活“理性化”的过程。新教之前的基督徒，生活是有些浑浑噩噩的，其信仰也是随机成分居多。现在加尔文宗要信徒自己拿出“蒙恩”证明来，这就逼迫新教信徒在生活中必须每时每刻都要保持警醒、自觉。加尔文宗取消了告解制度，其信徒的忏悔办法是自我反省，最好的工具则是日记。英国神学家比德尔1656年在监狱中的一篇日记中写道：“把我们在一天中为上帝所做的事原原本本地记下来，也把上帝为我们所做的事情记下来。”这可以说是那个时代加尔文宗教徒的共同心声；与比德尔几乎同时代的女伯爵沃里克，一生留下了4万页的祈祷、谢恩记录；巴喀斯特牧师在其身后出版的日记里面，对自己年轻时所犯下的错误——“偷水果、读爱情小说”等等——痛悔不已。蒙田和卢梭的《忏悔录》风靡一时，也是有此种社会风气背景的。为了获得救赎蒙恩的证明，新教教徒就通过这种不断的反省、砥砺，将自己的日常生活归整为一个系统化、理性化的模式，这是一种“入世的苦行”。另外，蒙恩与否的选民观念，也改变了传统的人际关系，由共同选民组成的团体，逐渐具有了对事不对人的特性，这是现代社会组织或是企业组织的合理性格。（参见顾忠华：《韦伯学说新探》）

由“世俗神圣化”和“日常生活理性化”这两种转向，西方文化发展出一种以“合理性”为基础的人生管理模式，表现在工商业上，便是如何能够有效率地去赚取利润。这便是韦伯阐述的新教伦理与资本主义精神的关系。再往后发展，到了启蒙运动时期，“理性至上”的口号甚嚣尘上，科学与民主的观念逐渐成为新的“天命”，终于造就现代文明的辉煌，追根溯源，还是从这两大转向处发轫的。

但历史的发展再次走向了反面，世俗的“神圣化”和“理性化”，越往后发展，越形成其自身的吊诡（paradox）。世俗的“神圣化”以“祛巫魅”始，逐渐走上了“祛神圣”之不归路，“完成职业责任，不再直接和精神、文化的最高价值有什么联系”，在一个神圣缺席的时代，一切原本用以完成神圣之目的手段，俨然僭越成为一个个头顶光环的“神圣目的”，同时也使得物质财富“这件外套”，变成了一间像钢铁一般坚硬的牢笼。“理性化”以对日常生活进行全面而系统的归整始，却日渐陷入疯狂与虚无的泥潭中无所适从，韦伯认为，在现代社会，流行的是“以一种狂笑不止的妄自尊大作为美丽画皮的机械性僵化现象”。这是一个预言，也是一种嘲讽。

翻译过程中，我们时时感觉到马克斯·韦伯对这种文化危机的焦虑与担忧，这应该是他著作此书的原初动机，即他的目的不仅仅是“究天人之际，通古今之变”，他“成一家之言”的衷心，还是希望能对他那个时代文化上的种种弊端提供救疗的启示，起码是像鲁迅说的那样，要唤起对治疗的重视来。

翻译完毕，有两个感想不期然涌上心头。第一，现代化问题终究是起源于西方的问题。从韦伯这本书可以看出，这是欧美文化已经演算了 500 年的一道极其复杂的数学题，而现在我们是被迫将这道数学题搬进自己的文化中，跟在人家后面一起演算。现代文明的确取得了了不起的成就，解决了诸多人类之前未能解决的问题，但其弊端，造成的精神、环境等危机也在所难免。在这道 500 年的数学题中，西方自有其调解、化解这些弊端、危机的方法，韦伯的这本书便是一个证明。但对于跟着人家演算的我们来说，却很难找到，也很难使用这些调解、化解的方法。例如韦伯便可以回溯西方文明的本源，从中汲取对现代有启示意义的智慧，我们就不可以，不说别的，光那些教派名称就让人头疼。但当我们也试图回溯自己祖先的智慧，去找寻可以医疗现代文明病的启示时，却发现在这道数学题中，很难兼容我们先人的智慧。这导致现在我们处于进退无据的尴尬境地。

所以，如何找准自己的问题，而不是亦步亦趋地跟在人家屁股后头演算，可能成为我们现在文化发展的关键。每一种文化都有其自身发展的道路与轨迹，它可以吸收外来文化，也可以遭遇外在环境变革的严峻挑战，但如果它不能坚持自己的文化立场，而丧失掉自己的文化本质，迷失了前进的方向，那么即使埋头“算”得再好，也不过成为一种二流的附庸、傀儡文化，且最大的可能是内部迷惘、混乱日剧，其结局必然是悲剧性的。

第二，韦伯在这本书中为我们提供了一个理想的文化模式，新教信徒的“入世苦行”便是。一方面有着高远而超越的理想，一方面积极入世而履践苦行，这无论是对个人，还是对文化发展，都是一种最佳态势，是取得成就的基础模式。两者互为依托，如果没有超越性的理想而仅仅入世苦行，那么在取得一定成绩之后必然会止步不前，人的本能冲动，因为没有超越性理想的升华与克制，必然会升腾为享乐的欲望，物质财富聚而复散、散而复聚，聚散之间，消耗殆尽，更无法为进一步的发展提供基础与动力；而如果仅有某种高远的理想，却缺少踏踏实实的入世苦行精神，则难免蹈虚陷溺之弊。任何偏颇都会带来危害与弊端，观诸中西方文化发展历史可知大半矣。

最后还要对一个关键词的翻译做一点简要说明。

本书第二部分（第四、第五章），有一个词非常关键，即“Asceticism”。以前的翻译大都译成“禁欲主义”，我们这次改译为“苦行主义”，是基于以下两种考虑：一、从词源上看，“苦行”比“禁欲”更为准确；据《新天主教百科全书》(2003年版)云，“Asceticism”一词来自希腊语“Askesis”，意为锻炼、身体训练，特别是指奥林匹克运动员在参加比赛之前戒除享乐而进行刻苦训练。早期基督徒借用该词，指为获得美德而进行的灵性训练。刻苦训练包括“禁欲”，但还有训练的意思，迥非“禁欲”所能包括。

二、比较两个词的语体色彩，“苦行”带有褒义，“禁欲”带有容易引人误解的贬义，这应该是20年前特定时代思想的反映。而且翻译成“禁欲主义”，词的外延较为狭窄，似乎只是“禁止欲望”，甚至更褊狭地理解为“禁止性欲”，然后又按照现代人的眼光判定为不人道。其实该词在本书中不仅仅有劝阻意义上的“禁欲”之意，更有积极作为以求得拯救之确证的含义，例如积极做工、谦卑、服从、斋戒、恒切祷告等等，绝非“禁欲”所能涵盖。《简明不列颠百科全书》便是直接将“Asceticism”译成“苦行主义”，并有较长的解释，如云：“宗教上为了实行精神上的理想或目的而克制自己肉体或心理上的欲望的一种实践。几乎没有任何宗教不具有苦行主义的痕迹和某些特征。”又云：“苦行主义源于人们企图达到种种最后目的或理想。……基督教中有多种类型的苦行主义。早期保罗在《哥林多前书》中是主张苦行的，叙利亚的基督徒是极端的苦行主义者。天主教注重隐修院生活，耶稣会注重乞食为生，都是苦行主义的表现。尽管宗教改革的领袖们不接受苦行主义，但在加尔文宗、清教派、虔信派中，还有某些形式的苦行主义。”在本书中另有一个词语专门用来表达“禁欲”的，即“Mortification”。所以我们认为，将“Asceticism”译为“苦行主义”，比“禁欲主义”更符合本文的语境。

本译稿由李修建与张云江二人合力译出，李修建翻译了导论、第一、二、三章的正文与注释，以及第四章的注释部分；张云江翻译了第四章、第五章的正文以及第五章的注释部分。译事维艰维难，需要指出的是，本译稿对已有的两个译本多有参照（尤其是注释中的非英文部分），在此向前辈译者谨致谢意。另外，韩东晖老师帮助译校了部分拉丁语译文，张浩军学友帮助译校了部分德语译文，范倍学友帮助译出了弥尔顿《失乐园》中的两段译文，在此表示感谢。当然，限于个人水平，错讹之处在所难免，责任自然应由译者承担，我们真诚地欢迎大家的批评指正。

2006 年 6 月 24 日

十多年前，李修建与同班同学张云江兄合作翻译了《新教伦理与资本主义精神》。是书 2007 年由九州出版社出版，中英文对照本。当时，市面上的译本不多，仅有的几个译本，要么存在较多错误，要么并非全帙。十余年间，新译本层出不穷，蔚为大观。

我们的这一译本，也在不同出版社出过两次，由于出版方没有知会译者，我们也就无从对译文再做润色。

此次再版，我们对译文通读一遍，改正了若干错误。需要指出的是，此次修订，对于市面上反映不俗的译本，如阎克文先生的译本，康乐、简惠美两先生的译本，有所参照，谨致谢意。同时，也希望得到读者诸君的批评指正。

译者

2017 年 11 月 4 日